U0801653

上海金融法院文库

金融类案诉讼争点与裁判指引

林晓镍 / 主编

证券虚假陈述责任纠纷

LEGAL ISSUES AND ADJUDICATIVE GUIDELINES FOR FINANCIAL DISPUTES: SECURITIES MISREPRESENTATION

法律出版社 | LAW PRESS
—— 北京 ——

图书在版编目(CIP)数据

金融类案诉讼争点与裁判指引. 证券虚假陈述责任纠纷 / 林晓镍主编. -- 北京 : 法律出版社, 2023
ISBN 978 - 7 - 5197 - 7696 - 1

Ⅰ. ①金… Ⅱ. ①林… Ⅲ. ①金融–经济纠纷–案例–中国②证券交易–经济纠纷–案例–中国 Ⅳ. ①D922.280.5

中国国家版本馆 CIP 数据核字(2023)第 046231 号

金融类案诉讼争点与裁判指引:证券虚假陈述责任纠纷
JINRONG LEI'AN SUSONG ZHENGDIAN YU CAIPAN ZHIYIN: ZHENGQUAN XUJIA CHENSHU ZEREN JIUFEN

林晓镍　主编

策划编辑 沈小英
责任编辑 刘晓萌
装帧设计 鲍龙卉

出版发行 法律出版社
编辑统筹 法治与经济出版分社
责任校对 晁明慧　王　皓
责任印制 吕亚莉
经　　销 新华书店

开本 710 毫米×1000 毫米　1/16
印张 21.25　　**字数** 347 千
版本 2023 年 6 月第 1 版
印次 2023 年 6 月第 1 次印刷
印刷 固安华明印业有限公司

地址:北京市丰台区莲花池西里 7 号(100073)
网址:www.lawpress.com.cn
投稿邮箱:info@lawpress.com.cn
举报盗版邮箱:jbwq@lawpress.com.cn

销售电话:010 - 83938349
客服电话:010 - 83938350
咨询电话:010 - 63939796
版权所有·侵权必究
书号:ISBN 978 - 7 - 5197 - 7696 - 1　　**定价**:98.00 元

凡购买本社图书,如有印装错误,我社负责退换。电话:010 - 83938349

《上海金融法院文库》编辑委员会

主　　任： 赵　红

副 主 任： 林晓镍　肖　凯　文　勇

委　　员： 钟　明　符　望　王　鑫　徐　玮　吴峻雪

本书主编： 林晓镍

本书副主编： 单素华　许晓骁

序　　言

同案同判与依法裁判是审判工作中十分重要且紧密关联的两个问题。在同案同判的基础上实现依法裁判,是人民法院深入贯彻落实习近平总书记全面依法治国理念的重要举措,加强审判权力运行监督的具体行动,也是推动审判能力现代化、满足人民群众日益增长司法需求的内在要求。

在金融审判中做到同案同判,更具有紧迫的现实意义。金融裁判标准统一是提升金融司法公信力的必然要求,金融产品的同质化现象决定了金融案件类型化突出的特点,如果具有同质诉请的金融案件裁判尺度不同,将会极大损害金融司法权威性。金融裁判标准统一是提升金融案件审理质效的必要条件,形成可供法官在裁判说理时直接援引的裁判规则,将有效缩短个案审理周期,提高法律适用的准确性;是稳定金融市场主体预期的有力举措,增强金融审判的公开性、透明度和可预期性,从而更好发挥裁判规则引导交易行为、稳定交易秩序、强化投资信心的作用;是促进金融法律体系完善的重要手段,能有效缓解金融新业态规制需求与成文法相对滞后之间的矛盾,以类案裁判规则填补法律适用空白,促进监管规则完善,增加金融法治供给。

推动金融裁判标准统一是一项复杂的系统工程,需要司法理念、制度设计、配套机制等多方面协同。这项工作的出发点是"同案识别",即两个金融案件如何才能视为同类案件,应当以什么标准来判断;落脚点是"规则明确",即聚焦同类案件的共性问题,确立审理的基本思路,形成明确的裁判规则;关键点是"准确理解和把握金融本质规律",以科学的新时代金融审判理念为指引,切实克服隐藏风险识别难、合同效力认定难和金融机构责任界定难三大核心难点带来的审判尺度不一问题。

作为全国首家金融专门法院，上海金融法院自建院以来，始终将金融裁判标准统一作为法院高起点建设、高质量发展的基础性工作。强化建章立制，制定《关于进一步规范法官自由裁量权行使、促进裁判标准统一的规定》，坚持用制度规范行为、明确标准、填补漏洞。压实主体责任，明确法官在统一法律适用方面的主体责任以及证券业、银行业、保险业等法官专业委员会的主导责任，将其作为评价金融审判质效的重要指标和审判管理督察的重点内容。激发机制活力，持续规范合议庭评议机制、专业法官会议机制和审判委员会讨论机制，突出审判团队在有效识别类案、强制类案检索方面的基础作用，强化院庭长在协调类案审理、避免适法分歧方面的管理作用，发挥审委会在总结裁判经验、明确适法标准方面的职能作用。

在确保本院裁判标准统一的基础上，上海金融法院也大力推动更大范围内的金融裁判标准统一。充分发挥中级人民法院承上启下的纽带桥梁作用，通过二审改发讲评、提级管辖审理等，推动辖区内金融案件"同案同判"；充分发挥典型案例的规则引导作用，建立金融典型案例年度发布机制和中英文推介机制，为中外金融市场主体交易树立规则、明确预期；充分发挥金融专门法院区域协同作用，先后建立长三角金融司法合作机制和全国金融专业化审判合作机制，推动金融裁判标准在全国范围内统一。

《金融类案诉讼争点与裁判指引》系列是上海金融法院推动同案同判的又一扎实创新举措。本系列立足金融审判实践，以案件审理为脉络，聚焦诉讼争点，梳理观点分歧，明确表达司法态度，以期为金融类案裁判提供有益参考，有效回应金融市场对热点疑难法律问题的关切。

积跬步，以至千里。希望以系列丛书编撰为契机，强化金融裁判适法统一，让人民群众在每一个司法案件中感受到公平正义，进一步确立金融裁判的"中国规则""上海标准"，推动上海建设成为国际金融纠纷解决的优选地。

是为序。

赵红

2023 年 3 月

前　　言

统一法律适用标准是新时代公正司法的内在要求,也是深化司法体制综合配套改革、加快推进执法司法制约监督体系改革和建设的重要举措。上海金融法院自设立开始,一直致力于加强金融裁判标准的统一,为当事人提供可预期的司法裁判。建院初期,上海金融法院成立了银行业、证券业和保险业三个法官专业委员会,其核心职能即适法统一。法官专业委员会统一裁判标准的形式是多样的,包括召开法官专业委员会案件讨论会,为法官提供参考性的裁判意见;编发《判解参考》,将具有裁判规则意义的案件梳理出可供参考的裁判要旨等。编写诉讼争点与裁判指引是其中更为系统和全面的统一裁判标准的一种形式,它以类案为专题,围绕诉讼争点,成体系地回应类案裁判中的基本点、疑难点,为该类案件的司法实践提供全方位的指引。自2020年开始,上海金融法院各法官专业委员会相继开始诉讼争点与裁判指引编写工作,目前已初步形成系列,本套书就是该系列的出版成果。

当前,推进法律适用统一的工作越来越得到各级法院的重视,编写相关的类案裁判指引也并不鲜见,归纳起来,大致有几种体例:一是条文式,即以规章制度条款形式进行表述,有的还增加条文解释进行补充;二是要件式,即以案件审查要件为脉络编撰,形成"立案审查—原告诉请审查—被告抗辩审查—要件事实审查和裁判规则"的编撰体例;三是思路式,重在阐述类案的审判思路;四是要点式,强调类案的裁判要点。本系列裁判指引顾名思义,在体例上围绕当事人的诉讼争点展开,可以归纳为争点式。每一争点基本都包括五方面内容:诉讼争点、裁判指引、相关规定、典型案例和拓展研究。体系上采先总后分体系。第一章至第二章为总论。第一章介绍该类案件的概况，通过具体的司法统计分析该类纠纷案件的范围、特点、相关法律制度和趋势等；第二章阐明此类案件的裁判思路，包括裁判的理念与方法、需要把握的基本原则、需要处理好的相关关系等。第三章到第九章为分论，以从程序到实体的脉络分专题展开，每个专题围绕争点进行分析。

归纳起来，本系列裁判指引具有以下几个特点：

1. 既从法官视角出发，又贴近当事人诉讼实践。

法官审理案件非常重要的一点就是要归纳当事人的争议焦点，只有争议焦点明确了，案件审理才有展开的方向。本系列从诉讼争点出发，与法官的审理视角相吻合，对于审判实践的指导更具有实战性。同时，围绕争议焦点进行诉辩意见的整理和证据的开示也是当事人进行诉讼的基本路径，本系列围绕争点展开，更符合当事人的习惯，便利当事人了解相关纠纷的争议问题。

2. 既有点上聚焦，又有面上覆盖。

本系列以诉讼争点为重点，聚焦重大争议点的裁判规则统一，同时在开头专门设置两章，作为总论，从面上对类案的基本情况和裁判思路进行阐述；分论部分每一专题开头亦设概述，对本专题涉及的内容从面上做介绍，包括该章的基本问题与争议不大有统一认识的规则，然后分争点展开，让读者对于该类纠纷既有全面的了解，又有重点的掌握。

3. 既有实务指引，又有研究拓展。

本系列立足审判实践，对于类案诉讼中的争议问题进行深入分析，并提出具体可操作的裁判规则。同时，在每一个争点全面梳理了相关法律、司法解释和有关规定，为裁判规则提供相应法律依据，并精选全国法院的相关典型案例，为争点问题提供案例参考。在提供实务指引的基础上，就重大争点进行研究拓展，从理论的基础、比较法的视角、历史沿革以及与争点相关的问题等方面展开论述，进一步丰富对争点的研究，提升问题的理论深度。

以诉讼争点为脉络撰写裁判指引是上海金融法院统一裁判标准的一项新的尝试。由于诉讼争点一般争议很大，许多都没有统一的认识，因此要对每一个争点树立统一的裁判规则是十分艰难的工作。尽管我们对每一项指引规则都反复研究讨论,但错误疏漏在所难免,还请各位读者包涵,也欢迎大家提出批评意见。而且,每个案件的情况都不完全一样,每个争点的裁判依据和理念也会随着情况的变化而有所调整,所以裁判指引只能为司法实务提供具有价值的参考,不能简单照搬适用,特此说明。

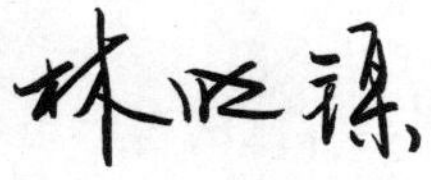

2023 年 3 月

常用法律法规、司法解释简称表

名　称	施行时间	简　称
《中华人民共和国民法典》	2021年1月1日	《民法典》
《中华人民共和国证券法》	2020年3月1日	《证券法》
《中华人民共和国公司法》	2018年10月26日	《公司法》
《中华人民共和国刑法修正案(十一)》	2021年3月1日	《刑法修正案(十一)》
《最高人民法院关于审理证券市场因虚假陈述引发的民事赔偿案件的若干规定》	2003年2月1日	2003年《虚假陈述司法解释》
《最高人民法院关于审理证券市场虚假陈述侵权民事赔偿案件的若干规定》	2022年1月22日	2022年《虚假陈述司法解释》
《中华人民共和国民事诉讼法》	2022年1月1日	《民事诉讼法》
《最高人民法院关于适用〈中华人民共和国民事诉讼法〉的解释》	2022年4月10日	《民诉法解释》
《最高人民法院关于证券纠纷代表人诉讼若干问题的规定》	2020年7月31日	《代表人诉讼司法解释》
《全国法院民商事审判工作会议纪要》	2019年11月8日	《九民纪要》
《全国法院审理债券纠纷案件座谈会纪要》	2020年7月15日	《债券座谈会纪要》

目录 CONTENTS

第一章

证券虚假陈述案件* 概览

党的十八大以来,以习近平同志为核心的党中央高度重视资本市场改革发展,强调要打造一个规范、透明、开放、有活力、有韧性的资本市场,形成融资功能完备、基础制度扎实、市场监管有效、投资者合法权益得到有效保护的多层次资本市场体系。信息披露制度是证券法律制度的核心内容,是证券市场赖以建立和发展的基石。整体上看,近年来上市公司信息披露的质量逐年提高。但由于信息披露制度建设仍存在“短板”,证券违法犯罪成本较低,我国上市公司信息披露不实、财务造假等事件屡有发生,其中还出现了诸如康美药业、康得新、獐子岛等重大恶性财务造假案件,严重影响了投资者信心和证券市场健康、有序发展。依法追究虚假陈述行为的民事赔偿责任,对提高资本市场的违法成本、保障投资者合法权益、确保注册制改革行稳致远乃至整个资本市场的持续健康稳定发展都具有非常重要的意义。

---

* 本书所称证券虚假陈述案件是指证券市场虚假陈述侵权民事赔偿案件,案由为证券虚假陈述责任纠纷。为行文方便,以下简称证券虚假陈述案件。

一、证券市场虚假陈述状况分析

经过30多年发展，我国建立起了一套包括法律、行政法规、部门规章和自律性规则等在内的多层次信息披露规则体系，证券发行文件、定期报告和临时报告等分别由《证券法》《公司法》《上市公司信息披露管理办法》《公开发行证券的公司信息披露内容与格式准则》等进行规范。2018年11月5日，习近平总书记在首届中国国际进口博览会开幕式的主旨演讲中提出，将在上海证券交易所设立科创板并试点注册制，拉开了资本市场试点注册制改革的序幕。信息披露是注册制的核心，实施注册制改革的过程，也是将核准制下发行条件中可以由投资者判断的事项转化为信息披露要求，完善信息披露规则体系，提高信息披露的针对性、有效性、可读性，进一步明确信息披露主体责任的过程。因此，落实信息披露为中心的理念是注册制改革的灵魂和纽带，要求发行人充分披露投资者作出价值判断和投资决策所必需的信息，确保信息披露真实、准确、完整、及时、公平，才能为投资者作出价值判断提供依据。为响应改革要求，2020年3月1日起施行的新《证券法》对“信息披露”设专章，全面重构了信息披露制度，并通过大幅提升行政违法成本、全方位强化民事赔偿责任，对发行端的注册制改革形成有效保障。2020年10月9日，国务院发布《关于进一步提高上市公司质量的意见》，明确提出要提高上市公司治理水平，提升信息披露质量，加大对欺诈发行、信息披露违法等违法违规行为的处罚力度。2020年12月26日，《刑法修正案（十一）》审议通过，大幅提高了欺诈发行、信息披露造假、提供虚假证明文件和操纵市场等证券期货犯罪的刑事惩戒力度，并强化了对控股股东、实际控制人等“关键少数”的刑事责任追究。2021年7月6日，中共中央办公厅、国务院办公厅印发了《关于依法从严打击证券违法活动的意见》，这是资本市场历史上第一次以中办、国办名义联合印发打击证券违法活动的专门文件。加快健全证券执法司法体制机制，加大重大违法案件查处惩治力度等方面作出重要部署。遏制上市公司财务造假乱象，对证券市场违法犯罪活动“零容忍”已经成为各界的共识。

在行政监管层面，对信息披露违规行为的打击力度也在不断加大。根据中国证监会公布的历年案件办理情况，涉及信息披露违规的案件数量2019年为29件，2020年为84件，2021年为163件，2022年为203件。整体来看：第一，信息披露违规案件在全部处罚案件类型中占比较高，案件数量高于内幕交易及操纵市场，信息披露整体质量不容乐观，属于证券监管的重点领域。第二，部分案件涉及金额大、周期长，市场影响恶劣。根据证监会通报的2021年案件情况，约60%财务造假案件情节严重涉嫌犯罪，超过30%的案件连续3年以上造假。第三，案发领域延伸，违法手段隐蔽多样，与资金占用、违规担保等违法行为相互交织。第四，中介机构违法案件上升。2019年至2022年1月，证监会共查处中介机构违法案件80起，涉及24家会计师事务所、8家证券公司、7家资产评估机构、3家律师事务所、1家资信评级机构，涵盖股票发行、年报审计、资产收购、重大资产重组等多个领域。①

根据《证券法》的规定，虚假陈述行为致使投资者在证券交易中遭受损失的，相关主体应当承担民事赔偿责任。依法追究虚假陈述民事赔偿责任，是形成"立体式"追责体系，提高资本市场违法成本的重要一环。随着行政监管持续保持高压态势，相关民事诉讼数量激增，已成为金融商事案件中的重要案件类型之一。

二、证券虚假陈述民事责任的相关法律制度

《证券法》是调整证券市场虚假陈述民事责任法律关系最直接的法律，其中主要是第85条和第163条。该法第85条规定了信息披露义务人未按照规定披露信息以及披露信息存在虚假记载、误导性陈述或者重大遗漏，致使投资者在证券交易中遭受损失的，应承担民事赔偿责任，发行人的控股股东、实际控制人、董

① 参见中国证监会：《证监会依法从严查处证券中介机构违法行为》，载证监会官网2022年1月14日，http：www.csrc.gov.cn/csrc/c100200/c1806444/content.shtml。

事、监事、高级管理人员和其他直接责任人员以及保荐人、承销的证券公司及其直接责任人员承担连带赔偿责任，但是能够证明自己没有过错的除外。该条相较于2014年《证券法》第69条的规定，主要有三处重要变化：一是对责任主体的表述与行政责任规定保持一致，由“发行人、上市公司”改为“信息披露义务人”；二是增加了“未按照规定披露信息”作为违规类型，即信息披露义务人未按照规定的期限、方式等要求及时、公平披露信息；三是发行人的控股股东、实际控制人的责任由过错责任修改为过错推定责任，进一步压实了股东责任。第163条规定了证券服务机构制作、出具的文件存在虚假记载、误导性陈述或者重大遗漏，给他人造成损失的，应当与委托人承担连带赔偿责任，但是能够证明自己没有过错的除外。该条相较于2014年《证券法》第173条的规定，除个别文字表述调整以外，基本没有变化。

2002年1月，最高人民法院下发了《关于受理证券市场因虚假陈述引发的民事侵权纠纷案件有关问题的通知》（现已失效），规定对证券市场上证券信息披露义务人违反《证券法》规定的信息披露义务，在提交或公布的信息披露文件中作出违背事实真相的陈述或记载，侵犯了投资者合法权益而发生的民事侵权案件，法院应予受理。该通知的出台，标志着司法开始介入证券市场民事纠纷，依法受理证券市场因虚假陈述引发的民事赔偿案件，从施加民事责任的角度对市场行为进行规范。2003年1月，最高人民法院出台了2003年《虚假陈述司法解释》，对证券市场因虚假陈述引发的民事赔偿案件从案件受理到责任要件等各方面明确了投资者救济规则，这是针对虚假陈述案件首个系统性的司法解释，其公布和实施推动了我国证券市场民事侵权责任制度的建立和完善，是近20年来法院审理虚假陈述案件最重要的法律依据。

随着资本市场改革的纵深推进，我国证券市场和监管环境已发生了巨大的改变和进步，相关法律制度也在不断完善。2022年1月，最高人民法院对虚假陈述司法解释进行修订，发布2022年《虚假陈述司法解释》，全面总结了2003年《虚假陈述司法解释》实施以来的市场发展、立法演变和审判工作中面临的疑难问题，并根据2019年《证券法》等相关规定，进一步细化和明确了虚假陈述民事赔偿责任的构成要件及追究机制：（1）取消了2003年《虚假陈述司法解释》的行政处罚、刑事判决前置程序;(2)明确界定了司法解释适用范围;(3)明确了虚假记载、误导性陈述、重大遗漏等虚假陈述行为及未按照规定披露信息的分类界定,新增了预测性信息安全港制度;(4)对虚假陈述中实施日、揭露日、基准日及基准价等"三日一价"关键内容进行了优化完善;(5)明确了重大性和交易因果关系的认定标准,引入了新的可抗辩事由;(6)结合法律规定和司法实践,细化了对董监高和其他直接责任人员、独立董事、保荐承销机构、证券服务机构等主体的过错认定标准及免责抗辩事由;(7)强化了控股股东、实际控制人责任以实施精准"追首恶",规定了重大资产重组交易对方的责任以规制"忽悠式"重组,追究帮助造假者责任以遏制虚假陈述行为的协助力量,否定保荐承销机构等补偿约定以促成其全过程勤勉尽责,压实相关责任主体的责任;(8)在传统诱多型虚假陈述的基础上补充规定了诱空型虚假陈述的损失计算方法,规定了多账户交易损失计算的处理方法,扩充了损失因果关系中应当予以减免责任的考量因素范围,系统地完善损失认定规则等。2022 年《虚假陈述司法解释》的施行,为虚假陈述案件的审判实践带来新的指引,也引发许多新的变化。

三、上海法院证券虚假陈述案件情况

(一)案件原告情况

2015~2022 年,上海法院共受理证券虚假陈述责任纠纷一审案件原告共涉及 21,387 名投资者,案件数量持续保持高位。其中 2015 年 436 名,2016 年 1062 名,2017 年 2381 名,2018 年 2966 名,2019 年 3030 名,2020 年 3245 名,2021 年 4354 名,2022 年 3913 名(见图 1)。

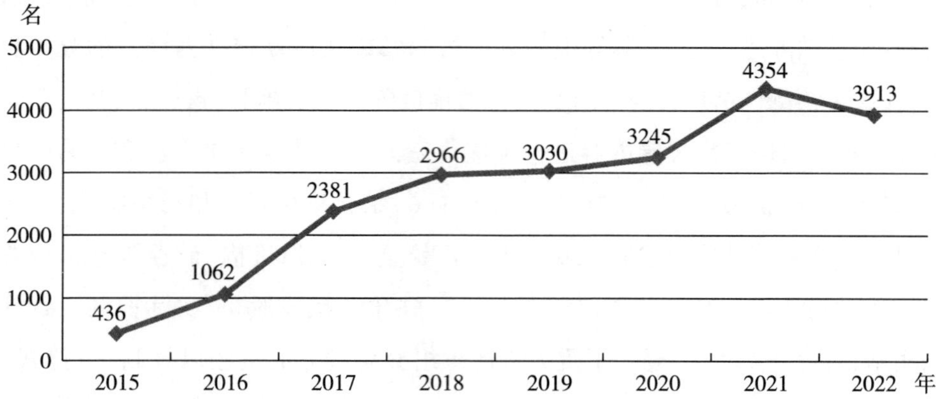

图1　2015～2022年上海法院证券虚假陈述责任纠纷涉及投资者数量

（二）案件被告情况

被告涉及方正科技、普天邮通、中毅达、游久游戏、界龙实业、锐奇股份、大智慧、岩石股份（多伦股份）、飞乐音响、创兴资源、康达新材、华鑫股份（仪电集团）、上海三毛、神开股份、安硕信息、上海家化、顺灏股份（上海绿新）、上海物贸、新绿股份、中安科、绿庭投资、安信信托、恺英网络、华信国际（股票）、行悦信息、未来股份（宏达矿业）、富控互动、紫晶存储、宝兰德、华虹计通、光大证券、巴安水务、城地香江、宏达新材、华信国际（债券）、天海防务、北特科技、华丽家族、鹏欣资源、上海电气、利隆公司、睿创微纳、商赢环球、力源科技等，涵盖上交所主板、深交所主板、科创板及新三板市场等，证券类型包括股票、债券。

从同一虚假陈述行为所涉被告范围来看，共有26组案件的投资者在上市公司之外，还起诉了中介机构以及上市公司控股股东、实际控制人、董监高等，占比为59.09%。

（三）案件前置程序情况

从立案前置程序来看，在2022年《虚假陈述司法解释》施行之后，虚假陈述案件受理时已有行政处罚的比例从96.4%下降至6.2%。其余案件虽未有正式行政处罚，但原告提交了证监会立案调查通知书、证监会行政处罚事先告知书、证监局责令改正措施、证监局警示函、交易所监管警示、交易所纪律处分及通报批评等作为侵权的初步证据。

（四）案件标的额情况

2015～2022年，上海法院共受理证券虚假陈述责任纠纷一审案件起诉标的总额达人民币64.42亿元（以下币种同），其中2015年为0.33亿元，2016年为2.24亿元，2017年为6.41亿元，2018年为5.28亿元，2019年为8.3亿元，2020年为12.06亿元，2021年为8.41亿元，2022年为21.39亿元，标的总额呈增长态势（见图2）。上市公司平均涉诉标的额为1.46亿元，投资者人均起诉标的额为30.12万元，以中小投资者居多。

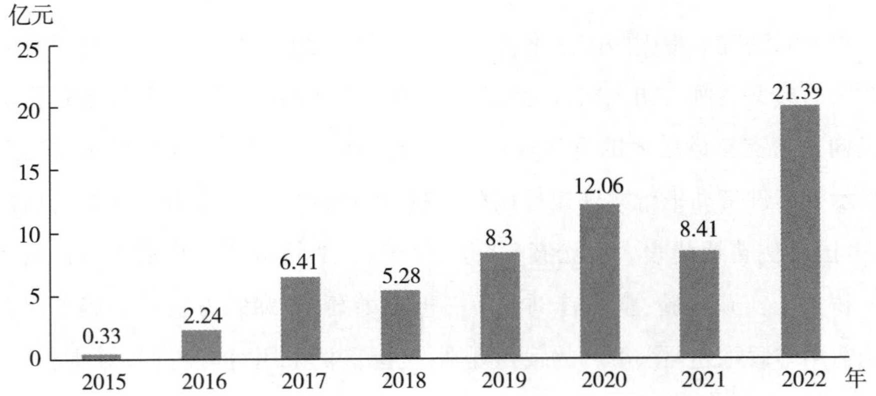

图2　2015～2022年上海法院证券虚假陈述责任纠纷一审案件标的额

（五）虚假陈述类型

涉诉虚假陈述行为以虚假记载、重大遗漏为主。首先，除因处于证监会立案调查阶段的3组案件外，其余41组案件中虚假记载占比达58.54%，主要表现为在定期财报中虚增利润，也包括以虚减利润为代表的诱空型虚假陈述和预测性信息不准确、在重大资产重组和收购中涉及资产评估报告不准确的虚假陈述行为。其次，构成重大遗漏的占比达26.83%，具体包括未披露关联关系、关联交易、一致行动人关系、大股东增持情况、重大担保、重大诉讼、重大合同进展情况、资金占用情况等重大事件。此外,被告在一项行政处罚中同时查明多项信披违规的情况较为普遍。

(六)判决结果情况

以被告为同一上市公司作为分组,在上海法院审理的44组虚假陈述案件中,除尚在审理中的20组案件外,24组案件中法院判令被告承担赔偿责任的有17组,占比达70.83%。该情况反映出行政责任与民事责任的高度关联,在有行政处罚作为诉讼前置程序的情况下,投资者对被告虚假陈述行为的举证责任大大减轻,胜诉比例较高。

(七)典型案例

在上海法院审理虚假陈述案件多年的司法实践中,出现了一批具有规则导向意义的典型案例。如全国首例证券支持诉讼案(匹凸匹案),明确了投资者保护机构作为支持诉讼人的诉讼地位;全国首例示范判决案(方正科技案),创设了以示范案件带动平行案件先行调解、快速审理的新型证券群体性纠纷解决机制;全国首例普通代表人诉讼案(飞乐音响案),为证券纠纷代表人诉讼的落地推广积累了实践经验;全国首例涉新三板市场案(新绿股份案),明确了新三板市场适用虚假陈述司法解释的裁判规则;全国首例采用“同步指数对比法”核定损失案件(方正科技案),首次委托第三方损失核定机构进行损失核定,并创新采用比较投资者持股区间的市场平均收益率的方法测算市场风险;全国首例采用“收益率曲线同步对比法”核定损失案件(中毅达案、普天邮通案),创新采用资本市场多因子模型和事件分析法模型测算市场风险及个股风险;全国首例无行政处罚前置并判决中介机构承担比例连带责任案件(中安科案),确立了民事责任独立于行政责任进行审查的原则,并论证了比例连带责任的合理性。这些案件在为虚假陈述案件明确审理规则和创新诉讼机制上均有一定指导意义。

四、证券虚假陈述案件特点及发展趋势

与传统民商事案件相比,虚假陈述案件具有当事人众多、案件复杂、内容专业等特点,审理难度较大。从该类案件审理情况来看,有以下几个方面值得关注。

(一)行政处罚与民事诉讼关系更加复杂

证券行政监管与司法审判是保障证券市场健康发展、维护投资者合法权益的两大主要力量。证券市场的侵权民事赔偿案件通常具有人数众多、取证困难的特点,在我国证券市场发展的早期阶段,由于市场信息透明度不高、信息披露义务人在资本市场中处于优势地位,加上虚假陈述案件的专业性与复杂性,法院在处理此类案件时面临证据调查、事实认定等方面的困难。因此,2003 年《虚假陈述司法解释》设置了一定的前置程序,既减轻投资者的举证负担,同时以前置程序辅助法院认定相关事实,即“投资人以自己受到虚假陈述侵害为由,依据有关机关的行政处罚决定或者人民法院的刑事裁判文书,对虚假陈述行为人提起的民事赔偿诉讼,符合民事诉讼法第一百零八条规定的,人民法院应当受理”。从实践效果方面看,前置程序在防范滥诉、减轻投资者举证负担、统一行政处罚与民事责任司法裁判标准等方面发挥了重要作用。在此阶段,同一上市公司的行政处罚与民事诉讼之间呈现强关联状态,不仅民事诉讼的受理以行政处罚为依据,在民事责任的认定上也主要依据行政处罚所查明的事实。司法实践中还形成了一系列与行政处罚相关联的审理思路,如受到行政处罚的虚假陈述行为即符合重大性标准,揭露日的认定通常以行政处罚立案调查通知书公告日为准等。

值得注意的是,随着法院对虚假陈述案件审判经验的不断丰富,行政责任与民事责任在构成要件、审查标准上应各自独立判断的观点逐渐成为主流。例如,在上海法院审理的中安科案中,2 家中介机构招商证券、瑞华会计师事务所未被

行政处罚，但被法院判决按比例承担连带民事赔偿责任。2022 年《虚假陈述司法解释》出台后，行政处罚与民事诉讼的关联性进一步明晰。一方面，司法解释明确取消了前置程序，对投资者民事诉权有更及时、全面的保障，投资者将未被行政处罚的上市公司及相关责任主体作为被告提起民事诉讼不再受到诉讼程序上的限制。另一方面，对于虚假陈述重大性的审查增加了信息是否导致股价、交易量变动的客观标准，改变了之前被行政处罚的虚假陈述行为当然构成重大证券侵权行为的观点，而仅起到推定重大性的作用，民事案件中需对虚假陈述行为是否符合重大性要件独立进行审查。同时需注意到，为了防范因前置程序取消而产生的没有事实根据的滥诉行为，2022 年《虚假陈述司法解释》第 2 条要求原告提起诉讼时，必须提交“信息披露义务人实施虚假陈述的相关证据”。可以预见，由于证券监管部门处于信息披露的监管一线，负有依法查处虚假陈述的监管职责，也具有调查认定虚假陈述的专业能力，往往能更快更早地发现违法行为。而投资者受制于调查手段有限，能够提交的证据还是以行政监管部门的调查结论为主，只不过这里的起诉条件不再限于正式的行政处罚而予以适当放宽。因此，就实然角度而言，与其说是前置程序在民事诉讼中的彻底退出，不如说只是前置程序在范围上的全面放开，弱化其“程序属性”而强化其“证据属性”。

此前，前置程序将行政处罚与民事诉讼的启动直接对应起来，客观上实现了行政处罚与民事诉讼的协同性与联动性。两者关系较为明确，即先有行政处罚，再有民事赔偿。现在民事赔偿之诉的启动不再以行政处罚为前提，实践中必定会出现二者协同困境，总体来说，主要有以下三种形态：一是行政处罚程序结束后投资者提起民事赔偿诉讼；二是行政处罚进行中时，投资者提起民事赔偿诉讼，或者民事赔偿诉讼进行中启动行政处罚程序，此时构成程序的并行；三是证券民事诉讼完结后启动行政处罚程序。三种形态下均存在协同难题，如行政处罚在先的，是否必然导致民事责任，而民事责任在先的，是否会触发行政处罚，以及后续行政处罚的案件中若查处投资者未掌握的新违法事实，是否会对生效民事判决产生影响等，将是前置程序取消后面临的新问题。对此，最高人民法院与证监会联合发布了《关于适用〈最高人民法院关于审理证券市场虚假陈述侵权民事赔偿案件的若干规定〉有关问题的通知》，要求“取消前置程序后，人民法院要根据辖区内的实际情况，在法律规定的范围内积极开展专家咨询和专业人士担任人民陪审员的探索，中国证监会派出机构和有关部门要做好相关专家、专业人士担任人民陪审员的推荐等配合工作，完善证券案件审理体制机制，不断提升案件审理的专业化水平”。在后前置程序时期，法院在虚假陈述民事赔偿案件的受理、证据调取、事实认定、责任认定等方面如何与行政处罚衔接，还有待在实践中总结经验。

（二）投资者索赔意愿明显提高

近年来，虚假陈述案件数量持续保持高位增长。截至2022年12月，公开渠道可检索到的裁判文书已达6.4万篇。由于部分裁判文书因处于审理阶段尚未公开，全国法院实际受理的案件数量远超该规模，投资者索赔率明显提高。

究其原因，首先是诉讼收益的明确预期。经过长期的司法实践，虚假陈述的案件审理原则已经相对明确，审理程序向规范化、标准化发展。在有行政处罚在前的情况下，被告承担民事责任的概率较大，因此，往往在证券监管部门立案调查之初即有投资者自发或在律师的组织下开始“抱团”，一旦正式作出行政处罚，立即有成百上千的民事诉讼随之而来。其次是诉讼成本的大幅降低，律师风险代理机制使投资者在前期无须付出经济及时间成本。司法层面证券诉讼制度的大力改革，使诉讼效率持续提高，基于示范判决机制及代表人诉讼的“搭便车”效应明显。因此，在经济利益的推动下，加上投资者教育的不断深入，投资者维权意识大幅提升，违法违规成本显著提高，民事责任正逐渐成为资本责任体系当中最重要的一环。就案件索赔总金额而言，尽管单个投资者赔付金额不高，但由于投资者一方人数大幅增加，系列案件的索赔总金额不断刷新纪录。其中，因采用“默示加入”机制而实现索赔率近乎100%（仅9名投资者向法院声明退出）的首例特别代表人诉讼康美药业案中，索赔规模达48.66亿元，投资者保护机构代表的投资者人数达55,326名，胜诉金额最终达24.59亿元，让市场充分认识到了巨额民事责任的威慑力。

（三）被告可抗辩事由有所增加

结合2022年《虚假陈述司法解释》的最新变化来看，被告可抗辩的事由有所增加，主要是重大性、交易因果关系及损失因果关系三个方面。在虚假陈述内容的重大性上，新增了关于虚假陈述并未导致相关证券交易价格或者交易量明显变化的抗辩事由。在交易因果关系方面，新增了原告的交易行为是受到虚假陈述实施后发生的上市公司的收购、重大资产重组等其他重大事件的影响的抗辩事由，而在之前的司法实践中，该事由通常视为“多因一果”，并不必然切断虚假陈述与交易决策之间的交易因果关系。在损失因果关系方面，2003年《虚假陈述司法解释》除了投资者明知等情形外，仅规定了“证券市场系统风险等其他因素”可作为损失扣除的考虑因素。2022年《虚假陈述司法解释》在修订时吸收了司法实践中对扣除“非系统风险”的裁判规则，进一步扩大了损失扣除的范围，即“他人操纵市场、证券市场的风险、证券市场对特定事件的过度反应、上市公司内外部经营环境等其他因素”均可作为抗辩事由且应当在原告诉请的投资损失中予以扣除。此外，为营造宽松的信息披露环境，新增了预测性信息的“安全港”原则。在基准日的认定上，从原来的换手率达到100%之日变更为最长揭露日后30日，大大缩短了参与损失计算的区间。

从中可以看出，在虚假陈述民事责任的审查标准上趋于严格，更加注重虚假陈述对投资者决策影响程度的实质审查，且强调被告责任范围应仅限于投资者因虚假陈述而实际发生的损失。据此，最大限度防止本应由投资者自行承担的正常投资风险不当转嫁给被告承担，使虚假陈述的民事责任制度坚守其“损失填补”的主要功能。

（四）案件涉及领域不断扩张

根据《证券法》的规定，证券包括股票、债券、存托凭证、证券投资基金份额、资产支持证券、资产管理产品等多种类型。在这些证券的发行和交易过程中，均可能出现信息披露义务人因虚假陈述导致民事纠纷的情况。近年来，虚假陈述案件的类型从以股票为主，逐渐扩展至其他证券类型。其中，随着债券违约事件频频发生，因发行人欺诈发行、信息披露违规所导致的债券虚假陈述纠纷也层出不穷。2020年7月，最高人民法院出台《全国法院审理债券纠纷案件座谈会纪要》，对债券欺诈发行、虚假陈述案件的管辖、损失计算、因果关系抗辩、责任主体的范围及过错认定、责任追偿等作出具体规定。2020年12月，杭州市中级人民法院审理的五洋债债券欺诈发行一案作出一审判决，法院判令发行人及各中介机构承担连带民事责任，引发市场较大关注。

此外，即使针对股票的虚假陈述，案件的细分类型也更加多样。虚假陈述除常规的诱多型之外，诱空型虚假陈述的纠纷也逐渐出现，如上市公司年报虚减利润。该类型的虚假陈述因果关系中的交易判断方向及损失计算方法与诱多型虚假陈述有所不同。同时，虚假陈述所涉及股票市场的类型也有所扩张，除主板市场外，科创板市场、新三板市场、区域性股权市场也有所涉及。据此，2022年《虚假陈述司法解释》在总结司法实践经验的基础上，填补了诱空型虚假陈述的立法空白，并对司法解释的适用范围进行了明确。即信息披露义务人在证券交易场所（包括证券交易所、国务院批准的其他全国性证券交易场所）发行、交易证券过程中实施虚假陈述引发的侵权民事赔偿案件，均适用该规定，大大扩张了虚假陈述案件的范围。

（五）涉诉主体范围不断扩大

上市公司作出虚假陈述往往与其长期业绩低迷、内控混乱相联系，部分公司或直接面临退市风险，实际赔付能力不足。从案件涉诉主体范围来看，为确保被告有足够的赔付能力，投资者已不再锚定上市公司作为起诉的唯一选择，而倾向于选择同时将中介机构以及上市公司董监高、控股股东及实际控制人等其他责任主体一并列为共同被告。而2022年《虚假陈述司法解释》的出台，明确规定了重大资产重组交易对方以及上市公司的供应商、客户等帮助上市公司财务造假者的赔偿责任，进一步扩大了虚假陈述案件的责任主体范围。

具体分析来看，相比上市公司董监高等个人被告而言，因券商、会计师事务所等中介机构有稳定的赔付能力，投资者通常倾向于仅追加中介机构为被告。这一现象在行政处罚前置程序取消后更加常见，即无论中介机构是否被一并处罚，很多投资者一律将其列为共同被告，甚至在不起诉上市公司的情况下仅起诉中介机构，中介机构因执业行为导致的应诉风险大幅上升。另外，上市公司董监高被列为共同被告的案件虽然有所增多，在实际执行中由董监高承担赔付责任的却并不多见，通常是由上市公司直接履行全部赔偿责任。同样地，对于上市公司控股股东、实际控制人等而言，虽有较多的法律规定支持，如《证券法》的修订后对其归责原则由之前的"过错原则"修改为"过错推定原则"，减轻投资者举证负担；2022 年《虚假陈述司法解释》第 20 条规定支持原告起诉请求直接判令相关控股股东、实际控制人赔偿损失，同时，明确上市公司承担责任后有权向负有责任的控股股东、实际控制人进行追偿等。但在实践中，由控股股东、实际控制人直接赔偿的案例较少，上市公司追偿权诉讼也不多。2021 年 9 月，中证中小投资者服务中心代表上海大智慧股份有限公司起诉公司董监高赔偿损失，该案系全国首例由投资者保护机构根据《证券法》第 94 条新规提起的股东派生诉讼，也是上市公司因证券欺诈被判令承担民事赔偿责任后，全国首例由投资者保护机构代位提起的向公司董监高追偿的案件。该案最终以控股股东主动向公司全额赔偿 3.35 亿元，各方达成调解结案。根据《证券法》第 94 条的规定，投资者保护机构提起股东派生诉讼不受《公司法》有关持股比例、期限的限制，为投资者保护机构督促上市公司向相关责任主体追偿提供了有力的法律手段。可以预见的是，投资者在上市公司之外同时起诉其他责任主体将成为常态化，上市公司追偿权诉讼将增多，各主体之间的责任划分比例将成为新的审理难点。

(六) 审判精细化程度不断提升

因 2003 年《虚假陈述司法解释》关于损失因果关系的判断原则较为笼统，且关于非虚假陈述原因导致的投资损失缺乏科学量化的必要手段，早期虚假陈述案件的审理思路比较粗放，如在损失因果关系的认定上，大多出于对中小投资者权益保护的考量全部支持原告诉讼请求，少数以投资者的损失完全是由系统风险造成的为由驳回原告全部诉讼请求。在系统风险的扣除上通常采用法院酌定统一扣除比例的方法。

近年来，随着审判经验的不断积累，法院对虚假陈述案件的审理日趋精细化、专业化、科学化。主要体现在两个方面：一是对不同投资者损失的个性化处理。每一投资者的交易时点、价格、数量及持股区间均有不同，借助专业损失核定机构的介入，在买入均价的计算上，越来越多的法院采用了逐笔计算的移动加权平均法；在损失的扣除上，从所有投资者适用统一的市场风险扣除比例，到根据每一个投资者具体交易情况测算不同的影响区间及各自的扣除比例，在确立统一的损失计算原则的基础上对不同投资者作不同处理，判决结果更加公平合理。二是对虚假陈述因素与其他因素之间的精准剥离，法院对因果关系的审查更加细致。具体而言，将因果关系区分为交易因果关系和损失因果关系两方面。在交易因果关系方面，根据2022年《虚假陈述司法解释》的要求，须区分虚假陈述与上市公司的收购、重大资产重组等其他重大事件的影响程度。在损失因果关系方面，从仅考虑"股灾""熔断"等波及整体股票市场的影响因素，到分类考虑市场风险、行业风险以及仅涉及个股的重大事件，如概念股、重大资产重组、标示ST等，针对个案情况开发建立不同的损失计算模型，更加贴合案件的个性化需求。

（七）相关专业群体不断发展

近年来，投资者保护机构及证券律师队伍逐渐成熟，第三方损失核定市场逐步发展，共同推动虚假陈述案件的审理向高度专业化发展。中证中小投资者服务中心（以下简称投服中心）于2014年12月在上海正式挂牌成立，属于法定的公益性投资者保护机构。2016年7月，投服中心受投资者委托，以支持诉讼的方式对匹凸匹金融信息服务（上海）股份有限公司提起虚假陈述民事损害赔偿诉讼，系全国首例证券支持诉讼案件，带动了社会对中小投资者保护机制的探讨。新《证券法》出台后，投资者保护机构被赋予更多的职能。2020年1月，投服中心出资设立中证资本市场法律服务中心，该中心定位于跨区域跨市场的全国性证券期货纠纷公益调解机构，并承担接受法院委托进行案件损失核定的职能。2021年4月，投服中心就康美药业案向广州市中级人民法院提交特别代表人诉讼转换申请，以代表人的身份代表5万多名投资者提起民事诉讼，系全国首例特别代表人诉讼案件。2021年9月，投服中心以上海大智慧股份有限公司股东的名义，对公司董监高提起虚假陈述追偿权诉讼，系全国首例依据2019年《证券法》提起的股东派生诉讼。投资者保护机构的支持诉讼、代表人诉讼、纠纷调解、损失核定、持股行权等多项业务常态化进行，成为中小投资者权益保护的中坚力量。

律师群体是助力投资者维权中不可或缺的力量。虚假陈述案件专业性强、索赔周期长、前期成本高，中小投资者在与上市公司的博弈中始终存在信息不对称、诉讼经验欠缺、抗风险能力和自我保护能力较弱等劣势，需要律师在诉讼能力和专业知识方面的支持。对原告方律师而言，一旦有首例胜诉判决作出，后续代理案件的边际成本大幅下降，盈利预期较为稳定。因此，在收费上一般采用风险代理的模式，即律师垫支诉讼费，待实际收到赔偿款后再与投资者按约结算，该模式使得律师更容易征集到投资者。同时，面临巨额且人数众多的索赔请求，被告一方也需要更多的专业力量来应诉。随着被处罚的上市公司增多，市场需求增加，证券律师的队伍在迅速扩张。从实践观察，代表人诉讼制度的常态化开展将对律师市场带来一定冲击。其中，特别代表人诉讼仅能由投资者保护机构发起，普通代表人诉讼通常由“头部”律师牵头，证券律师行业将进入优胜劣汰阶段。

损失核定机构作为第三方专业机构，是虚假陈述案件审理当中的重要一环。损失计算是虚假陈述案件的审理难点之一，同时也是制约审判效率的主要“瓶颈”。每一投资者持股区间不同，且交易记录往往不止一笔买入卖出，计算工作量极大。其中，还涉及非虚假陈述因素的范围认定与扣除比例等专业性较强的问题，当事人之间常有较大争议。上海金融法院在案件试点中，委托投服中心、上海交通大学高级金融研究院等出具损失核定意见，首次研发并适用“3＋X同步指数对比法”、多因子量化“收益率曲线同步对比法”等计算模型，全国各地法院相继采纳，大大提升了案件损失计算的精细化水平。随着法院委托损失核定机构的案件数量持续增加，损失核定的收费模式不断规范，损失核定机构市场也逐渐发展壮大起来。

（八）诉讼机制改革持续推进

高效的证券民事诉讼程序是保障民事赔偿责任落地的关键环节。因投资者人数众多，虚假陈述案件涉众性特征明显，重复性的审理程序占据了较多审判资源。对此，司法层面在证券诉讼制度改革方面展开了大量的创新探索。

一是开创证券支持诉讼机制。《民事诉讼法》第 15 条规定机关、社会团体、企事业单位对损害国家、集体或者个人民事权益的行为，可以支持受损害的单位或者个人向人民法院起诉。2016 年 7 月，上海市第一中级人民法院受理全国首例由投服中心支持投资者诉讼的证券虚假陈述责任纠纷案。经综合考量《民事诉讼法》支持起诉的立法目的、投服中心的公益性质，以及原告投资者诉讼能力弱、维权成本高等因素，法院认为支持诉讼符合法律规定。该案开证券领域支持诉讼之先河，是对中小投资者权益保护机制及证券民事公益诉讼制度的重大创新。

二是创设证券示范判决机制。2018 年 11 月，最高人民法院与证监会联合发布《关于全面推进证券期货纠纷多元化解机制建设的意见》，明确提出要建立示范判决机制。据此，上海金融法院于 2019 年 1 月出台了《关于证券纠纷示范判决机制的规定》，对示范案件的选定、审理、专业支持、判决效力、审判管理作出了具体规定。该机制的核心是利用典型案件既判力的示范效应为投资者提供稳定的诉讼预期，加大对群体性纠纷中其他类案的调解力度，从而实现适法统一，提升审判效率，节约司法资源，降低诉讼成本，促进矛盾化解。2019 年 8 月，经上海金融法院一审、上海市高级人民法院二审维持，全国首例证券群体性纠纷示范判决生效，为健全证券纠纷多元化解机制积累了实践经验。2022 年 1 月 11 日，上海金融法院发布示范判决机制 2.0 版本，全面梳理了“示范判决 + 专业调解 + 司法确认”及“示范判决 + 集约化审理 + 自动履行”的双链条纠纷化解机制的实践经验，新增了平行案件的审理、诉讼保全与案件执行、机制保障三个章节，使示范判决机制的体系更加全面、程序更加简化、专业支持机制进一步加强。

三是推动代表人诉讼制度常态化开展。2019 年《证券法》创设了“中国版证券集体诉讼制度”，包括《民事诉讼法》中的代表人诉讼在证券纠纷领域的适用

（普通代表人诉讼），以及由投资者保护机构作为代表人以“默示加入、明示退出”的方式代表全体投资者参加的诉讼（特别代表人诉讼）。后者的“退出制”安排以及赋予投资者保护机构的独立诉讼地位的制度设计均是在我国《民事诉讼法》原有代表人诉讼制度上极大创新。随着飞乐音响普通代表人诉讼案、康美药业特别代表人诉讼案的落地，代表人诉讼制度进入常态化开展阶段，为畅通投资者求偿途径、惩戒威慑证券违法活动、落实对资本市场违法行为“零容忍”的要求提供了有力的司法保障。

第二章

证券虚假陈述案件的裁判思路

证券市场虚假陈述,是指信息披露义务人违反法律、行政法规、监管部门制定的规章和规范性文件关于信息披露的规定,在披露的信息中存在虚假记载、误导性陈述或者重大遗漏的行为。证券虚假陈述责任纠纷案件,是指信息披露义务人在证券交易场所发行、交易证券过程中实施虚假陈述引发的侵权民事赔偿案件。

一、证券虚假陈述案件的审理原则

虚假陈述案件涉及投资者人数众多、标的额巨大,社会关注度较高,在审理过程中应遵循以下原则。

(一)促进资本市场良性发展

虚假陈述行为对证券市场信息披露制度和市场经济的诚实信用基础产生危害。要注意将法律规则的适用与中央监管政策目标的实现、金融改革发展任务的推进相结合。在全面实行注册制改革背景下,股票发行上市从实质审核过渡到形式审核，需要有配套的法律供给和高效的后端责任追究机制来规范市场主体行为，提高违法违规成本。因此，在审理证券虚假陈述责任纠纷案件时，要深刻理解信息披露制度的重要性，厘清不同责任主体对信息披露的责任边界，落实以信息披露为中心的股票发行交易民事责任制度，督促各市场主体归位尽责。依法从严打击违法违规行为，贯彻“追首恶”理念，加大司法惩戒力度，在执行过程中建立对直接责任人的先行执行机制，切实提高直接责任人的违法违规成本。

在前置程序取消的背景下，需正确把握民事责任与行政责任的区别与联系，建立监管部门与司法机关个案协同机制，在执行层面落实民事赔偿责任优先制度。此外，信息披露不仅涉及广大投资者的切身利益，而且属于证券市场的公共秩序，需要行政监管、刑事制裁和民事追责“三位一体”。在案件审理过程中发现涉嫌信息披露违法违规尚未受查处的，及时将线索移送行政监管机构，涉嫌构成犯罪的，依法移送刑事侦查机关，建立全方位的责任约束机制。

（二）加强投资者权益保护

在虚假陈述案件的审理中，加强投资者权益保护的基本原则贯穿始终。第一，2022 年《虚假陈述司法解释》取消了立案前置程序，解决了此前对投资者诉权保障不足、权利实现周期过长的问题；第二，2003 年《虚假陈述司法解释》对可能成为被告的虚假陈述行为人进行了列举，2022 年《虚假陈述司法解释》中对被告的范围进行了扩展，增加了帮助造假者的赔偿责任；第三，对投资者损失与虚假陈述行为之间的因果关系，采用了“市场欺诈”理论和“信赖推定”原则，投资者无须提供自己的损失与虚假陈述之间存在因果关系的证据，极大地方便了投资者诉讼；第四，对责任主体适用无过错或过错推定原则为主，信息披露义务人只有证明因果关系不成立等事由，或者董监高、中介机构等责任主体证明自己没有过错或者尽到了应尽的职责等，才能免除责任；第五，《证券法》规定被告承担民事责任的方式为连带赔偿责任，且该民事责任的承担优先于行政责任，更有利于保护投资者合法利益；第六，在诉讼方式上，投资者可以通过启动代表人诉讼及示范判决机制的方式，以较低的诉讼成本明确被告责任，及时获得赔付；第七，为便利人数众多的投资者参加诉讼，法院应当依托信息化技术，开展立案登记、诉讼文书送达、公告和通知、执行款项发放等工作,提高审判执行的公正性、高效性和透明度。

同时,应注意平衡投资者保护与风险自担的关系,虚假陈述行为人只承担因其虚假陈述给投资者造成的实际损失。对于信息披露违反监管规定但不具有重大性的,严格落实投资风险“买者自负”原则。对于引起投资者损失但与虚假陈述没有直接因果关系的,如市场风险、经营环境变化等,应排除在损失赔偿范围外,即应将赔偿范围限定在因虚假陈述产生的损失。应引导投资者提高风险识别能力和理性投资意识,对于明知或应当知道证券欺诈等侵权行为存在而进行证券交易的,依法认定其损失与侵权行为之间不存在因果关系。

(三)坚持专业化审判

证券市场具有高度的专业性和创新性,对审判专业程度要求较高。虚假陈述行为是否存在、虚假陈述行为是否具有重大性、虚假陈述行为与投资者损失之间是否存在因果关系、中介机构履职是否存在过错,如涉及审计底稿、评估报告等特殊证据种类、证据证明力的认定等,往往需要综合运用会计、审计、金融、法律等多学科的知识,案件审理难度大。

据此,对于需要借助其他学科领域的专业知识辅助进行判断的问题,要充分发挥专家证人的作用,使案件的事实认定符合证券市场的基本常识和普遍认知或认可的经验法则,责任承担与侵权行为及其主观过错程度相匹配。尤其是在前置程序取消的背景下,后续可能面临投资者举证的难度加大、司法审查的难度加大等新问题,需建立监管部门与司法机关个案协同机制,在证据调取、征求意见及安排专家陪审员等方面加强沟通协调。此外,在投资者损失计算方面,因虚假陈述损失因果关系的认定专业性较强,且涉及投资者人数众多,计算量大,需要损失核定机构的参与。法院可以经当事人申请或依职权委托第三方专业机构调取相关交易数据,进行专业分析,出具损失核定意见,损失核定意见作为证据进行质证并审查后,可以作为损失认定的依据。

(四)将非诉纠纷解决机制放在前面

纠纷的解决机制,是证券市场侵权民事责任法律制度有效运行的一个重要方面,也是投资者参与证券市场所要考虑的成本和风险因素之一。虚假陈述案件涉及的投资者人数众多,责任主体多元,要始终将非诉纠纷解决机制挺在前面,推动矛盾及时有效化解。首先,证券市场的社会参与度,决定了纠纷解决的方式应该尽可能低成本、高效率。迅速和彻底地解决该类群体性纠纷,对于证券市场的稳定发展具有相当积极的意义。相比判决而言,调解与和解是在当事人自愿基础上取得的结果,对于争议的问题进行了彻底的解决,不存在上诉问题,也很少发生审判监督程序,有利于纠纷的迅速解决,进而避免群体矛盾的扩大和激化。其次,虚假陈述案件的复杂性决定了非诉解决机制更加可行。尽管司法解释对虚假陈述责任的构成要件及认定规则有详尽的规定,但无论如何设计都不可能做到绝对精确。例如,因股价始终处于波动状态,现有技术手段难以完全剥离虚假陈述因素与其他因素影响造成的损失。但是,通过调解或和解达成的纠纷,是经过双方协商后均愿意接受的解决方案,能够实现相对公正。

《民事诉讼法》第 9 条规定:“人民法院审理民事案件,应当根据自愿和合法的原则进行调解;调解不成的应当及时判决。”《代表人诉讼司法解释》第 3 条规定:“人民法院应当充分发挥多元解纷机制的功能,按照自愿、合法原则,引导和鼓励当事人通过行政调解、行业调解、专业调解等非诉讼方式解决证券纠纷。当事人选择通过诉讼方式解决纠纷的,人民法院应当及时立案。在案件审理过程中应当着重调解。”根据上述规定,调解必须按以下原则进行:一是遵循自愿原则,需尊重当事人程序选择权,由当事人自愿选择以调解方式解决纠纷,达成调解协议的内容应根据当事人的意愿;二是合法原则,调解程序合法且达成调解的实体内容不得违法;三是法院应查清事实原则,调解与判决一样,必须遵循以事实为根据、以法律为准绳,如果基本事实不清,可以适用示范判决机制宣示裁判规则、统一法律适用;四是依法审查原则,在代表人诉讼中,法院应当对提交的调解协议草案进行初步审查,认定不存在违反法律和行政法规的强制性规定、违背公序良俗及损害他人合法权益等情形,方能向全体原告发出通知。原告有异议的,应当召开听证会,对调解协议草案的合法性、适当性和可行性进行审查。

二、证券虚假陈述案件的程序把握

(一)立案审查

立案审查中,由原告负担初步举证义务。原告以证券虚假陈述责任纠纷提起诉讼的,应结合2022年《虚假陈述司法解释》第2条及《民事诉讼法》第122条的规定,对是否满足受理条件进行审查。具体包括:(1)原告是与本案有直接利害关系的公民、法人和其他组织;(2)有明确的被告;(3)有具体的诉讼请求和事实、理由;(4)属于法院受理民事诉讼的范围和受诉法院管辖;(5)原告提交相应证据及证明材料,即证明原告身份的相关文件、信息披露义务人实施虚假陈述的相关证据、原告因虚假陈述进行交易的凭证及投资损失等相关证据。证券虚假陈述案件管辖采诉讼经济原则,由发行人所在地集中管辖。此外,还应注意特别代表人诉讼案件、涉外案件的特殊管辖规则,以及北交所、科创板、创业板案件的试点集中管辖。

(二)诉讼程序选择

证券虚假陈述案件可以适用的诉讼程序包括代表人诉讼程序和非代表人诉讼程序。若原告提起代表人诉讼的,应根据《代表人诉讼司法解释》第5条的规定进行审查,具体包括:(1)原告一方人数10人以上,起诉符合《民事诉讼法》第122条规定和共同诉讼条件;(2)起诉书中确定2~5名拟任代表人且符合《代表人诉讼司法解释》第12条规定的代表人条件;(3)原告提交有关行政处罚决定、刑事裁判文书、被告自认材料、证券交易所和国务院批准的其他全国性证券交易场所等给予的纪律处分或者采取的自律管理措施等证明证券侵权事实的初步证据。符合上述规定的,应当适用代表人诉讼程序进行审理。不符合规定的,则应当适用非代表人诉讼程序进行审理,包括示范判决机制、共同诉讼等。其中,对于启动代表人诉讼的，又可具体分为普通代表人诉讼和特别代表人诉讼，其中特别代表人诉讼专指依据《证券法》第95条第3款提起的诉讼，即由投资者保护机构代表“默示加入”的投资者参加诉讼所适用的程序。非代表人诉讼程序中，示范判决机制是指在处理群体性证券纠纷中，选取具有代表性的案件先行审理、先行判决，通过发挥示范案件的引领作用，妥善化解平行案件的纠纷解决机制。共同诉讼是指依据《民事诉讼法》第55条的规定，对于诉讼标的为同一种类的诉讼，法院经当事人同意后进行合并审理。

关于各类诉讼程序之间的选择，笔者认为，各类诉讼程序适用的情况和侧重点存在不同。首先，代表人诉讼作为法定的群体诉讼制度，本身具有优先适用的特殊地位，即符合司法解释所规定条件的，应当适用代表人诉讼。但需注意到，代表人诉讼具有一定的社会影响，对被告权益影响较大，且启动后有其固有的权利登记、推选代表人等一系列法定程序，诉讼成本较高，更适合于胜诉预期较为明确的案件。因此，虚假陈述案件虽取消了前置程序，仍应该从审查原告初步证据的角度严格把握代表人诉讼的启动条件，要求在起诉时证券侵权事实较为清楚。在此基础上，特别代表人诉讼由于适用“默示加入”，惩罚性功能较强，根据投资者保护机构遴选案件的规则，适用于案件典型重大、社会影响恶劣、具有示范意义且被告具有一定偿付能力的案件。其次，对于证券侵权事实不够清楚、原告可能败诉的案件，宜优先适用示范判决机制，通过代表性案件的先行审理，以较低的诉讼成本起到“试验性”的作用。此外，共同诉讼机制可灵活适用，如代表人诉讼中因行使退出权而另行起诉的案件，以及示范判决机制中的平行案件等，只要经当事人同意，都可以适用共同诉讼进行合并审理。

（三）审理程序要点

根据程序选择，可以适用的诉讼程序包括普通代表人诉讼（见图3）和示范判决机制等，其中代表人诉讼又分为普通代表人诉讼和特别代表人诉讼，两者程序略有不同。下文以普通代表人诉讼与示范判决机制为例，结合上海金融法院的实践经验，介绍程序要点。

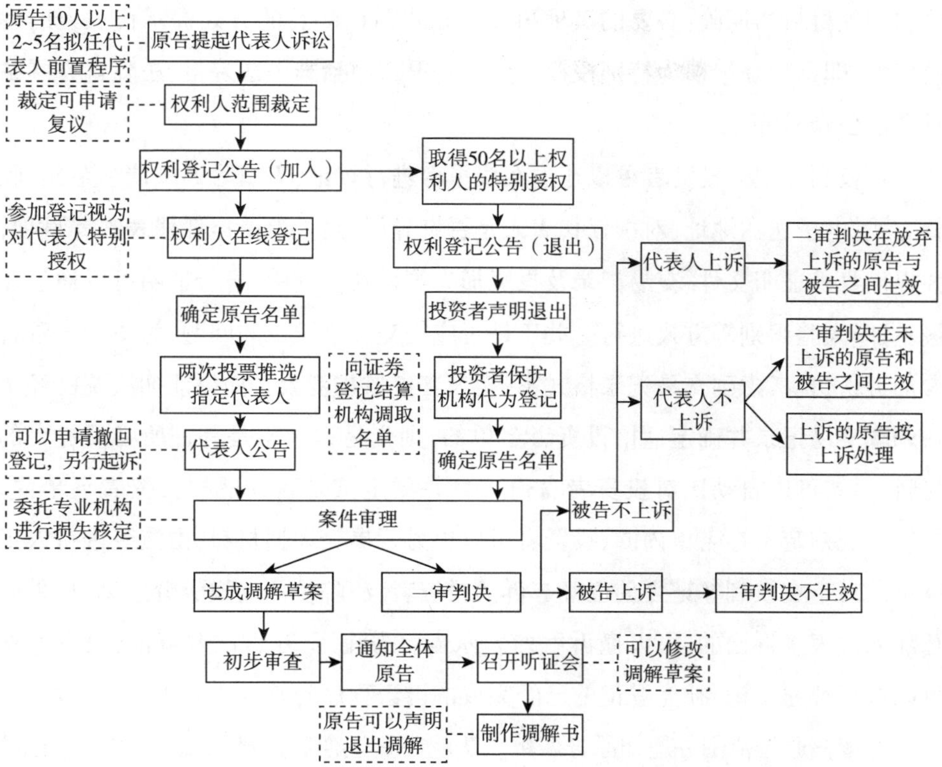

图 3　证券纠纷代表人诉讼程序

第一,普通代表人诉讼程序包括以下内容:

1. 先行审查程序。即对虚假陈述实施日、揭露日或更正日作出认定,在此期间内实施了相应交易行为的投资者,即推定满足交易因果关系,属于适格投资者范围。根据规定,法院可以通过阅卷、调查、询问和听证等方式对被诉证券侵权行为的性质、侵权事实等进行审查,并在受理后 30 日内以裁定的方式确定具有相同诉讼请求的权利人范围,该裁定可以向上级法院申请复议一次。

2. 调取交易记录。适格投资者范围确定后,法院可据此向证券登记结算机构或证券交易所统一调取该区间的交易记录,以明确适格投资者名单和便于后续损失计算。

3. 发出权利登记公告。公告应当包括以下内容:案件情况和诉讼请求;被告的基本情况;权利人范围及登记期间;起诉书中确定的拟任代表人人选姓名或者名称、联系方式等基本信息;若有自愿担任代表人的权利人,向法院提交书面申请和相关材料的期限;必要的其他事项。公告需以醒目的方式提示代表人的诉讼权限,即参加登记视为特别授权。公告的渠道包括人民法院报、法院官方网站及微信公众号等。

4. 权利登记。投资者可以通过在线平台进行登记,需填写诉讼请求金额、收款方式、电子送达地址、对拟任代表人是否有异议、是否申请担任代表人等事项,并提供身份证明文件、交易记录及投资损失等材料。其中,身份证明可以通过在线验证、人脸识别等方式进行。关于是否应提交交易记录的问题,为便于投资者参加诉讼,且考虑到交易记录格式不一,人工审核难度大。如果前期法院已经统一调取交易记录并确定适格投资者名单的,则交易记录不是登记所必须提交的材料,系统可以自动比对投资者身份信息并判定其是否在适格投资者名单内。如果系统判定不在名单内的,投资者可以再另行提交证据材料,由法院进行人工审核。对于在权利登记之前已经起诉的投资者,法院应征询投资者意见,如果同意加入代表人诉讼的,可以撤诉后列为原告。需注意,在首次开庭前,投资者均可以进行补充登记,补充登记前已经完成的诉讼程序对其发生效力。

5. 审核原告范围并通知原告名单。法院在登记期间届满后 10 日内对登记的投资者进行审核。审核通过的投资者列入代表人诉讼原告名单,并通知全体原告。

6. 确定代表人。如果登记期间无人对拟任代表人人选提出异议,并且无人申请担任代表人的,法院可以认定由起诉状中确定的拟任代表人作为代表人。否则,法院应在原告范围审核完毕后 10 日内在自愿担任代表人的原告中组织推选。关于推选规则,每个原告只有一次投票权,一次投票权最多可选 5 名候选人进行投票。关于代表人当选规则,代表人人数应为 2 ~5 名,按得票数排名确定,每位代表人的得票数应当不少于参与投票人数的 50%,投票产生 2 名以上拟任代表人票数超过 50% 的,则该轮投票推选成功。首次投票推选不出的,法院即时组织在得票数前 5 名的候选人中进行第二次推选。两次推选均不成功的,由法院指定代表人。

7. 公告代表人。代表人确定后,法院应当进行公告。原告可以自公告之日起 10 日内向法院申请撤回权利登记,并可以另行起诉。

8. 案件审理。对于同一违法事实既有代表人诉讼案件,也有非代表人诉讼案件的,代表人诉讼案件先行审理。案件的审理适用一审普通程序,应注意平衡好代表人特别授权与被代表人诉讼的诉讼权利之间的关系。对于代表人变更或者放弃诉讼请求、承认对方当事人诉讼请求、决定撤诉的,应当向法院提交书面申请,并通知全体原告。法院收到申请后,应当根据原告所提异议情况,依法裁定是否准许。法院可以依当事人申请或依职权委托专业机构对损失进行核定。

9. 调解程序。如代表人与被告达成调解协议草案的,应先向法院提交制作调解书的申请书及调解协议草案。法院经初步审查,认定草案不存在违反法律和行政法规的强制性规定、违背公序良俗及损害他人合法权益等情形时,向全体原告发出通知。原告有异议的,确定召开听证会的时间、地点和报名方式。召开听证会后,法院应当综合考虑当事人的意见、所涉法律和事实情况以及调解协议草案的合法性、适当性和可行性等因素。如决定制作调解书的,向原告发出通知,不同意的原告可以申请退出,未退出的原告视为接受调解。

10. 判决及上诉,判决需注意在主文中确定赔偿总额和损害赔偿计算方法。判决送达代表人后,先由代表人决定是否上诉,对于代表人上诉或放弃上诉的决定,均应通知全体原告,原告可以做出与之相反的意思表示。即如果代表人放弃上诉的,原告可以单独上诉;如果代表人上诉的,原告可以单独放弃上诉。

11. 后续案件的处理,对于符合权利人范围但未参加登记的投资者,若法院审查后属于适格投资者范围的,可直接裁定适用代表人诉讼判决。

第二,示范判决机制的审理程序包括以下内容(见图4)。

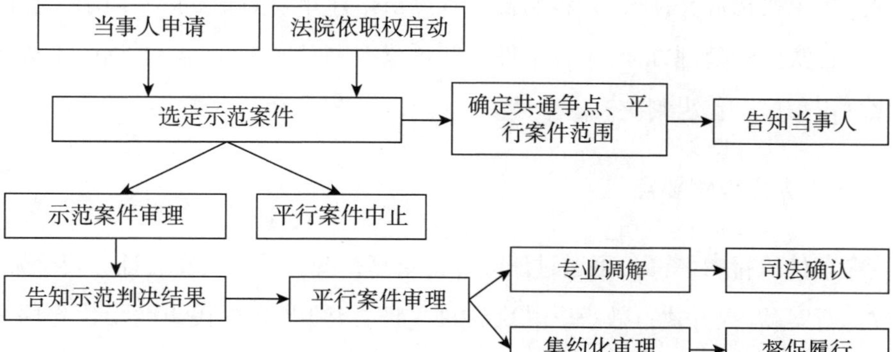

图4　证券纠纷示范判决机制诉讼程序

1. 选定示范案件。通过示范案件的选定,将因同一违法事实引发的群体性证券纠纷划分为示范案件与平行案件。示范案件可以依任何一方当事人的申请或者法院依职权选定，应最大限度地涵盖群体性纠纷中具有共性的事实问题和法律问题。实践中，示范案件的选定通常应考虑的因素包括：一是投资者交易记录尽量多并覆盖较长的期间，如包括实施日前买入、实施日至揭露日买入并卖出、揭露日后买入、实施日买入并持续持有至基准日等情况；二是投资者所诉被告范围尽量全面，如果有行政处罚的，一般应包括被行政处罚的所有主体在内；三是考虑投资者及其委托诉讼代理人的诉讼能力和专业经验，优先选定由投资者保护机构等支持诉讼及公益诉讼案件；四是对争点的意见具有代表性，如果一个案件无法涵盖全部代表性争点的，可以选定多个示范案件。

2. 告知示范案件选定结果。选定示范案件后，应当将示范案件的选定结果、共通争点、平行案件的范围及当事人的权利义务告知示范案件和平行案件的当事人。平行案件可以中止审理。

3. 示范案件的审理。在示范案件审理中，应当通过释明权的行使，促使当事人围绕共通的事实争点和法律争点明确诉请的事实及法律主张，充分履行举证义务。示范案件的审理应当保障信息公开，原则上通过互联网直播。

4. 平行案件的审理。在示范案件生效判决认定被告应承担赔偿责任的前提下，对平行案件诉请的审查主要集中于其是否符合可索赔的适格投资者范围以及具体损失的计算。在程序的准备方面，平行案件可以先调取交易记录，委托同一损失核定机构计算损失，并释明投资者可根据计算结果变更诉讼请求、追加被告等。在实体的处理方面，平行案件参照示范判决引导先行调解。调解不成的，简化庭审程序后作出判决。

（四）执行程序要点

在案件执行中，首先，可通过证券登记结算系统直接向投资者证券资金账户发放执行案款，提升执行效率。其次，根据《证券法》规定的民事赔偿优先原则，若被执行人名下的财产因涉行政处罚被在先查封且无其他财产可供执行的，可以协调相关部门配合执行。为加强对“首恶”的司法惩戒力度，若发行人的控股股东、实际控制人承担连带责任的，在执行顺位上可以先行执行其名下财产。

三、证券虚假陈述案件的审理思路

虚假陈述民事赔偿责任属于特殊的侵权法律关系，故其在构成要件上适用侵权法一般原理，即包括违法行为、因果关系、损失结果、主观过错这四个方面，但虚假陈述案件在个别要件的具体认定原则上有其特殊性。从审判实践来看，原告在虚假陈述案件中的诉讼请求较为标准化，均为诉请赔偿因虚假陈述导致的投资差额损失、佣金及印花税。被告的抗辩理由也均是围绕虚假陈述赔偿责任的构成要件。

（一）虚假陈述行为

根据2022年《虚假陈述司法解释》第4条的规定，信息披露义务人违反法律、行政法规、监管部门制定的规章和规范性文件关于信息披露的规定，在披露的信息中存在虚假记载、误导性陈述或者重大遗漏的，人民法院应当认定为虚假陈述。从《虚假陈述司法解释》关于虚假记载、误导性陈述和重大遗漏等三种具体的虚假陈述行为定义来看，对象均是重要事实、重大事件和重要事项。因此，虚假陈述本身应满足重大性要求。

关于虚假陈述的类型，2022年《虚假陈述司法解释》新增了对预测性信息虚假陈述的规定，应注意对预测性信息与事实性陈述的判别。此外，虚假陈述除从定义上区分虚假记载、误导性陈述和重大遗漏之外，还应从虚假陈述对投资者交易决策的影响角度区分诱多型和诱空型虚假陈述。

对虚假陈述的审查包括对虚假陈述实施日、揭露日和更正日、基准日的认定，该日期的确定对适格投资者范围的认定十分关键。对于多期财务报告均存在虚假陈述的情况，需审查其是否是连续性的虚假陈述或构成多个相互独立的虚假陈述，对于后者应当分别认定其揭露日。

（二）虚假陈述行为的重大性及因果关系

首先，被告所为虚假陈述需满足重大性要件，倘若错误披露或遗漏的信息对交易价格或交易决策不重要乃至毫无意义，则可推论为对理性投资者没有重大影响，此时投资者应对自我决策及投资损失负责。其次，是对交易因果关系的审查，核心是投资者对虚假陈述应有正当合理的信赖。其中，重大性要件本身可检视原告信赖的合理性，而效率市场假说和欺骗市场理论的适用引出了推定信赖原则，大大减轻了各个投资者需分别证明信赖存在的难度。最后，对于损失因果关系审查，基本原则是避免投资者通过诉讼主张那些与被告虚假陈述之间没有可预见关联性的损失。即便虚假陈述促使投资者作出了交易决策，但只要投资者所主张的损害，实际上是因为与虚假陈述无关的其他因素所导致，则该损害不在被告赔偿责任所应填补的范围内。

虚假陈述责任构成要件中的因果关系可分为交易因果关系和损失因果关系，前者是指虚假陈述与投资者交易决策之间的因果关系，后者是指虚假陈述与投资者损失之间的因果关系。从虚假陈述赔偿责任的论证逻辑来看，投资者需首先举证被告所为虚假陈述有重大实质影响，然后以该重大实质影响推定投资者对被告虚假陈述具有合理信赖，由此可论证虚假陈述是投资者后续作出交易决策的原因。再因投资者的信赖为正当合理的信赖且客观上存在法律认可的损害，进而认定该损害是虚假陈述所造成，即可完整证明被告应负赔偿责任。

（三）损害结果

被告承担民事赔偿责任的范围以投资者因虚假陈述而实际发生的损失为限，该实际损失包括投资差额损失、投资差额损失部分的佣金和印花税，核心是投资差额损失。

对于投资差额损失的计算，主要分为两个步骤：一是名义损失的计算，即投资者在虚假陈述揭露/更正前后的交易价差。在诱多型虚假陈述中按实施日至揭露日/更正日的买入均价与揭露日/更正日后的卖出均价或基准价之间的价差计算，在诱空型虚假陈述中按实施日至揭露日/更正日的卖出均价与揭露日/更正日后的买回均价或基准价之间的价差计算。其中,基准价是揭露日/更正日起至基准日期间每个交易日收盘价的平均价格,适用于揭露日/更正日后无交易的情况,需用基准日和基准价限定损失计算范围。二是实际损失的计算,即在名义损失的基础上扣除与虚假陈述无关的因素,这也是限定损失因果关系的应然结果。根据2022年《虚假陈述司法解释》第31条的规定,具体包括他人操纵市场、证券市场的风险、证券市场对特定事件的过度反应、上市公司内外部经营环境等其他因素。

(四)责任主体及其过错

《证券法》所明确规定责任主体包括信息披露义务人以及发行人的控股股东、实际控制人、董事、监事、高级管理人员和其他直接责任人员以及保荐人、承销的证券公司及其直接责任人员、证券服务机构。其中发行人适用无过错责任,其余责任主体适用过错推定责任,需由相应被告就不存在过错进行举证。根据2022年《虚假陈述司法解释》第13条的规定,该过错具体包括两种情形:一是行为人故意制作、出具存在虚假陈述的信息披露文件,或者明知信息披露文件存在虚假陈述而不予指明、予以发布;二是行为人严重违反注意义务,对信息披露文件中虚假陈述的形成或者发布存在过失,即限定为故意和重大过失。如果是轻微过失,则不承担责任。

除此之外,2022年《虚假陈述司法解释》还依据《民法典》的规定新增了“首恶”和“帮凶”两类责任主体,即公司重大资产重组的交易对方以及发行人的供应商、客户,以及为发行人提供服务的金融机构等帮助造假者,后者以明知和故意为责任前提。案件中应结合过错程度,合理界定各责任主体的赔偿责任范围和责任形式。

四、证券虚假陈述案件的审理难点

虚假陈述案件专业性强,双方当事人争议焦点较多,适法不统一问题较为突出,反映出案件审理难度较大。

(一)虚假陈述重大性的审查

在前置程序的背景下,虚假陈述的重大性要件主要取决于行政监管部门的认定。2022年《虚假陈述司法解释》出台后,关于重大性要件新增了虚假陈述是否影响股价、交易量的客观标准。在此情况下,《九民纪要》中关于已作出行政处罚的不否定其重大性的规定是否继续适用,在重大遗漏情况下被告如何举证该行为不影响股价、交易量,以及如何在影响股价、交易量的众多因素中剥离出虚假陈述的影响,是审查的难点。

(二)对揭露日及更正日的审查

在虚假陈述揭露日的认定上,对多个虚假陈述行为重叠情况下揭露日的认定,以及揭露内容的全面性、媒体权威性、揭露的警示强度等方面争议较大。2022年《虚假陈述司法解释》将揭露日推定为监管部门立案调查及采取自律监管措施之日,将有利于适法统一。关于更正日的认定,存在上市公司在定期财务报告中自行对虚增收入相关事项进行调整,但未就调整事项进行特别说明的,是否构成更正等问题。

(三)交易决策信赖的判断

被告关于交易因果关系的抗辩,包括投资者交易决策受重大重组、收购等重大事件影响;虚假陈述未导致交易价格、交易量明显变化;投资者交易决策受行业利好因素、概念股炒作因素影响;机构投资者通过调研应已知悉虚假陈述;投资者在实施日前及揭露日后均有交易,即交易决策具有持续性而未受虚假陈述影响等。实际上,虚假陈述涉及投资者众多且并非发行人与投资者之间直接的交易,很难分别独立证明投资者接触到了虚假陈述信息且实际因对虚假陈述的信赖进行了相应的交易行为。因此,交易因果关系采用推定信赖原则,将对虚假陈述的信赖转变为对股价为未受虚假陈述影响的公正价格的信赖。但众所周知,股价实际受到多种因素的影响,“多因一果”的情况下如何认定虚假陈述的影响程度以及如何界定各自影响区间，是审查的难点。

（四）损失扣除范围及量化规则

关于损失的认定，具体包括损失因果关系及损失计算方法的审查，第三方专业损失核定机构在其中起到重要作用。目前，由于损失核定机构数量不多，不同机构所采用的损失核定方法存在差异，故对于损失核定机构的资质及所用计算方法的合理性亦属于争议焦点。从司法实践来看，对损失核定意见的常见争点包括名义损失的计算方法及损失扣除范围的认定，如市场风险以外的行业风险、个股经营风险、概念股影响、重大重组等事件是否作为损失扣除因素，以及在具体扣除比例的确定方法上，就综合指数的选取、各指数影响比例的如何具体确定等问题。

（五）责任主体及其过错的认定

由于《证券法》对信息披露义务人以外的其他主体赔偿责任采过错推定原则，故对实际控制人、董监高、中介机构等主体而言，争点主要在于是否存在过错以及各自的责任范围。例如，会计师事务所、券商、评估机构等中介机构的抗辩理由一般包括其按照执业准则履职，虚假陈述事项不属于其特别注意义务范围，已聘请其他中介机构进行过调查，对虚假陈述不存在故意或重大过失，在不存在故意的情形下仅应承担一定的限额责任等。由于虚假陈述涉及的投资者众多，且赔偿总额较高。这部分既是案件的核心争议焦点，也是社会关注的热点，反映出市场主体期待在民事诉讼中构建责任承担与过错程度相适应的规范体系。

第三章

证券虚假陈述案件的立案与管辖

2022 年《虚假陈述司法解释》对于证券虚假陈述案件的立案与管辖,较 2003 年《虚假陈述司法解释》有不少修改及创新之处。

在立案条件方面,有三点值得特别关注:

第一,取消了适用时间长达 20 年的前置程序。原告投资者的起诉不再以虚假陈述已被监管部门行政处罚、或被人民法院生效刑事判决认定为必要条件,但仍应提供信息披露义务人实施虚假陈述的相关证据。这一变化实质性地降低了证券虚假陈述案件的立案门槛,更有利于保障投资者诉权,缩短权利救济周期。

第二,降低了对原告身份证明文件的形式要求。2003 年《虚假陈述司法解释》第 6 条要求原告在立案时应提交身份证明原件或经公证证明的复印件,而根据 2022 年《虚假陈述司法解释》,原告提交"证明原告身份的相关文件"即可,为投资者行使诉权提供了便利。这一变化应与近年来信息化进程的持续深入推进相关。随着多地法院全流程网上立案平台的开发与推广,电子身份信息认证日益便捷,有大量案件在立案时并无收取原告身份证原件或公证复印件之必要。

以上海金融法院自主研发、用于智能立案的司法科技应用成果“中小投资者保护智慧舱”为例,投资者入舱后,可通过人脸识别,由终端通过后台的人证比对系统核实投资者的身份信息,并将身份信息与后台的证券账户信息、证券交易信息大数据进行快速匹配,实现诉讼主体资格的自动校验,全程无须提交纸质的身份证明文件。

第三,强调原告提交的交易凭证等投资损失证据应当是其因虚假陈述进行交易而产生的。2003 年《虚假陈述司法解释》第 6 条第 2 款第 2 项规定:原告应提交进行交易的凭证等投资损失证据材料。2022 年《虚假陈述司法解释》第 2 条第 1 款第 3 项将之修改为:应提交原告因虚假陈述进行交易的凭证及投资损失等相关证据。这一修改是在取消前置程序的背景下,为防范缺乏事实依据的滥诉而设,在保护当事人诉权的同时,也强调当事人的交易行为及所遭受的损失应当与虚假陈述相关。当然,在立案阶段,对交易和损失因果关系的审查更多是形式上的,如审查原告的交易是否发生于其主张的虚假陈述影响区间内,原告是否提交损失计算表格等,实质判断尚需留待实体审判阶段予以解决。

关于证券虚假陈述案件的管辖,2022 年《虚假陈述司法解释》第 3 条①对原有管辖规则进行了大幅简化,具体可从以下三方面进行把握。

第一,在地域管辖方面,统一规定均由发行人住所地法院管辖。这是 2022 年《虚假陈述司法解释》的一处重要修改。2003 年《虚假陈述司法解释》规定了较为多元化的管辖方式:投资人对多个被告提起诉讼的,如被告中包括发行人,则由发行人所在地法院管辖;如无发行人,但有承销、保荐、证券服务等机构和自然人的,原告可选择其中一个机构所在地法院提起诉讼;如既无发行人,也无其他机构,仅有自然人被告的,则原告可选择其中一个自然人所在地法院提起诉讼。此外,如原告在起诉时未将发行人作为被告,受诉法院在经当事人申请或征得所有原告同意后追加发行人为共同被告的,应当将案件移送发行人所在地法

① 该条规定:证券虚假陈述侵权民事赔偿案件,由发行人住所地的省、自治区、直辖市人民法院政府所在的市、计划单列市和经济特区中级人民法院或者专门人民法院管辖。《代表人诉讼司法解释》等对管辖另有规定的,从其规定。省、自治区、直辖市高级人民法院可以根据本辖区的实际情况,确定管辖第一审证券虚假陈述侵权民事赔偿案件的其他中级人民法院,报最高人民法院备案。

院管辖，但如原告不同意追加，法院依职权追加发行人为共同被告的，原有管辖不变。之后，《九民纪要》第79条对追加发行人为被告后的管辖规则进行了修改，规定即便原告不同意追加，案件也应移送发行人所在地法院。但上述管辖规则仍然复杂烦琐，在理解上多有歧义，在管辖确定前往往需要进行移送，耗时弥长，且从实践效果看，最终绝大部分案件还是由发行人住所地管辖。因此，为了避免案件移送的程序问题，同时考虑到由发行人所在地法院管辖更有利于案件事实的查明和判决的执行，2022年《虚假陈述司法解释》进行了上述修正。值得注意的是，由于2022年《虚假陈述司法解释》的适用范围较之2003年《虚假陈述司法解释》有了较大扩充，在证券类型方面，除股票外，还包括债券、存托凭证、证券投资基金份额等多种类型证券，上述证券所涉的虚假陈述案件的管辖，也应适用第3条的规定。

第二，在级别管辖方面，增设省级高级人民法院确定且报最高人民法院报备的其他中级人民法院为管辖法院。2003年《虚假陈述司法解释》仅规定：虚假陈述案件由省、自治区、直辖市人民政府所在市、计划单列市和经济特区中级人民法院管辖。但随着我国资本市场的发展，证券民事侵权纠纷案件的数量不断增多，而且在部分省级行政区，经济中心城市与省会并不完全重合，有大量上市公司集中在这些非省会的经济发达城市。因此，在司法解释修改过程中，曾有意见主张，应当考虑适当放开管辖法院，规定由发行人住所地的中级人民法院或者专门法院管辖。最终，最高人民法院在保留原有部分法院的基础上，允许各省市按照自身实际情况，在履行向最高人民法院报备的程序后，确定部分其他中级人民法院对虚假陈述案件进行管辖。

第三，关于代表人诉讼和涉外诉讼的特殊管辖规则。以上所述是管辖的一般规则，但有两项例外。

一是代表人诉讼案件。《代表人诉讼司法解释》第2条规定："证券纠纷代表人诉讼案件，由省、自治区、直辖市人民政府所在的市、计划单列市和经济特区中级人民法院或者专门人民法院管辖。对多个被告提起的诉讼，由发行人住所地有管辖权的中级人民法院或者专门人民法院管辖；对发行人以外的主体提起的诉讼，由被告住所地有管辖权的中级人民法院或者专门人民法院管辖。特别代表人诉讼案件，由涉诉证券集中交易的证券交易所、国务院批准的其他全国性证券交易场所所在地的中级人民法院或者专门人民法院管辖。”上述条文区分普通代表人诉讼、特别代表人诉讼规定了不同的管辖原则。其中，特别代表人诉讼的管辖法院自无争议，但在普通代表人诉讼，当存在多名被告，且其中不包括发行人时，究竟应当适用《代表人诉讼司法解释》，由被告住所地法院管辖；还是应当适用《虚假陈述司法解释》，由发行人住所地法院管辖，尚存争议。笔者倾向于认为，按照《虚假陈述司法解释》的精神，似以发行人住所地法院管辖为宜。

二是涉外证券虚假陈述纠纷案件的国内管辖。《证券法》第 2 条首次规定了证券虚假陈述纠纷的域外管辖权，与之相配套，《最高人民法院关于上海金融法院案件管辖的规定》第 2 条第 1 款以及《最高人民法院关于北京金融法院案件管辖的规定》第 2 条第 1 款规定，在中华人民共和国境外发生的证券发行和交易活动，损害境内投资者利益的，投资者可以自行选择上海金融法院或北京金融法院提起诉讼。对此，可从以下三方面进行理解。首先，我国立法并未采取最密切联系地原则，投资者可自主选择上海金融法院或北京金融法院作为管辖法院。其次，当上海金融法院和北京金融法院发生管辖冲突时，应依据《民事诉讼法》第 36 条和第 38 条第 2 款的规定处理。如果同一当事人分别向两家金融法院起诉的，案件由最先立案的法院管辖；如果两家金融法院发生管辖争议，则应就该案报请其共同的上级法院即最高人民法院指定管辖。[①] 最后，如果不同的原告投资者分别向两家金融法院提起诉讼，两家金融法院均予受理的，是应当分别审理，还是集中由某一家法院管辖，尚无明确规定，目前或可由其共同上级法院即最高人民法院进行统一协调。

前述所涉立案及管辖问题中，下列几项颇有进一步深入探讨之必要，包括前置程序取消后立案审查的标准应符合把握、我国法院行使证券虚假陈述纠纷的域外管辖权需符合哪些条件、投资者起诉时未以发行人为被告是否需要追加以及以何种身份追加等，以下分述之。

---

① 参见《完善案件管辖范围　充分发挥金融司法职能——最高法民二庭负责人就修改〈最高人民法院关于上海金融法院案件管辖的规定〉答记者问》，载最高人民法院官网，http://www.court.gov.cn/zixun-xiangqing-297961.html，最后访问日期：2021 年 11 月 8 日。

一、前置程序取消后的立案审查标准

诉讼争点

2022 年《虚假陈述司法解释》第 2 条明确取消了证券虚假陈述责任纠纷案件的前置程序。同时，为了防范没有事实依据的滥诉，规定原告于起诉时应另行提交信息披露义务人实施虚假陈述的相关证据。人民法院在立案时，对“信息披露义务人实施虚假陈述的相关证据”应作何种程度的审查？主要有以下两种观点。

第一种观点认为，只作形式审查，只要原告提供了证据，即应受理。

2022 年《虚假陈述司法解释》第 2 条仅原则性地规定原告应提交信息披露义务人实施虚假陈述的相关证据，对相关证据的证明程度并未作出要求。根据最高人民法院《关于人民法院推行立案登记制改革的意见》，案件受理应坚持有案必立、有诉必理的原则。因此，只要原告提交了符合《民事诉讼法》第 69 条规定形式的证据，法院即应当立案，不应再另设受理条件。原告提供的证据是否足以证明信披义务人确实实施了虚假陈述行为，则属案件实体审理问题，在立案时无须审查。

第二种观点认为，应初步审查虚假陈述是否存在，原告未提供具体明确证据的，不予受理。

证券虚假陈述纠纷的社会影响大，该类案件多由上市公司的不当信息披露引起，涉及证券市场的广大投资者，易形成群体性诉讼。一旦成讼，在取消前置程序的情况下，原告将承担更多的举证责任，诉讼成本高昂；在被告方，监管部门对涉诉信息有强制披露要求，虚假陈述案件的立案将对其造成重大影响。鉴于该种特点，有必要为其设置一定的立案门槛。原告在起诉时，应当提供初步证据证明被告确实存在虚假陈述行为，方可立案。

裁判指引

本书同意第二种观点。

(一)原告在提起诉讼时,应当提供初步证据证明存在虚假陈述行为

首先,证券虚假陈述纠纷与普通民事案件有所不同,其事实查证更为困难。上市公司的信息披露涉及多个责任主体和多项环节,要从诸多相关行为和材料中发现虚假陈述行为并加以认定,难度很大。这从行政监管机关就虚假陈述违法行为需要组织专门力量,耗时良久才能予以查实可窥一斑。如果原告未提供任何初步证据,而将查明虚假陈述事实的责任完全付之法院,法院现有的审判力量恐难以承受。

其次,我国民诉法上不存在美国法中的证据开示规则,被告并无义务提供与案件有关的全部资料供原告检索。如果原告未能提供初步证据证明虚假陈述行为的存在,相关事实调查将难以顺利开展。反之,如果原告提供了初步证据,则其余在被告控制之下的书证即可根据民事诉讼法的相关规定,由法院责令其提供。

最后,如前所述,虚假陈述纠纷一旦立案,将给原、被告双方带来重大影响。如不设置一定的起诉门槛,一方面,可能有大量的案件涌入法院,使法院不堪重负;另一方面,囿于事实查明的困难,其中相当比例的案件,在缺乏充分证据支持的情况下,投资者的诉请将无法得到法院的支持,整体上难以达到保护投资者的目的。此外,完全放开立案门槛,还可能会引发部分投机性诉讼,使一些并无过错的上市公司被列为被告。

(二)原告的初步举证应证明到何种程度

《代表人诉讼司法解释》第 5 条明确规定了在普通代表人诉讼中,原告应初步提供的证据种类,包括行政处罚决定、刑事裁判文书、被告自认材料、证券交易所和国务院批准的其他全国性证券交易场所等给予的纪律处分或者采取的自律管理措施等。那么,在普通的虚假陈述诉讼中,原告的初步举证应如何把握。笔

者认为，鉴于代表人诉讼的启动涉及面广且需在立案后的较短时间内通过初步确定实施日及揭露日来划定权利人范围，故在立案时应当更为审慎，对原告提供证明虚假陈述的证据审核也应更为严格。相较而言，在普通虚假陈述案件中，对原告初步举证的把握可适当放宽。在通常情况下，原告可提供下列证据初步证明虚假陈述行为的存在：(1)刑事裁判文书，如立案决定书、起诉书、判决书；(2)证券监管部门出具的行政处罚决定书、行政处罚事先告知书、调查通知书、立案告知书；(3)证券监管部门采取的与信息披露义务相关的出具警示函措施的决定、责令改正监管措施的决定、监管谈话措施的决定；(4)国务院、证券交易所批准的其他全国性证券交易场所及相关行业协会等给予的与信息披露义务相关的终止挂牌、纪律处分、出具警示函等自律管理措施；(5)发行人(上市公司)通过证券监管部门网站或公开媒体自认实施虚假陈述的公告；(6)权威媒体上发布的有客观证据支持的调查报道等。当然，以上并非穷尽式列举，原告亦可提供其他能够初步证明被告存在虚假陈述行为的证据材料。法院应对上述材料进行审慎审核，既要依法保护投资者诉权，也需防止滥诉对上市公司造成的不当影响。

相关规定

2022 年《虚假陈述司法解释》

第二条　原告提起证券虚假陈述侵权民事赔偿诉讼，符合民事诉讼法第一百二十二条规定，并提交以下证据或者证明材料的，人民法院应当受理：

(一)证明原告身份的相关文件；

(二)信息披露义务人实施虚假陈述的相关证据；

(三)原告因虚假陈述进行交易的凭证及投资损失等相关证据。

人民法院不得仅以虚假陈述未经监管部门行政处罚或者人民法院生效刑事判决的认定为由裁定不予受理。

《代表人诉讼司法解释》

第五条　符合以下条件的，人民法院应当适用普通代表人诉讼程序进行审理。

(一)原告一方人数十人以上,起诉符合民事诉讼法第一百一十九条规定和共同诉讼条件;

(二)起诉书中确定二至五名拟任代表人且符合本规定第十二条规定的代表人条件;

(三)原告提交有关行政处罚决定、刑事裁判文书、被告自认材料、证券交易所和国务院批准的其他全国性证券交易所等给予的纪律处分或者采取的自律管理措施等证明证券侵权事实的初步证据。

不符合前款规定的,人民法院应当适用非代表人诉讼程序进行审理。

典型案例

林某某诉广东紫晶信息存储技术股份有限公司证券虚假陈述责任纠纷案

上海金融法院(2022)沪 74 民初 813 号

案情介绍

原告林某某诉称,其为广东紫晶信息存储技术股份有限公司(以下简称紫晶存储)的小股东。紫晶存储系上交所科创板 A 股公司,原告基于对公司的信任买入股票。2022 年 2 月 11 日,紫晶存储收到《立案告知书》:因公司涉嫌信息披露违法违规,根据《证券法》《行政处罚法》等法律法规,中国证监会决定对公司进行立案调查。虚假陈述揭露后,紫晶存储的证券交易价格发生了明显变化。因此,原告起诉至法院,要求判令:(1)紫晶存储赔偿原告投资差额损失 7632 元、佣金 7.63 元、印花税 7.63 元,共计 7647.26 元;(2)本案诉讼费由被告承担。

法院裁判

上海金融法院经审查,认为原告的起诉符合法庭受理条件,遂于 2022 年 3 月 15 日出具受理通知书,决定对本案予以立案审理。

评析

本案是全国首例涉科创板上市公司的证券欺诈责任纠纷案，也是在2022年《虚假陈述司法解释》取消前置程序后，上海金融法院受理的首例未依据行政处罚决定或刑事裁判文书提起的证券虚假陈述责任纠纷案件。依照2021年4月修正施行的《最高人民法院关于上海金融法院案件管辖的规定》第3条的规定，在上海证券交易所科创板上市公司的证券发行纠纷、证券承销合同纠纷、证券上市保荐合同纠纷、证券上市公司合同纠纷和证券欺诈责任纠纷等第一审民商事案件，依法应由上海金融法院管辖。为强化涉科创板上市公司纠纷集中管辖司法应对，上海金融法院专门制定并发布《关于服务保障设立科创板并试点注册制改革的实施意见》，并组建涉科创板案件专门审判团队，以发挥专业审判优势，统一司法裁判标准。在本案的立案审查中，法院准确适用了2022年《虚假陈述司法解释》第2条的规定，考虑到我国证券监管部门对上市公司信息披露违规行为的立案调查通常都建立在较充分的依据基础上，故认为立案调查通知书可作为被告虚假陈述行为的初步证据，据此予以立案。本案的受理，对同类案件的立案审查具有重要的参考价值。

拓展研究

（一）前置程序的存废之争

2002年1月15日发布的《最高人民法院关于受理证券市场因虚假陈述引发的民事侵权纠纷案件有关问题的通知》首次设置了前置程序，该通知第2条要求：人民法院受理的虚假陈述民事赔偿案件，其虚假陈述行为，须经中国证券监督管理委员会及其派出机构调查并作出生效处罚决定。2003年《虚假陈述司法解释》在此基础上，又增加了刑事处罚作为前置程序。根据以上规定，如果生效的行政处罚决定和刑事判决书认定，发行人或其他行为主体存在虚假陈述行为，原告据此提起诉讼的，人民法院方予以受理。

设定前置程序，在我国当时的证券市场环境下，具有充分的必要性：（1）我国证券市场彼时仍处于初创阶段,相关法律法规尚未成熟完善,存在和暴露的问题较多,市场需要时间以便循序渐进地发展。如果人民法院不加限制地受理证券虚假陈述案件,可能导致大规模的证券诉讼爆发,不利于证券市场的稳定。(2)如果没有前置程序的屏障,凡投资者认为存在虚假陈述行为即可起诉,会使证券虚假陈述诉讼的数量过于庞大,超过法院的负荷能力。(3)设置前置程序可以解决投资者在起诉阶段难以举证的问题。普通投资者缺乏举证能力,难以对上市公司或市场中介机构存在的虚假陈述行为进行调查和取证。行政处罚决定及刑事判决对虚假陈述行为的认定,将大大减轻行为人的举证负担。[①] (4)通过前置程序,涉案虚假陈述所涉信息的重大性问题得到了解决。法院可以根据行政处罚决定书和刑事判决书当然认定被诉虚假陈述为重大性信息,无须再行审查判别,[②]可以降低《虚假陈述司法解释》实施初期法院在认定重大性方面可能存在的难度。

但前置程序仅是临时、过渡性的制度安排,随着证券市场的成熟和发展,其存在必要性逐渐削弱,并表现出以下不足:(1)限缩了可起诉案件的范围。行政处罚和刑事制裁针对的是行政违法行为和犯罪行为,较之民事侵权赔偿,严厉程度更甚,实体标准要求更高。因此,虚假陈述行为被行政处罚或被刑事追责的比例相对较低。以之作为前置要件,会使部分虚假陈述侵权行为无法进入民事诉讼,当事人的诉权受到限制。(2)2017 年《行政处罚法》第 29 条(现为第 36 条)规定,行政违法行为在 2 年内未被发现的,行政机关将不得对该行为实施行政处罚。这就可能导致证券市场上的部分虚假陈述行为因为过了 2 年行政处罚期限而未被行政处罚,原告投资者却无法向法院起诉的情况。(3)前置程序历时较长,当事人难以及时行使诉权。对于上市公司的信息披露违规行为,证监会自立案至行政处罚决定作出,往往历时弥长。当事人须等待行政机关或法院作出最终的行政处罚决定或刑事判决方可起诉,不利于及时维护自身权利。(4)行政处罚标准与证券虚假陈述“重大性”标准并不完全吻合,导致部分具备前置程序

---

① 参见最高人民法院民事审判第二庭编著:《最高人民法院关于审理证券市场虚假陈述案件司法解释的理解与适用》,人民法院出版社 2015 年版,第 127～130 页。

② 同上书,第 215 页。

的虚假陈述行为被法院认定为不具有重大性。实践中，证券监管部门在监管时，更多考虑的是信息披露义务人披露行为的合规性，只要行为人未披露法定的应披露事项，或披露的法定应披露事项不实，就将被认定为信息披露违规，进而作出行政处罚决定。但司法审查虚假陈述侵权时，更注重的是这些违法违规的虚假陈述是否影响了投资者的投资决策，是否具有重大性。正是由于两种判断标准的侧重点不同，导致了行政和民事责任认定的不同。究其原因，是由于民事责任、行政责任、刑事责任在本质上是应该是彼此独立、互相平行的责任形式，而前置程序使得行政和刑事责任成为民事责任构成的前提，不利于司法对虚假陈述行为的性质进行独立审查。

另外，证券虚假陈述诉讼推行近 20 年来，司法环境也发生了较大的变化。首先，法院的审判能力大幅度提升，积累了丰富的司法经验。以前述对“重大性”的认定为例，法院对重大性的认定标准趋于统一，多数观点认为，证券虚假陈述的重大性判断应采“投资者决策”标准，即以该信息是否会对决策产生较大影响作为认定是否具有重大性的主要考量因素，同时以该信息对证券价格是否会产生较大影响作为辅助判断因素。基于上述标准，司法积累了一大批有重要参考价值的证券虚假陈述生效判决，在其中的部分判决中，法院经过独立审查，最终对经过行政处罚或刑事裁判的虚假陈述认定不具有重大性。[①] 其次，当事人的法治意识和维权意识大幅提高，通过诉讼维权的意识和诉讼能力进一步增强，出现了一批熟知相关法律法规及诉讼程序、举证调查能力和庭审能力强的专业证券律师。

在此背景下，废除前置程序的呼声日益强烈，沿用多年的“前置程序”规则开始出现变化。2015 年 12 月 24 日，时任最高人民法院民二庭庭长的杨临萍法官在《最高人民法院关于当前商事审判工作中的若干具体问题》的报告中指出，要根据立案登记司法解释规定，因虚假陈述、内幕交易和市场操纵行为引发的民事赔偿案件，立案受理时不再以监管部门的行政处罚和生效的刑事判决认定为

---

① 参见汤欣、张然然：《虚假陈述民事诉讼中宜对信息披露“重大性”做细分审查》，载蒋锋、卢文道主编：《证券法苑》第 28 卷，法律出版社 2020 年版，第 256 页。

前置条件。

2020年7月15日，最高人民法院发布了《债券座谈会纪要》，该纪要第9条规定：欺诈发行、虚假陈述行为人以债券持有人、债券投资者主张的欺诈发行、虚假陈述行为未经有关机关行政处罚或者生效刑事裁判文书认定为由请求不予受理或者驳回起诉的，人民法院不予支持。上述规定使得债券虚假陈述纠纷的前置程序开始弱化。

2020年7月30日，最高人民法院颁布《代表人诉讼司法解释》，该解释第5条第1款第3项明确，适用普通代表人诉讼程序进行审理的条件之一为：原告提交有关行政处罚决定、刑事裁判文书、被告自认材料、证券交易所和国务院批准的其他全国性证券场所等给予的纪律处分或者采取的自律管理措施等证明证券侵权事实的初步证据。该规定意味着，在适用普通代表人诉讼的证券虚假陈述纠纷中，前置程序已经有所松动。虽未有行政处罚决定或刑事裁判文书，但只要有被告自认材料、证券交易所和国务院批准的其他全国性证券场所等给予的纪律处分或者采取的自律管理措施等证据，也可启动普通代表人诉讼程序。

2021年7月6日，中共中央办公厅、国务院办公厅印发的《关于依法从严打击证券违法活动的意见》第2条第7款明确规定，将修改因虚假陈述引发民事赔偿有关司法解释，取消民事赔偿诉讼前置程序。

2022年，最高人民法院发布《关于审理证券市场虚假陈述侵权民事赔偿案件的若干规定》（法释〔2022〕2号），第2条第2款规定：人民法院不得仅以虚假陈述未经监管部门行政处罚或者人民法院生效刑事判决的认定为由裁定不予受理。以司法解释的形式明确取消了前置程序。

（二）前置程序取消后的立案审查

前置程序的取消虽为必然，但前置程序取消后，并不意味着原告提起的所有证券虚假陈述起诉均应被立案受理，这是由证券虚假陈述案件不同于其他民事纠纷的特殊性决定的。证券虚假陈述纠纷通常涉及上市公司的对外信息披露，受众为广大投资者，一旦启动诉讼，即可能形成群体性纠纷，社会影响大。在原告方，前置程序取消后，将承担更多的举证责任，诉讼成本高昂；在被告方，除诉讼成本外，监管部门对上市公司涉诉信息的强制披露要求也会对其造成很大影响。如果比照普通民事案件的立案标准，原告只需向被告提出清楚明确的权利主张就可以启动诉讼，则大量案件将涌入法院，对证券市场产生不良影响。

美国就曾有此类前车之鉴。1995 年之前，美国投资者提起证券集团诉讼的门槛很低，投资者根据《联邦民事诉讼法》的规定就可以提起诉讼，即便起诉时没有证据也无关紧要，因为在法院开庭审理之前，原告有权依据证据开示制度要求被告出示与案件有关的全部资料，并从中获取对自己有利的信息或证据。这就导致实践中，无论被告公司是否存在实际的违法行为，只要公司股价由于负面消息出现急剧下跌，就会有证券集团诉讼被提起。被诉公司中又以高科技和成长类公司为多，该类公司高风险、高收益的行业特点使得其盈利前景预测性信息具有更大的不确定性，股价在客观上更易波动，也因此更易受到集团诉讼的攻击。多发的证券集团诉讼给此类公司施加了沉重的经济负担，不利于新产品的开发，公司管理者对诉讼的恐惧则导致公司倾向于保留更多对投资者有用的信息，这反过来妨害了证券法披露目标的实现。[①]

正因如此，为对滥用集团诉讼的现象进行有效的控制，美国国会于 1995 年通过了《私人证券诉讼改革法》（Private Securities Litigation Reform Act，PSLRA），就起诉标准和证据开示等规则进行了大幅改革。首先，PSLRA 规定起诉时应满足以下条件：当原告主张被告存在实质性虚假或误导性陈述行为时，必须详细说明所主张的每个陈述行为的虚假或误导之处，及其构成虚假或误导的理由；如果相关主张建立在特定的信息或信任之上，原告则必须说明与该等信任形成有关的所有特定事实；当原告主张被告存在主观故意时，原告必须说明能够推论出被告故意行为的特定事实。其次，在证据开示方面，PSLRA 规定：除为了保存证据或防止不当损害外，法院应当在审核被告要求驳回原告起诉的动议期间，暂停所有的证据开示行为。上述规定有利于减少投机性诉讼，并增加被告的抗辩能力。

在把握我国证券虚假陈述纠纷的立案标准时，应结合我国证券司法的实际

① 参见任自力：《美国证券集团诉讼变革透视》，载《环球法律评论》2007 年第 3 期。

情况，着重把握以下两种利益的平衡：其一，确保能够遏制证券欺诈并在其发生时及时予以纠正；其二，确保诉讼程序不被滥用，无过错者不会被不公正地列为被告。据此，本书认为，原告在起诉时，应当提供初步证据证明信披义务人存在证券虚假陈述行为。

二、证券虚假陈述案件的域外管辖

诉讼争点

2019 年新修订的《证券法》第 2 条突破性地增设了域外管辖条款，该条第 4 款规定：在中华人民共和国境外的证券发行和交易活动，扰乱中华人民共和国境内市场秩序，损害境内投资者合法权益的，依照本法有关规定处理并追究法律责任。自此，我国《证券法》具有了域外管辖效力。但由于该条规定较为原则、宽泛，我国法院在行使证券虚假陈述纠纷的域外管辖权时，究竟应符合什么条件，还需进一步探讨。对此，主要存在三种观点。

第一种观点认为，只要境外的证券发行、交易活动损害了境内投资者的合法权益，我国法院即可行使域外管辖权。

根据《最高人民法院关于上海金融法院案件管辖的规定》以及《最高人民法院关于北京金融法院案件管辖的规定》第 2 条的规定，如果境外的证券发行、交易活动损害了境内投资者的合法权益，境内投资者即可向两家金融法院提起诉讼。上述管辖规定出台于新修订的《证券法》之后，表明最高人民法院进一步放宽了域外管辖权的行使条件。

第二种观点认为，境外的证券发行、交易活动，应同时符合扰乱境内市场秩序、损害境内投资者合法权益两项条件，我国法院方可行使域外管辖权。

上海金融法院和北京金融法院的管辖规定为程序性规定，源于《证券法》第 2 条第 4 款的规定，因此还需满足该法规定的适用条件。根据《证券法》的规定，行使域外管辖权，不仅要求境内投资者的利益受到损害，还要求域外的证券发行、交易行为扰乱了境内市场秩序。

第三种观点认为，原则上应以证券法的规定为准，但在认定何为"扰乱我国境内市场秩序""损害境内投资者合法权益"时，应格外慎重。

我国《证券法》明确规定了证券虚假陈述纠纷的域外管辖权，但该规定较为原则、笼统，缺乏细化的适用条件指引，以致在实务中究竟应如何把握存在较大争议。由于域外管辖权的行使涉及国与国之间司法权的平衡协调，为避免域外管辖的不当泛化，尤其应当慎重对待，不应轻易适用。

裁判指引

本书同意第三种观点。

司法在适用证券法的域外管辖条款时，应遵循国际礼让原则和对等原则，对于严重损害境内投资者合法权益、扰乱我国市场秩序的境外证券违法行为，依法行使域外管辖权。同时，依照不方便法院原则和"穷尽当地救济途径"原则，对于不宜由我国法院审理的案件保持司法谦抑。

首先，遵循国际礼让原则和对等原则。一国在行使域外管辖权时，需要面对的是国际社会中的其他国家及国际组织，其关于域外管辖的国内立法及司法，会影响该国与其他国际实体的关系，一旦行使不当，不仅会招致他国的反对和不满，甚至可能违反国际法义务。因此，任何国家在行使域外管辖权时，都应当遵循以下原则：(1)遵循国际礼让原则，在充分考量他国主权利益与本国主权利益，以及主权利益与私人利益之间的平衡的基础上，决定对域外证券违法行为在管辖和法律适用上是否进行礼让。(2)遵守主权平等和对等原则，通过协调实现国家间的互惠互利。根据对等原则，一国如依据一项特定的国际法规则对另一国提出权利主张，则该国也必须接受该规则的约束。因此，应审慎把握域外管辖权的行使范围，避免域外管辖泛化，以免他国也以该泛化标准对本国证券违法行为行使域外管辖权。

其次，限缩解释《证券法》第 2 条第 4 款的适用条件。我国证券法的该款规定较为原则，单从文义来看，适用范围很广，似乎任何侵害境内投资者合法权益、扰乱境内市场秩序的境外证券违法行为都可纳入管辖。这种规定模式给予了未来司法以较大的发展空间和弹性的裁量权范围。但在实际适用时,基于前述域外管辖权将可能产生的国际影响,应注意严格把握立案条件。因此,有必要对《证券法》第2条第4款的文义进行限缩解释,该种限缩尚待之后出台的司法解释或案例积累予以明确。但大致可以把握以下三点:(1)并非任何对个别或少数投资者利益的轻微损害都可构成域外管辖的适用要件,该种损害后果应当具有一定的广泛性和严重性,以至于境内市场中的不特定投资者均有可能受其侵害;(2)损害应限于已经实际发生的损失,如果欺诈行为只是产生了一般性的影响,如影响了市场信心,就不应被定为实际发生的损害;(3)在判断行为人的证券欺诈行为是否与损害结果具有因果关系时,应当审查被告的行为是否为损害发生不可或缺的条件,且该行为在通常情况下能否引发涉诉的损害后果。

再次,合理运用不方便法院原则和穷尽当地救济原则,避免本国司法资源被不当占用。《民诉法解释》第530条对不方便法院原则进行了规定。据此,对于证券欺诈违法行为主要发生在国外,案件不适用我国法律,人民法院在认定事实和适用法律方面存在重大困难,外国法院对案件享有管辖权且审理案件更加方便的案件,可援引不方便法院原则不予进行域外管辖。此外,对于在境外存在救济途径(如证券虚假陈述集团诉讼已在进行中的),应秉持穷尽当地救济的原则,引导投资者优先寻求当地救济。

最后,法院确定具有域外管辖权后,在具体行使过程中还需注意平衡以下利益:(1)就本国与他国间的司法管辖权分配,应贯彻主权平等原则;(2)就我国法院对外国当事人间的司法管辖权行使,应遵从正当程序原则,防止域外管辖权过度行使;(3)就我国当事人与外国当事人之间,或外国当事人之间的诉讼法律关系,必须按照平等原则保护中外当事人的合法权益,以实现个案的公平正义。

相关规定

《证券法》

第二条　……在中华人民共和国境外的证券发行和交易活动,扰乱中华人民共和国境内市场秩序,损害境内投资者合法权益的,依照本法有关规定处理并追究法律责任。

《最高人民法院关于上海金融法院案件管辖的规定》

第二条　下列金融纠纷案件，由上海金融法院管辖：（一）境内投资者以发生在中华人民共和国境外的证券发行、交易活动或者期货交易活动损害其合法权益为由向上海金融法院提起的诉讼……

《最高人民法院关于北京金融法院案件管辖的规定》

第二条　下列金融纠纷案件，由北京金融法院管辖：（一）境内投资者以发生在中华人民共和国境外的证券发行、交易活动或者期货交易活动损害其合法权益为由向北京金融法院提起的诉讼……

典型案例

瑞幸咖啡案[①]

案情介绍

瑞幸咖啡是一家注册在开曼群岛的离岸公司（以下简称开曼瑞幸），开曼瑞幸经境外监管机构注册发行证券，在美国纳斯达克市场发行存托凭证，国际投资者均可购买。由于离岸发行的特殊性，开曼瑞幸仅为壳公司，下设有子公司数十家，分布于英属维尔京群岛、中国香港特别行政区、中国内地，其主要经营实体在福建厦门。2020 年 1 月 31 日，国际知名做空机构浑水对瑞幸咖啡公布了一份长达 89 页的做空报告，引发众多关注。2020 年 4 月 2 日晚间，瑞幸咖啡发布公告，称公司首席运营官刘某及其部分下属，在 2019 年第二季度到第四季度，参与伪造交易相关的销售额约为 22 亿元。公告发布后，瑞幸咖啡股价大跌，投资者在美国相关法院提起证券集体诉讼。与此同时，中国证监会也发表声明，中国证监会将按照国际证券监管合作的有关安排，依法对相关情况进行核查，坚决打击证券欺诈行为，切实保护投资者权益。在该种情况下，如有中国

---

① 该案最终并未受理。

投资者欲以开曼瑞幸为被告提起诉讼,主张损害赔偿,我国法院是否能够行使域外管辖权,在当时引起了密集的讨论。

主要争议

开曼瑞幸在美国发行存托凭证,购买该存托凭证的中国投资者受到了损失。从表面上看,本案正符合《证券法》规定的“损害境内投资者合法权益”,中国法院可以管辖。但事实远较此复杂,争议主要集中在以下几方面。

第一,2019 年《证券法》第 2 条第 4 款对本案是否具有溯及力。开曼瑞幸披露的虚假陈述行为,发生在 2019 年 4 月至 12 月,而 2019 年《证券法》的施行日为 2020 年 3 月 1 日,该法对于发生于施行日之前的虚假陈述行为是否具有溯及力,值得探讨。虽然管辖权是程序性的规定,一般认为程序法可具有溯及力,但由于该条规定除设定管辖权外,还规定对于上述违法行为具有将本国证券法适用于被管辖案件的效力,显然将影响案件的实体审理结果,故并不当然地具有溯及力。

第二,中国投资者的损失能否认定为合法权益受损。在我国目前的外汇监管体系里面,只有经批准的合格的境内投资基金(Qualified Domestic Institutional Investor,QDII)才能投资于美国证券市场。外汇管理条例以及个人换汇制度规定个人不能换取外汇去进行资本项目投资,如投资国外的证券市场、买房等。如果投资者并非基于合法渠道,而是通过诸如在中国香港特别行政区开户并换汇绕道投资的行为,可能违反了监管规定。被告可能提出不构成“合法权益”的抗辩,而司法则需要认定是否属于合法权益。对此,有观点认为,外汇规定仅为管理性规定,不影响投资者的民事权益;也有观点认为,上述规定属于强监管规定,应认定此类绕道投资行为非法。

第三,2019 年《证券法》第 2 条第 4 款规定的两个适用条件是兼具还是择一关系。本案中,确实有部分购买开曼瑞幸存托凭证的国内投资者的利益受到了损害。但就对境内市场秩序的影响而言,虽然可能冲击到境内关联企业的财务和业务状况,以及可能形成一定数量的银行不良贷款,但整体尚未达到扰乱市场秩序的程度。

第四，如果行使域外管辖权，应如何与美国当地的集团诉讼程序及裁判结果进行协调。针对瑞幸咖啡造假，在美国当地的集团诉讼中，被告不仅是开曼瑞幸，还包括10余名高管以及多家证券中介机构，如承销商，并认定了合格索赔投资者的购买证券时间为2019年5月17日至2020年4月1日。在美国集团诉讼已经启动且已经确定了实施日、揭露日的情况下，如果中国法院认定不一致如何处理？此外，美国证券集团诉讼采用“默示加入，明示退出”的方式原则，即中国投资者有权在其中获得赔偿，在中国提起同样的诉讼是否需要以明示退出美国集团诉讼为前提？

最终，中国法院并未受理瑞幸咖啡相关虚假陈述案件。2020年12月16日，开曼瑞幸与美国证券交易委员会达成和解，同意支付1.8亿美元罚款，以解决“虚假夸大公司营收”等指控，该项和解协议已于2021年2月获得法院批准。2021年9月21日，瑞幸咖啡通过官微发布声明：已与美国集团诉讼的原告代表签署了赔偿金额最高为1.875亿元的和解意向书，以完全解决在2019年5月17日至2020年7月15日买入公司股票投资者的索赔。10月27日，瑞幸咖啡就在美集团诉讼达成了最终金额为1.75亿美元的和解协议。

评析

瑞幸咖啡案充分展示了域外管辖权的复杂性，其适用会引发不同国家的司法、执法等不同法律程序的冲突和协调。在司法实践中，应着力加强对域外管辖权适用条件的研究，以使《证券法》第2条第4款既合理又有效地发挥作用。

拓展研究

在2019年修法前，我国《证券法》遵循的是严格的属地原则。该法第2条第1款规定：“在中华人民共和国境内，股票、公司债券和国务院依法认定的其他证券的发行和交易，适用本法”。彼时，《证券法》仅规制在中国境内的证券发行和交易行为，不具有域外效力。但随着经济全球化进程的加快，以及“一带一路”建设的深入推进，这一规定的局限性开始显现。首先，中国的企业和投资者更多地参与到他国证券市场的发行和交易行为中，受到他国的立法和司法管辖，包括业已在多国存在的域外管辖。此外,在境外的证券发行和交易中发生的信息披露违法行为,也会通过中国存托凭证(Chinese Depository Receipt,CDR)、沪伦通、沪港通、中国主权财富基金投资等途径,对中国的投资者和境内证券市场秩序造成不利影响。在此情况下,如我国证券法仍坚持只具有域内效力,无疑将不利于保护我国投资者利益,也不利于维护我国证券市场秩序。其次,在国际社会中,有部分国家存在任意扩大国内法的域外适用范围,超越国际法限度进行所谓“长臂管辖”的情况。为维护我国国家利益,反制他国不适当的域外管辖,有必要完善关于域外管辖的规定,加大国内立法供给。最后,国际法并不禁止一国法律的域外适用,也认可保护性管辖原则,法律保持适度的域外效力已经是国际法上普遍承认和接受的现象。在尊重主权,不干涉内政和国际礼让等原则的前提下,一国国内法的域外效力并不必然对他国主权带来损害,在一定条件下还有利于国际法的发展。

在此背景下,2019 年修订的《证券法》首次增加了有关域外管辖的内容,该法第 2 条第 4 款规定:“在中华人民共和国境外的证券发行和交易行为,扰乱中华人民共和国境内市场秩序,损害境内投资者合法权益的,依照本法有关规定处理并追究法律责任”,至此,我国《证券法》的域外管辖效力在立法层面得以正式确立。

从立法的文义来看,2019 年《证券法》系采用“效果标准”来确定域外管辖条款的适用条件,要求违法行为产生“扰乱中华人民共和国境内市场秩序”“损害境内投资者合法权益”的负面效果。但上述关于效果的规定较为笼统,更多地属于宣示性条款,在司法实践中的精细化适用还有待未来的司法解释和案例积累以明确。具体而言,潜在的适用难点可能包括如下几方面:(1)“扰乱中华人民共和国境内市场秩序”和“损害境内投资者合法权益”这两项条件彼此是何关系?是任择其一,还是必须同时满足?虽然在许多情况下,境外虚假陈述行为可能既扰乱了国内市场秩序又给境内投资者的合法权益造成了损害,但也存在一些情形,即境外违法行为虽然损害了境内投资者的合法权益,但尚未严重到影响境内市场秩序,如前述的瑞幸咖啡案。此时,证券法的域外管辖条款能否适用存在争议。(2)何为“扰乱”?何为“损害”?上述两项不利后果是否有程度的要求?如有,须达到何种程度才能行使域外管辖权?对于上述问题的回答,直接关系到我国行使域外管辖权的合理性和有效性,具有研究的必要性。

美国法上的域外管辖经历了从“效果标准”“行为标准”并存,到转向“交易标准”,再向“效果标准”和“行为标准”回归的发展过程。

自美国《1934 年证券交易法》第 10(b)条规定了反欺诈条款后,联邦地区和巡回上诉法院就域外管辖权的问题,逐渐建立起一套以“效果标准”和“行为标准”为核心的判例体系。“效果标准”最早由第二巡回上诉法院在 1968 年的肖恩博姆诉福尔斯特布鲁克案(Schoenbaum v. Firstbrook)中确立,[①]并在后续的裁判中得到进一步发展。该标准重点关注的是境外发生的违法行为是否会对本国利益造成“可预见的实质性损害”。其理论基础在于:立法机关通常希望能够保护国内市场和国内投资者免受外国不正当交易的影响,[②]效果标准中要求的国内影响使行使域外管辖权的国家与跨境证券虚假陈述行为之间建立了实质的联系,因而具有相当的国际法理论依据。“行为标准”则是依据行为的发生地来确立法院的事项管辖权,也就是一个国家对于在其领域内发生的且为本国法律所禁止的行为,即使该行为仅仅对本国以外的领域产生了不良效果,也要受到本国法律的约束。[③] 该标准的理论依据源于主观属地管辖原则,由于行为在其领域内发生,故一国对其享有管辖权。但在实践中,为避免让本国卷入大部分行为发生在境外且仅与外国投资者利益保护相关的案件中,从而浪费大量司法资源,美国法院的后续判例认为:在美国境内发生的促成证券欺诈的行为,不能仅是“纯粹预备性”(merely preparatory)的行为,该行为需要在整个欺诈环节中具有相当的重要地位,且能够构成因果关系论证中的“实质性联结”[④]。此外,美国法院也经常以国际礼让原则、不方便法院原则、用尽当地救济等为由主动放弃行使域外管辖权。[⑤] 但在“效果标准”和“行为标准”的适用过程中,仍然出现了不少批评意见,主要集中在以下几个方面:(1)依据上述标准进行的域外管辖,是对

---

① 405 F. 2d 200(2d Cir. 1968).

② See Tamari v. Bache & Co. S. A. L. ,730 F. 2d 1103,1108(7th Cir. 1984).

③ 参见郭峰等:《中华人民共和国证券法制度精义与条文评注》,中国法制出版社 2020 年版,第 47 页。

④ See Bersch v. Drexel Firestone, Inc. , 519 F. 2d 974, 992(2d Cir. 1975).

⑤ 参见肖永平:《“长臂管辖权”的法理分析与对策研究》,载《中国法学》2019 年第 6 期。

国际礼让原则的违反,容易与他国证券法产生法律冲突,甚至构成对他国主权的不当干涉。(2)两项标准自身的含义并不明确,各个法院在适用中存在较大的差异,具有很大的不确定性,外国证券发行人很难进行有效预测,面对程序复杂和赔偿金额巨大的集团诉讼,外国上市公司可能对美国证券市场敬而远之。(3)美国法院依据"行为标准",为与美国关联性不大的外国原告提供司法救济,易引发滥诉,也会浪费美国的司法资源。对于上述争论,美国联邦最高法院一直未作明确表态。

直到2010年,最高法院在审理莫里森(Morrison)案时,才首次对域外管辖的问题进行了讨论,并创设了不同于此前的"交易标准"。该标准否定了"效果标准"和"行为标准",认为其过于模糊。新的"交易标准"要求,美国法院欲行使证券诉讼的域外管辖权,应当满足以下两项条件之一①:(1)"就美国国内交易所上市的证券进行的交易"。在后续判例中,除证券的上市地点必须在美国交易所之外,法院还进一步要求投资者必须是在美国交易所进行了案涉证券的买卖,并且将发生在柜台市场、场外柜台交易系统等场外市场的交易排除在外。②(2)"就其他证券在美国境内进行交易"。其后的判例进一步认为,仅凭交易的某些方面发生在美国尚不足以符合该条件,原告还必须证明买者支付对价或者卖者交付证券的"不可撤销的责任"是在美国境内产生的,该标准的重点在于买者或者卖者在做出承诺、受到合同约束时的地理位置,而不在于作为法律概念的合同履行地。③ 根据"交易标准",美国的域外管辖权被极大限缩,体现了联邦最高法院对待该问题的司法谦抑和克制。

但颇有戏剧性的是,就在莫里森案的判决公布还不足24小时的时候,美国国会就通过了《多德－弗兰克华尔街改革与消费者保护法》(以下简称《多德－弗兰克法》)。《多德－弗兰克法》第929P(b)条"证券法反欺诈条款的域外管辖权"以立法形式正式规定了"行为标准"和"效果标准"。根据上述条款,对于由

① See Morrison v. Nat'l Australia Bank Ltd., 561 U.S. 247, 267(2010).

② See In re Alstom SA Securities Litigation., 741 F. Supp. 2d 469(S.D.N.Y. 2010); U.S. v. Georgiou, 777 F.3d 125(3rd Cir. 2015).

③ See Absolute Activist Value Master Fund Ltd. v. Ficeto, 677 F.3d 60(2d Cir. 2012).

证券交易委员会或者联邦政府提起的，涉嫌违反证券法的公共执法诉讼中，符合以下条件之一的，联邦地区法院或任何州的联邦法院均具有管辖权：(1)在美国境内发生的行为，且该行为系促成违法行为发生的关键因素（“行为标准”，significant steps in furtherance of the violation）；(2)在美国境外发生的行为，对于美国境内产生了可预见的实质性影响（“结果标准”，foreseeable substantial）。由此，美国证券法的域外管辖出现了一分为二的局面：在美国证券交易委员会等行政监管部门提起的公共执法诉讼中采用《多德－弗兰克法》规定的“行为标准”和“效果标准”，域外管辖权适用范围广；但在投资者提起的私人诉讼中则采用莫里森案中确立的“交易标准”，域外管辖权适用范围极为有限。

综观美国法上的“行为标准”“效果标准”“交易标准”可以发现，“交易标准”基本上将证券欺诈行为的管辖权限制在了本国境内，难以满足保护本国投资者合法权益、维护国内证券市场秩序的需求。而“行为标准”又失之宽泛：一方面，何种情形可被认定为是对违法行为有关键影响的因素难以判断，一旦掌握不当，容易造成域外管辖权的不当扩张，引发国际法上的争议；另一方面，把未损害国内投资者和国内市场秩序的违法行为纳入域外管辖权，有违司法经济原则。从这个角度而言，我国证券法采用的“效果标准”更具合理性。

界定我国法上“效果标准”的适用条件时，在“损害境内投资者合法权益”“扰乱境内市场秩序”的认定上，对于“损害”“扰乱”的程度，可参考“实质性”要求，以对我国境内市场的不特定投资者利益有实质性损害为必要。判断行为人的证券欺诈行为是否与损害结果具有因果关系时，则可参考“直接性”要求，考察被告的行为是否直接引发了涉诉损害后果。

三、原告未起诉发行人时应如何处理

诉讼争点

在发行人已无实际清偿能力，或已进入破产程序等情况下，原告投资者往往选择直接起诉发行人董监高、证券保荐承销机构、证券中介服务机构等其他连带责任人，而不将发行人列为被告。此时，如发行人的责任尚无在先裁判予以确定，法院应否追加发行人令其参加诉讼？如应当追加，则应列之为被告，还是第三人？对此，存在三种观点。

第一种观点认为，无须追加发行人，如欲查明事实，可传唤其作为证人出庭作证。

发行人董监高、证券保荐承销机构、证券中介服务机构等虽应与发行人承担连带赔偿责任，但原告对上述主体提起的证券虚假陈述诉讼并非固有的必要共同诉讼。原告有权选择其中的某个或某些主体作为被告主张权利。当原告选择不要求发行人进行赔偿时，应当充分尊重原告的诉讼处分权。对于需借助发行人进行核实查明的相关虚假陈述事实，可传唤发行人作为证人出庭辅助调查。

第二种观点认为，应依职权将发行人追加为共同被告。

2003 年《虚假陈述司法解释》第 10 条规定，原告未将发行人列为共同被告，但人民法院认为确有必追加的，应当通知发行人作为共同被告参加诉讼，但不得移送案件。《九民纪要》第 79 条也贯彻了这一思路，规定：被告申请追加发行人为共同被告的，人民法院应予准许。虽然由于管辖规则的修改，2003 年《虚假陈述司法解释》第 10 条被删除，但《九民纪要》仍为现行有效的司法意见。将发行人追加为被告，有利于查清案件事实，可在一案中一并解决所有责任主体是否承担责任的问题，应当继续坚持。

第三种观点认为，应依职权将发行人追加为无独立请求权第三人。

原告对发行人及其他连带责任人提起的证券虚假陈述诉讼虽非必要共同诉讼，但其他连带责任人是否应承担赔偿责任，需以下列事项的明确为前提：(1)发行人的行为是否构成证券虚假陈述民事侵权？(2)如构成，则其给投资者造成的损失范围为何？上述事项不单涉及案件事实的查明，更需发行人作为另案潜在诉讼的被告，对原告的主张提出攻击和防御。而仅将其作为证人，一来无法强制传唤，确保其到庭参诉；二来也无法使之参与整个庭审，提出各项抗辩意见。因此，以通知发行人作为无独立请求权第三人参加诉讼为宜。

裁判指引

本书同意第三种观点。

(一)原告未以发行人为被告时,法院应当追加发行人参加诉讼

首先,证券虚假陈述责任纠纷中,发行人为违反信息披露义务的第一责任主体。前置程序取消后,在无行政处罚决定或生效刑事裁判文书对虚假陈述事实予以认定的情况下,发行人是否存在虚假陈述行为尚无定论,须在审理阶段予以明确。虚假陈述事实是其他责任主体承担连带赔偿责任的前提,也只有在发行人参加诉讼的情况下,才能充分查明。

其次,如果构成虚假陈述,则其他连带责任人向原告赔偿损失的范围,应以发行人因虚假陈述给原告造成的损失为限。在判定损失因果关系时,关于上市公司内外部经营环境、实施日至揭露日期间上市公司发生的特定影响股价事件等可能影响股价的因素,只有在发行人加入诉讼后,才能清楚地说明,法院才能据此准确厘定损失金额。

最后,发行人是招股说明书、公司债券募集办法、财务会计报表等存在虚假陈述信息文件的制作者,最清楚虚假陈述的实施过程。对于董监高是否存在操纵行为,承销保荐机构在核查上市文件、推荐上市过程中是否与发行人存在串通,会计师事务所、律所、评估机构等中介服务机构是否参与造假等最为了解,追加发行人参加诉讼,有利于查明事实,分清责任。

(二)法院应当通知发行人作为无独立请求权第三人参加诉讼

首先,不宜将发行人追加为被告。(1)起诉权为原告的诉讼权利,是否行使以及向谁行使应由其依自身意愿决定,法院不得违背当事人的意愿强行审理,否则将有违民事诉讼法基本的处分原则。(2)证券虚假陈述纠纷并非必要共同诉讼,法院不宜强制追加被告。证券中介服务机构等其他责任人虽与发行人承担连带责任,但两者担责的依据并不相同。发行人作为虚假陈述行为的直接实施人,对虚假陈述承担无过错的赔偿责任;其他责任主体则作为发行人的实际操纵

人或上市及交易的辅助人,基于各自过错分别承担赔偿责任。根据《证券法》第85条、2022年《虚假陈述司法解释》第20条至第22条的规定,原告可选择单独或一并向前述主体主张赔偿。对应到程序法中,自不应构成“绝对不可分,必须一并诉讼”的必要共同诉讼。(3)追加发行人为被告,主要目的在于查清案件事实,分清责任,以便一次性解决纠纷,防止矛盾裁判,其更多体现的是诉讼经济的考虑。但在民事诉讼的价值判断上,诉讼经济对于处分原则并不当然具有优先性,我们通常不能仅为了追求诉讼经济而牺牲当事人的处分权。综上,将发行人追加为被告的做法值得商榷。

其次,发行人的诉讼地位以无独立请求权第三人为宜。《民事诉讼法》第59条规定:对当事人双方的诉讼标的,第三人虽然没有独立请求权,但案件处理结果同他有法律上的利害关系的,可以申请参加诉讼,或者由人民法院通知他参加诉讼。原告在本诉中虽未将发行人列为被告,但其仍有权随时另案起诉发行人要求其承担赔偿责任,而本诉对于虚假陈述事实及赔偿责任的认定显然将对后案的定责产生影响,故可认为本诉的处理结果与发行人有法律上的利害关系,法院可通知其参加诉讼。

最后,发行人属于无独立请求权第三人中的“辅助型第三人”。发行人始终站在本诉当事人一方也即被告方,对其进行辅助,参诉的目的在于维护自己的权益,避免法院对其他连带责任人作出的判决对自己的权利义务发生消极影响。因此,发行人会在诉讼中提出攻击和防御,就虚假陈述是否存在、是否具有重大性、三日一价、交易因果关系、损失因果关系等主要定责因素进行抗辩。不同于“被告型第三人”,发行人在本诉中,并不对原告的诉请独立承担民事责任。

(三)应在审理阶段进行追加

追加发行人应在立案阶段还是审判阶段进行,笔者认为,以由审判庭追加为宜。首先,学界通说认为,正当当事人是权利保护要件,而非诉讼成立要件。[①] 2015年我国实行立案登记制后,在立案阶段,仅需对原告的起诉进行形式要件

① 参见汤维建主编:《民事诉讼法学》,北京大学出版社2008年版,第201~202页。

的审查即可，诉讼参与人是否齐全、权利构成要件是否完备则由审判庭进行审查。其次，通过追加发行人，最终确定诉讼参与人的范围，不仅涉及诉讼程序，还关系到法院能否最终作出正确的裁判。法院在作出追加决定前，需要先对案件事实进行梳理，结合法律规定的要件规范，确定是否存在确需追加的法定理由，这属于审判部门行使的事实认定权和法律适用权，不宜在立案阶段行使。最后，虽然原则上，从被告应诉起至诉讼审理终结止，均可追加无独立请求权第三人，但在虚假陈述纠纷中，出于查明事实、充分诉辩的目的，宜在审理的初始阶段就及时通知发行人参加诉讼。

（四）追加发行人为第三人的法律后果

首先，发行人被追加为无独立请求权第三人后，可以辅助其他连带责任人对抗原告，但由于其并非民事诉讼的当事人，而只是“准当事人”，故拥有的诉讼权利相对有限。根据《民诉法解释》第 82 条的规定，被追加的发行人在一审诉讼中，无权提出管辖异议，无权放弃、变更诉讼请求或者申请撤诉，由于并未被判决承担民事责任，发行人亦无权就本诉提起上诉。

其次，与此相对应，发行人虽然参加了本诉，但法院就本诉作出的确定判决对发行人不产生既判力扩张的效力，换言之，该判决对发行人并不产生拘束力。但根据《民诉法解释》第 93 条第 5 项的规定，本诉裁判认定的事实会对后案事实产生预决效力，即已为法院生效裁判认定的本诉事实，当事人无须举证证明，除非当事人有相反证据足以推翻。该条规定辅之以禁反言原则，在实际效果上基本能确保前后案事实认定及裁判结果的一致。

相关规定

《证券法》

第八十五条　信息披露义务人未按照规定披露信息，或者公告的证券发行文件、定期报告、临时报告及其他信息披露资料存在虚假记载、误导性陈述或者重大遗漏，致使投资者在证券交易中遭受损失的，信息披露义务人应当承担赔偿责任；发行人的控股股东、实际控制人、董事、监事、高级管理人员和其他直接责任人员以及保荐人、承销的证券公司及其直接责任人员,应当与发行人承担连带赔偿责任,但是能够证明自己没有过错的除外。

《民事诉讼法》

第五十九条 对当事人双方的诉讼标的,第三人认为有独立请求权的,有权提起诉讼。

对当事人双方的诉讼标的,第三人虽然没有独立请求权,但案件处理结果同他有法律上的利害关系的,可以申请参加诉讼,或者由人民法院通知他参加诉讼。人民法院判决承担民事责任的第三人,有当事人的诉讼权利义务。

……

《民诉法解释》

第八十二条 在一审诉讼中,无独立请求权的第三人无权提出管辖异议,无权放弃、变更诉讼请求或者申请撤诉,被判决承担民事责任的,有权提起上诉。

典型案例

吉林银行股份有限公司诉中国邮政储蓄银行股份有限公司、中国国际金融股份有限公司等证券虚假陈述纠纷

上海金融法院(2022)沪74民初第2250号

案情介绍

原告吉林银行股份有限公司(以下简称吉林银行)起诉称,被告上海华信国际集团有限公司(以下简称上海华信)于2017年6月19日发行了2017年度第一期中期票据(债券简称17沪华信MTN001),发行金额25亿元,期限"3+N"年,利率7.88%,每年付息,到期还本付息。主承销商及簿记管理人为被告中国邮政储蓄银行股份有限公司(以下简称邮储银行),联合承销商为被告中国国际金融股份有限公司(以下简称中金公司),评级机构被告中诚信国际信用评级有限责任公司(以下简称中诚信国际)对发行人上海华信主体长期信用评级为AAA,对上海华信2017年度第一期中期票据信用评级为AAA;审计机构即被告

上会会计师事务所（特殊普通合伙，以下简称上会所）出具2014年至2016年年度审计报告及2017年第一季度报；法律服务机构即被告上海市锦天城律师事务所（以下简称锦天城律师事务所）出具《关于上海华信国际集团有限公司发行2017年度第一期中期票据的法律意见》。

原告于2017年6月21日向联合承销商中金公司购入"17沪华信MTN001月中期票据"，总额共计1亿元。2018年6月21日，上海华信发布《关于上海华信国际集团有限公司2017年度第一期中期票据未按期支付利息的公告》，称截至2018年6月21日日终，公司未能筹集到期付息资金，"17沪华信MTN001"不能按期支付利息，已构成实质违约。2019年11月25日，上海市第三中级人民法院裁定上海华信进入破产清算程序。

2020年2月18日，中国证券监督管理委员会安徽证监局对上海华信及其控股子公司安徽华信国际控股股份有限公司（以下简称华信国际）发出（2020）1号行政处罚决定书，认定华信国际存在以下违法事实：（1）华信国际未按规定披露关联交易事项，导致2015年至2017年年度报告存在重大遗漏；（2）华信国际虚增2016年度、2017年度营业收入和利润，导致2016年、2017年年度报告存在虚假记载，累计虚增150多亿元；（3）华信国际未按规定及时披露为控股股东及其关联方提供担保事项。上海华信作为华信国际的控股股东，指挥、安排、参与华信国际虚构原油转口贸易业务，导致华信国际2016年、2017年年度报告存在虚假记载的行为，违反《证券法》相关规定。对华信国际及上海华信予以行政处罚。

原告认为，基于上述处罚决定，有充分理由认定发行人上海华信以及各被告违反银行法、证券法等法律、行政法规规定，在2017年度第一期中期票据发行、交易过程中存在对重大事件作出违背事实真相的虚假记载、误导性陈述或者在披露信息时发生重大遗漏、不正当披露信息的行为，导致原告遭受损失。主要表现为：（1）上海华信的主要供应商和销售客户存在虚假陈述，承销商及中介机构未能认真核查；（2）发行人应收账款存在虚假陈述，承销商及中介机构未能认真核查；（3）上海华信预付账款存在虚假陈述，承销商及中介机构未能认真核查；（4）发行人长期股权投资存在虚假陈述，承销商对巨额资产核算方法核查存在不当，未能勤勉尽责；(5)发行人投资性房地产虚假陈述，承销商在核查数十亿投资性房地产时没有尽职，未能勤勉尽责；(6)华信国际作为上海华信发行和交易2017年度第一期中期票据时的主要并表控股子公司，华信国际被处以行政处罚的前述虚假行为，直接导致并表后的上海华信亦存在同样的事实和虚假陈述行为。

因此，原告提起诉讼，请求判令：(1)依法判决被告邮储银行、中金公司、中诚信国际、上会所、锦天城律师事务所连带赔偿因对上海华信国际集团有限公司发行的2017年度第一期中期票据虚假陈述给原告造成的本金损失1亿元及利息损失7,880,000元；(2)依法判决上列五被告连带承担因对上海华信国际集团有限公司发行的2017年度第一期中期票据虚假陈述给原告造成的违约金损失(以本息10,778万元为基数，按日利率千分之0.21自2018年6月22日起计付至实际清偿日止)；(3)本案全部诉讼费由上列5被告承担。

法院裁判

上海金融法院依法受理了吉林银行的起诉。立案后，法院在审理阶段通知发行人上海华信作为本案第三人参加诉讼。

评析

本案是2022年《虚假陈述司法解释》出台后，上海法院受理的第一起未以发行人为共同被告的证券虚假陈述案件。上海金融法院准确把握了2022年《虚假陈述司法解释》的精神，将《证券法》等实体法赋予投资者的可选择侵权人行使请求权的权利，与诉讼法上原告可选择被告起诉的处分权统一起来，在尊重原告诉权的前提下，将发行人追加为第三人，顺利推动了案件的审理。这种做法对后续的同类起诉具有较强的参照及指导意义。

拓展研究

(一)追加发行人参诉的立法演变

在2022年《虚假陈述司法解释》统一管辖法院之前，原告不将发行人列为被告的一项重要考虑就是对管辖法院的选择。2002 年《最高人民法院关于受理证券市场因虚假陈述引发的民事侵权纠纷案件有关问题的通知》第 5 条规定：被告中只要包括发行人，案件就应由发行人所在地法院管辖，而如果不含发行人，原告就可选择被告之一所在地法院提起诉讼。2003 年《虚假陈述司法解释》第 9 条也基本沿用了该原则。因此，基于个案考虑，常有投资者不愿到发行人所在地进行诉讼，于是选择不将发行人列为被告。例如，在 2002 年的成都红光实业股份有限公司证券虚假陈述案中，因红光公司住所地位于成都市，有居住于上海的几位股民为避免远赴成都起诉，遂将注册地位于上海的某券商列为唯一被告，向上海市第一中级人民法院提起诉讼，并被法院受理。

针对上述情况，2003 年《虚假陈述司法解释》第 10 条就受理案件后应如何追加发行人及确定管辖进行了规定："人民法院受理以发行人或者上市公司以外的虚假陈述行为人为被告提起的诉讼后，经当事人申请或者征得所有原告同意后，可以追加发行人或者上市公司为共同被告。人民法院追加后，应当将案件移送发行人或者上市公司所在地有管辖权的中级人民法院管辖。当事人不申请或者原告不同意追加，人民法院认为确有必要追加的，应当通知发行人或者上市公司作为共同被告参加诉讼，但不得移送案件。"上海市第一中级人民法院即按照该条规定，根据案件实际情况决定追加红光公司为共同被告，并将全案移送至成都市中级人民法院审理。

就本部分讨论的追加发行人，规定明确了两点：第一，发行人应被追加为共同被告参加诉讼。第二，追加可"经当事人申请"进行，也可在法院认为确有必要时依职权追加。其中"经当事人申请"究竟是限于原告申请，还是亦可由被告提出申请，曾引起众多争论。[①]《九民纪要》第 79 条对该问题进行了明确，该条规定：原告以发行人、上市公司以外的虚假陈述行为人为共同被告提起诉讼，被告申请追加发行人或者上市公司为共同被告的，人民法院应予准许。最高人民

---

① 参见曹明哲：《证券虚假陈述责任纠纷中的选择管辖与移送管辖——兼议〈虚假陈述民事赔偿规定〉第 10 条的解释与管辖设计》，载《金融服务法评论》2019 年第 1 期；董林华：《关于民事诉讼中"被告能否申请追加被告"问题的探讨》，载《法学杂志》2009 年第 2 期；许平：《民事诉讼中追加被告之问题分析》，载《山东审判》2011 年第 3 期。

法院在对该条款的说明中认为：发行人、上市公司是虚假陈述行为的实施人和第一责任人，只有发行人、上市公司参加诉讼才有利于查清案件事实，并一案解决其他责任主体是否承担责任问题。①

对于人民法院是否可依职权或依被告的申请追加发行人为共同被告，学界多持否定意见，②主要的反对理由集中于：对于非必要共同诉讼，应当按照民事诉讼法的处分原则，尊重原告的起诉权，如原告不愿或不行使自己对发行人的赔偿请求权，则发行人不能成为被告。

2022 年《虚假陈述司法解释》删除了 2003 年《虚假陈述司法解释》第 10 条关于追加被告的规定。为正确厘清发行人参加诉讼的法律地位扫除了法律障碍。

（二）连带责任与"扩大的类似必要共同诉讼"

前述司法解释及意见之所以规定可在原告未提出诉请时，将发行人追加为共同被告，可能出于以下几点考虑：（1）认为案件构成必要共同诉讼；③（2）根据管辖规则，将发行人追加为共同被告后，可将案件移送至发行人所在地有管辖权的中级人民法院审理，更有利于事实查明和后续执行；（3）将发行人追加为被告，可以在查明案件事实的情况下，分清责任，一次性解决全部纠纷，防止发行人责任另案诉讼导致的矛盾裁判。④ 其中，第 2 点考虑在 2022 年《虚假陈述司法解释》修改管辖规则后已不复存在。第 3 点考虑将于后文进行分析。此处先行讨论必要共同诉讼问题。

---

① 参见最高人民法院民事审判第二庭编著：《〈全国法院民商事审判工作会议纪要〉理解与适用》，人民法院出版社 2019 年版，第 439 页。

② 参见张卫平：《民事诉讼法》（第 4 版），法律出版社 2016 年版，第 145～148 页；王亚新、陈杭平、刘君博：《中国民事诉讼法重点讲义》，高等教育出版社 2017 年版，第 126～127 页；刘哲玮：《追加当事人制度的理论追问与程序构建》，载《政法论丛》2016 年第 6 期；严仁群：《自主合并抑或强制合并？——追问强制追加当事人之正当性》，载《南京大学法律评论》2010 年第 2 期；刘述玉、金湛庆：《追加当事人初探》，载《现代法学》1990 年第 2 期。

③ 参见曹明哲：《证券虚假陈述责任纠纷中的选择管辖与移送管辖——兼议〈虚假陈述民事赔偿规定〉第 10 条的解释与管辖设计》，载《金融服务法评论》2019 年第 1 期。

④ 参见章武生、段厚省：《必要共同诉讼的理论误区与制度重构》，载《法律科学（西北政法学院学报）》2007 年第 1 期。

按照我国《民事诉讼法》的规定，必要共同诉讼为“绝对不可分”的诉讼，共同诉讼人必须一同起诉或应诉，如有遗漏，法院必须追加，否则，即便有一名共同被告未参加诉讼，作出的判决就是违法的。[①] 在法律适用和理解上，常有将实体法上规定的连带责任等同于诉讼法中的必要共同诉讼的做法。例如，在侵权损害赔偿中，只要是法律规定承担连带责任的情形，就认为是绝对不可分的必要共同诉讼，必须把复数的加害人一个不少地都列为共同被告。但该种观点缺乏实体法的支持，《民法典》第 178 条第 1 款明确规定：“二人以上依法承担连带责任的，权利人有权请求部分或者全部连带责任人承担责任。”具体到证券虚假陈述纠纷，发行人与其他责任人的连带赔偿责任可细分为两类：(1)共同侵权，即侵权人存在共同故意或共同过失。当发行人与其他责任人出于共同故意，串通提供虚假信息时，应就全额损失负连带责任；若双方存在共同过失，则发行人承担全额赔偿责任，其他责任主体就其过失对应部分承担比例连带责任。但无论何种情形，原告均可选择暂不起诉发行人，而要求全部或部分其他主体承担责任。如后者承担了超过其内部应负份额的连带赔偿责任，则可根据 2022 年《虚假陈述司法解释》第 23 条的规定，另行向发行人要求追偿。(2)分别侵权，即发行人与其他责任人各自实施侵权行为，并无意思联络。在该种情况下，原告向发行人及其他主体提起的，乃系不同的侵权之诉，诉讼标的并不同一，自然更无必须合并审理之理。

既非必要共同诉讼，那么原告与发行人及其他责任人之间的诉讼究竟属于什么诉讼样态。如前所述，必要共同诉讼属于“绝对不可分”的诉讼，普通共同诉讼则为“可分”诉讼。但现实生活中，在这两极之间，还存在若干中间样态的共同诉讼。在大陆法系的德国、日本，将这类共同诉讼命名为“类似必要共同诉讼”[②]。其区别于固有必要共同诉讼的特点在于：虽可共同诉讼，但不以全体共同诉讼人共同进行诉讼为必要。具体来说：(1)共同诉讼人各自具有独立实施诉讼的能力，可以单独起诉或应诉，在单独实施的诉讼中，法院所作出的确定判

① 参见张卫平：《民事诉讼法》(第 4 版)，法律出版社 2016 年版，第 150 页。

② 陈荣宗、林庆苗：《民事诉讼法》(修订 4 版)，台北，三民书局股份有限公司 2004 年版，第 195 页。

决对其他没有参加诉讼的利害关系人产生拘束力，即既判力扩张的效力。[①] 例如，一名股东提起关于确认股东大会决议无效的诉讼，法院就此作出的确认无效或驳回诉请的判决，对其他未参加诉讼的股东也同样有拘束力。(2)共同诉讼人也可以选择一同起诉或应诉，此时，法院就需要就该诉讼标的作合一确定，对所有当事人的权利义务作出一揽子安排。“类似必要共同诉讼”由于存在“既判力扩张”的要求，适用范围仍较为有限，除前述例子之外，还体现在数人要求确认破产债权、多个债权人基于代位权所提起的诉讼、数人提起的股东代表诉讼等场合。[②]

在我国，理论界运用“类似必要共同诉讼”的概念时，指称的可能是内容广泛得多的案件。例如，出借人诉借款人、保证人的案件，就被归入此类。[③] 对此，我们不妨称为“扩大的类似必要共同诉讼”，证券虚假陈述纠纷也属此类。在扩大的类似必要共同诉讼中：(1)原、被告双方之间的法律关系可能并不同一，但各方具有共通的纠纷事实，在这个意义上，双方存在紧密的牵连关系，可认为具有共同的诉讼标的。[④] 例如，发行人与其他责任人虽各自实施了虚假陈述的侵权行为，但他们的行为共同导致了原告的损害结果，因此在纠纷事实上存在紧密牵连。如果原告选择一并起诉，则基于该种密切关联，法院应当一并审理，并对各被告的责任进行合一确定。(2)原告也可以选择单独起诉，如仅起诉发行人，或仅起诉其他责任人，法院应当尊重原告对被告的选择。但由于各潜在被诉者之间，纠纷事实紧密相连，未被起诉者的实体权利义务很可能受到裁判结果的影响，具有参诉必要。此时，就会发生共同诉讼与第三人制度的转化问题，即由法院追加其余潜在被告作为第三人参加诉讼。(3)扩大的必要类似共同诉讼中，不存在既判力的扩张。未作为被告参加诉讼的责任主体，不受本诉判决效力的约束。

---

① 参见[德]汉斯－约阿希姆·穆泽拉克：《德国民事诉讼法基础教程》，周翠译，中国政法大学出版社2005年版，第139～141页。

② 参见[日]兼子一等：《条解民事诉讼法》，弘文堂1986年版，第169页。

③ 参见王亚新、陈杭平、刘君博：《中国民事诉讼法重点讲义》，高等教育出版社2017年版，第132页。

④ 同上书，第131页。

当然，“扩大的类似必要共同诉讼”仅系学理概念，在我国民事诉讼法的两分法下，证券虚假陈述纠纷既非必要共同诉讼，就应被归入普通共同诉讼之下。最高人民法院公报案例“陈某某等23名投资人诉大庆联谊公司、申银证券公司虚假陈述侵权赔偿纠纷案”也采取了类似观点。① 之所以介绍“扩大的类似必要共同诉讼”，是为了辅助理解。在民事司法实务中，对于证券虚假陈述诉讼形态的处理，既不同于“绝对不可分”的必要共同诉讼，也不同于“完全可拆分”的普通共同诉讼，这已成为一种既成的现实，对此应有清楚的认知。

（三）发行人作为辅助型无独立请求权第三人参诉的法律后果

如前所述，当原告选择不起诉发行人时，就会产生扩大型类似必要共同诉讼被告向第三人的转化。发行人对本诉原、被告的诉讼标的并无独立的请求权，显然不属于有独立请求权的第三人，故应作为无独立请求权的第三人参加诉讼。从我国民事诉讼法的规定和诉讼实践看，无独立请求权的第三人可分为两类：一类是辅助型第三人，辅助本诉一方当事人参加诉讼；另一类是被告型第三人，独立面对本诉的原告和被告，并独立承担民事责任。

首先，不宜将发行人作为被告型第三人。被告型无独立请求权第三人是在没有本诉当事人诉讼请求的前提下，被判决承担民事责任。该种制度设计的目的在于试图一次性解决纠纷，以提高裁判效率。但直接判决第三人承担责任，意味着原告的诉请指向最终发生了转移，第三人成了实质上的被告。这使第三人承担民事责任缺乏诉的依据，因此在学理上长期受到诟病，认为既缺乏理论上的正当依据，作为解决现实问题的处置也显得颇不公平。② 将发行人追加为第三人后，如直接判令其承担责任，与将其追加为被告的实质效果并无差别，不妥之

---

① 陈某某等23名投资人诉大庆联谊公司、申银证券公司虚假陈述侵权赔偿纠纷案，载《最高人民法院公报》2005年第11期，该案二审裁判理由指出：“根据《证券赔偿案件规定》，对发行人或者上市公司的上市文件，证券承销商、证券上市推荐人或者专业中介服务机构都有责任审核，都可能对发行人或者上市公司的虚假陈述行为承担连带责任。以上述主体为被告的诉讼，属于普通共同诉讼。在一审诉讼中，原告基于其诉讼利益的判断而选择其中某些人当被告，不违反法律规定。法院根据原告的请求确定诉讼参加人，是尊重当事人的诉讼选择权，并无不当。”

② 参见王亚新、陈杭平、刘君博：《中国民事诉讼法重点讲义》，高等教育出版社2017年版，第169页。

处均在于未尊重原告的诉讼处分权。[1]

其次,发行人的法律地位应为辅助型第三人。在大陆法系,也存在类似的辅助参加制度。例如,根据德国民事诉讼理论,辅助参加人并不是争议法律关系的直接主体,并非审判对象,但案件的审理结果与其具有法律上的利害关系,因此其可以陪同当事人出庭,并支持其诉讼主张,从而在潜在的后案诉讼中保护自己的利益。由于辅助参加人并非当事人,因此法院不能直接判决令其承担责任。辅助参加人对诉讼标的也不具有处分权,无权申请变更、承认诉讼请求,无权提起反诉、申请撤诉、请求和解等。其享有的仅仅是参加法律争议的辩论权和对事实问题作出陈述的举证权。[2] 关于辅助参加人参加诉讼的方式,大陆法系国家一般采用"诉讼告知",即由已参加诉讼的当事人通过法院向辅助参加人发出参诉告知,而非由法院直接追加。法院告知后,即使辅助参加人拒绝参加,法院也可以将其视为判决的对象,虽然不得在判决中直接判令其承担义务,但可以产生使本诉裁判所认定的事实在后案诉讼中对辅助参加人具有约束力的预决效力。[3]

在我国,由于存在被告型无独立请求权第三人,故对于无独立请求权第三人是否具有当事人地位的争论一直存在。但至少对于辅助型无独立请求权第三人,其并不具有当事人诉讼地位的结论应无异议。发行人作为辅助型无独立请求权第三人,可自行申请参加,也可由法院依职权通知参加诉讼。参诉后,除协助查明事实外,发行人的作用主要还在于支持、辅助被告方,试图证明其行为不构成虚假陈述,或证明原告主张因虚假陈述造成的损失有部分系由其他因素导致,以期得到对后案有利的审理结果。

最后,发行人参加的本诉判决对其不产生既判力扩张的效果。有学者认为,本诉既判力可以扩张至辅助人。"例如,在连带保证纠纷中,仅保证人被债权人起诉时,应准许主债务人以辅助参加人身份参加诉讼。因为主债务人对有关争点(如主债务是否存在)有发言权,有参与利益。辅助参加人参加诉讼可使与其

---

① 参见[日]三月章:《日本民事诉讼法》,汪一凡译,台北,五南图书出版公司1996年版,第156页。

② 参见[德]罗森贝克、[德]施瓦布等:《德国民事诉讼法》(上),李大雪译,中国法制出版社2007年版,第325~327页。

③ 参见刘哲玮:《追加当事人制度的理论追问与程序构建》,载《政法论丛》2016年第6期。

有关的事实或法律争点得到统一裁断，可防止矛盾裁判。因为他既已参加诉讼，就应受裁判拘束，不可再就这些争点争讼。此拘束力不仅覆盖他和他所辅助当事人的关系，也覆盖他与对方当事人之间的关系”。①

笔者认为，该种观点值得商榷。发行人作为无独立请求权第三人，虽然参加了本诉，但本诉直接审理的诉讼标的是投资者与其他责任主体间的虚假陈述侵权纠纷，与发行人与投资者间存在的诉讼标的并不同一。此外，虽然本诉的裁判以发行人是否构成虚假陈述为前提，并因此与后诉存在相同的基础事实，但由于发行人并非当事人，诉讼权利义务受限，尤其是对本诉不具有上诉权利，仅因其参与了本诉就使本诉裁判对其产生完全的拘束力，有违民事诉讼法对程序保障的基本要求。正因如此，我国民事诉讼法对于辅助型无独立请求权第三人，并未设置本诉既判力扩展的相关规定。

既然本诉判决对发行人并不具有既判力，原告投资者与发行人间的侵权纠纷就需另诉。因此有观点认为，这种分别起诉的模式有可能形成矛盾判决，不如直接将发行追加成被告为妥。笔者认为，虽然既判力不能扩张，但并非本诉裁判的存在对发行人毫无意义。根据《民诉法解释》第 93 条的规定，已为人民法院发生法律效力的裁判所确认的事实，当事人无须举证证明，除非当事人有相反证据足以反驳，否则即可径行采认为后案事实。据此，发行人在本诉中参与查明，进而被判决认定的案件事实，在后案中也会产生与大陆法中辅助参加人类似的预决效力，再辅以禁反言原则的合理运用，前后案认定虚假陈述事实大相径庭的情形几无可能出现。再者，尽管在理论上，这种分诉模式有可能引起矛盾裁判，但正如学者维利尔斯（Villiers）所言，“我们不可对矛盾裁判过于敏感，不必闻之色变，也不必在这方面过度追求司法统一”，②毕竟，避免矛盾裁判主要还是基于诉讼经济及效率原则而贯彻的程序性政策，相对于此，更应该尊重的是作为民事诉讼法基石的权利处分原则。

---

① 参见严仁群：《自主合并抑或强制合并？——追问强制追加当事人之正当性》，载《南京大学法律评论》2010 年第 2 期。

② Meiring de Villiers, *Technological Risk and Issue Preclusion: A Legal and Policy Critique*, 9 Cornell J. L. & Pub., p. 523, 549.

第四章

《虚假陈述司法解释》的适用范围

原《虚假陈述司法解释》是于 2003 年施行的，随着我国证券市场的飞速发展，证券种类、市场层次、交易方式都发生了翻天覆地的变化，《证券法》也经过了两次大的修改。为进一步完善证券市场基础制度，全面推进以注册制为龙头的多层次证券市场体系发展，新修订的《证券法》于 2020 年 3 月开始施行。2022 年《虚假陈述司法解释》是在 2019 年《证券法》的框架下修订的，依循了“打击证券发行、交易中虚假行为市场全覆盖”的司法理念。在适用范围上，原司法解释将证券类型限定为股票、将大宗交易和协议转让排除在适用范围之外的做法，难以满足审判实践的需要。2022 年《虚假陈述司法解释》第 1 条对原司法解释的适用范围进行了延展，规定“信息披露义务人在证券交易场所（包括证券交易所、国务院批准的其他全国性证券交易场所）发行、交易证券过程中实施虚假陈述引发的侵权民事赔偿案件，都适用本规定”。具体而言，2022 年《虚假陈述司法解释》第 1 条从四个维度明确了适用范围。

第一，适用的证券品种类型。2019 年《证券法》第 2 条从证券品种的范围上对原《证券法》仅规定股票与债券进行了延展。该法规定“股票、公司债券、存托凭证和国务院依法认定的其他证券”“政府债券、证券投资基金份额”以及“资产支持证券、资产管理产品”均属于《证券法》的调整对象。因此,《虚假陈述司法解释》对《证券法》所厘定的“证券”之范围应予以尊重和承接,原则上上述所有证券品种类型均应当适用《虚假陈述司法解释》。在这些证券的发行和交易活动中,发行人等信息披露义务人均应当充分披露投资者作出价值判断和投资决策所必需的信息,并负有保证信息披露内容真实、准确、完整的法定义务。投资者免受欺诈的法定权利不因证券种类而有所不同,只要信息披露义务人在证券发行、交易过程中实施了虚假陈述行为,人民法院在确定其民事责任时,都应当适用《虚假陈述司法解释》。

第二,适用的证券交易场所。2003 年《虚假陈述司法解释》界定“证券市场”包括公开募集股份的发行市场、证券交易所的交易市场、代办股份转让市场、国家批准设立的其他证券市场。2022 年《虚假陈述司法解释》界定“证券交易场所”包括证券交易所、国务院批准的其他全国性证券交易场所,同时规定区域性股权市场中发生的虚假陈述案件可参照适用。这一调整变化,一方面,与《证券法》第七章的表述相衔接;另一方面,对于区域性股权市场,考虑到其与证券交易所、全国性证券交易场所具有不同运作模式,单列出来参照适用司法解释更为合理。

区域性股权市场是为非公开发行证券的发行、转让提供场所和设施,2019 年《证券法》首次将区域性股权市场纳入调整范围,根据中国证监会 2022 年 1 月的公示,我国现有 35 家区域性股权市场运营机构。虽然《区域性股权市场监督管理试行办法》并未明文规定证券虚假陈述,但确有对证券发行人、挂牌公司及交易参与者不得提供虚假信息的要求;区域性股权市场运营机构或中介机构为合格投资者提供企业研究报告和尽职调查信息的,应当遵循独立、客观的原则,不得提供虚假、不实、误导性信息。区域性股权市场中信息披露义务人违反信息披露要求,实施虚假陈述行为,会产生责任承担问题。区域性股权市场中虚假陈述案件参照适用《虚假陈述司法解释》,意味着在具体案件中可以根据情况选择适用司法解释的规定。

第三,适用的证券交易环节类型。信息披露义务人在证券交易场所实施虚假陈述,可以分为证券发行市场和证券交易市场两种类型。在证券发行市场,发行人与投资者之间构成认购证券的合同关系;在证券交易市场,证券交易关系发生在投资者之间,发行人并非投资者交易活动的相对人。2022 年《虚假陈述司法解释》统一将“证券发行”与“证券交易”过程中对投资者的侵权行为纳入虚假陈述民事责任认定规则的范围。值得一提的是,2003 年《虚假陈述司法解释》发布时适用的 1998 年《证券法》仅规定了证券的公开发行,从 2005 年《证券法》开始,证券“非公开发行”入法,之后证券非公开发行方式也为监管规则认可,并为市场实践广泛接受。2019 年《证券法》第 37 条同样确认了“公开发行”和“非公开发行”两种证券发行方式。因此,2022 年《虚假陈述司法解释》将适用于“公开”“非公开”两类证券发行过程所发生的虚假陈述侵权争议。

就证券交易方式而言,对于在证券交易所上市交易的证券,2019 年《证券法》第 38 条规定,“应当采用公开的集中交易方式或者国务院证券监督管理机构批准的其他方式”。在证券交易实践中,监管机构批准的证券交易方式可谓丰富,仅以上市公司股票为例,除竞价交易外,大宗交易和协议转让也是证券买卖交易的主要方式。在 2003 年《虚假陈述司法解释》框架下,大宗交易和协议转让都被认为是投资者具有特定性,且属于“面对面”能够协商议价的交易,而被排除在适用范围外。但 2022 年《虚假陈述司法解释》删除了上述除外规定,因此对于大宗交易和协议转让的交易类型,也应在一定程度纳入《虚假陈述司法解释》的适用范围,具体笔者在下文争点中予以详述。

第四,适用的主体范围。新旧司法解释对虚假陈述案件原告的设定基本一致,即投资人/投资者作为原告提起诉讼(与当时《证券法》表述相衔接,2022 年《虚假陈述司法解释》采用“投资者”的概念)。2022 年《虚假陈述司法解释》并未对“投资者”类型进行区分,因此机构投资者、专业投资者等原则上也都适用。2003 年《虚假陈述司法解释》里有“信息披露义务人”“虚假陈述行为人”两个概念,前者主要用于界定虚假陈述行为及其违法性,后者是虚假陈述案件的被告且范围更广。2022 年《虚假陈述司法解释》取消了“虚假陈述行为人”表述,仅保留“信息披露义务人”,且并无专门条款规定虚假陈述案件的被告。根据 2019 年《证券法》第 78 条的规定,信息披露义务人包括发行人和其他信息披露义务人。2022年《虚假陈述司法解释》界定"发行人"包括证券的发行人、上市公司或者挂牌公司。"其他信息披露义务人"则需根据法律、行政法规和证监会部门规章来判断，依法承担信息披露义务的主体均应包括在内。

一、在证券定向发行、协议转让、大宗交易中的适用

诉讼争点

2003年《虚假陈述司法解释》第3条规定，在国家批准设立的证券市场上通过协议转让方式进行的交易不适用该规定。与之相对，2022年《虚假陈述司法解释》删除了前述的除外规定，明确信息披露义务人在证券交易场所发行、交易证券过程中实施虚假陈述引发的侵权民事赔偿案件，适用该规定。司法实践中，对于2022年《虚假陈述司法解释》施行后证券市场上以一对一、面对面方式进行的定向发行、协议转让、大宗交易等行为是否适用《虚假陈述司法解释》，依然有两种不同观点。

第一种观点认为，《虚假陈述司法解释》仍不适用于证券市场定向增发等非公开发行行为、协议转让、大宗交易等行为。

证券市场定向增发、协议转让、大宗交易等行为具有交易主体特定性、交易内容自主性的特征。交易双方的身份特定明确，相互之间可对交易价格、交易条件等进行面对面磋商、谈判、确认，且意向买受人可依据自身专业能力对意向出卖人进行尽职调查及客观评判，其可获得的交易背景信息并不需要完全依赖证券市场中的公开披露信息，因此在上述交易方式中，意向买受人的特定性及议价能力决定了其信息来源不同于司法解释中对"虚假陈述"的定义范围。上述交易不适用《虚假陈述司法解释》，应适用《民法典》相关规定，主要通过违约损害赔偿责任而非侵权损害赔偿责任加以解决。

第二种观点认为,《虚假陈述司法解释》均适用于证券市场定向增发等非公开发行行为、协议转让、大宗交易等行为。

证券市场定向增发、协议转让、大宗交易等行为中投资者虽有一定的议价能力,但其交易仍依赖于证券市场公开披露的信息,发行人的虚假陈述行为仍有可能影响上述投资者的投资决策和交易价格。同时,为维护正常的交易结算秩序,《民法典》中的可撤销制度在证券市场上无法适用,投资者仍仅能通过主张侵权损害赔偿获得救济。

裁判指引

本书同意第二种观点。证券市场定向增发是一种股票非公开发行行为,一般以发行人与特定的认购方签订股份认购协议的方式增发股份。证券市场的协议转让一般是指非流通股份的交易,由于非流通股份不得在交易市场自由转让,它们的持有人只能根据合同或协议进行转让。流通股份的大宗交易是指单笔交易规模远大于市场平均单笔交易规模的交易。以上三种交易的共同之处在于均发生于特定主体之间,并以议价协商方式进行。按照2022年《虚假陈述司法解释》,上述三种交易均属于"在证券交易场所进行的发行、交易证券行为",如果信息披露义务人在此过程中实施虚假陈述从而引发侵权民事赔偿,都可以适用该解释。具体可把握以下方面:

首先,证券市场上定向投资者也依赖于公开的信息披露。就《证券法》对证券市场主体所要求的信息披露义务来说,并不因定向投资者与不特定投资者而存在差异,发行人的虚假陈述行为仍有可能影响定向投资者的投资决策,也可能通过影响二级市场公允价格而最终影响协议价格。当前,根据交易所规则,主板市场的定增价格和大宗交易价格与该证券的市场价格已经高度关联。例如,定增价格需根据二级市场交易价格的80%至90%定价、按照"价格优先、时间优先"原则进行撮合;深交所的盘后定价大宗交易,交易所在交易日当日收盘后按照时间优先的原则对大宗交易买卖申报进行逐笔撮合,交易的定价则取决于证券当日收盘价或证券当日成交量加权平均价格。实际上,即便是存在投资者之间沟通价格的协议大宗交易(知晓交易相对方的大宗交易),除了一次性成交的数量要求之外，也是由投资者各方根据市场信息(包括可能存在的虚假陈述)申报证券买卖的交易价格、且在交易规则准许的价格幅度内、在证券交易场所内进行的证券交易。由此可见，证券市场上的协商议价并非完全按照当事人自主意愿随意进行，而需遵循证券市场的特定交易规则。

其次，证券市场上的合同行为当事人所获得的救济权利不同。就定向发行行为而言，《民法典》第148条规定了合同一方当事人欺诈时对方当事人的撤销权；就协议转让、大宗交易而言，第149条规定了第三人实施欺诈时被欺诈一方当事人的撤销权，但这两种救济方式在证券市场无法适用。为维护证券市场的结算交收秩序，《证券法》第117条规定，除因不可抗力、意外事件、重大技术故障、重大人为差错等突发性事件导致证券交易结果出现重大异常外，按照依法制定的交易规则进行的交易，不得改变其交易结果，即全国性证券交易场所中的交易原则上不可撤销。据此，为维护正常的交易结算秩序，在发行人欺诈发行时，虽然投资者与发行人之间存在合同关系，也不能按照《民法典》第148条的规定行使撤销权；在投资者之间因信息披露义务人实施虚假陈述遭受损失时，被欺诈一方也无法根据《民法典》第149条的规定行使撤销权。投资者难以通过撤销合同的方式获得救济，为保护受到虚假陈述误导的投资者的合法权益，上述交易的投资者可根据《证券法》第85条和第163条规定通过主张虚假陈述侵权损害赔偿获得救济。

相关规定

2022年《虚假陈述司法解释》

第一条　信息披露义务人在证券交易场所发行、交易证券过程中实施虚假陈述引发的侵权民事赔偿案件，适用本规定。

按照国务院规定设立的区域性股权市场中发生的虚假陈述侵权民事赔偿案件，可以参照适用本规定。

典型案例

山东豪沃控股集团有限公司诉青岛亨达股份有限公司等证券虚假陈述责任纠纷案

一审：山东省青岛市中级人民法院(2019)鲁02民初729号

二审：山东省高级人民法院(2020)鲁民终3139号

案情介绍

2015年1月15日，被告青岛亨达股份有限公司(以下简称亨达股份)股票在全国股转系统挂牌转让，证券名称亨达股份，证券代码831687。2015年原告山东豪沃控股集团有限公司(以下简称豪沃公司)(甲方)与被告亨达股份(乙方)签订定增协议，约定甲方拟以货币方式对亨达股份投资，本次投资200万元，认购25万股股份，折合8元/股。并约定本协议项下投资，将根据亨达股份股东大会或其授权的董事会审议通过的本次定向增资认购方案进行相应的调整或不调整。亨达股份可根据其股东大会或其授权的董事会终止本次增资决定，有权单方终止本协议等。原告于2015年5月21日通过银行转账向亨达股份支付定向发行增资认购款200万元。2015年6月29日，原告账户中亨达股份新股25万股入账，持续持有至涉诉。

2017年1月12日，亨达股份发布停牌公告，称于2017年1月12日收到全国中小企业股份转让系统问询函，为维护投资者利益，避免公司股价异常波动，应股转公司要求，经向全国中小企业股份转让系统有限公司申请，其公司股票自2017年1月13日开市起暂停转让。在公司完成股转公司问询回复后考虑适时复牌。2017年1月23日，亨达股份发布停牌进展公告，称2017年1月17日就股转公司问询函进行了回复，2017年1月18日，公司收到中国证券监督管理委员会青岛证监局青证监函(2017)21号监管问询函，亨达股份同时披露了青岛证监局问询函内容，涉及亨达股份有关信息披露的问题。2017年8月17日，亨达股份发布关于收到中国证券监督管理委员会调查通知书的公告，称于2017年8月16日收到调查通知书，因公司信息披露涉嫌违反相关法律规定，根据《证券法》有关规定，中国证券监督管理委员会决定对公司及相关责任人员立案调查。

2018 年 12 月 17 日，被告亨达股份公告了中国证券监督管理委员会青岛监管局作出的(2018)2 号行政处罚决定书。该决定书查明：第一，亨达股份存在虚假陈述以及未按规定披露信息行为。(1)2014 年 1 月 1 日至 2016 年 6 月 30 日，亨达股份虚假记载专卖店收入 3 亿元，其中 2014 年虚增收入 0.99 亿元；2015 年虚增收入 1.5 亿元；2016 年上半年虚增收入 0.51 亿元。2014 年 1 月 1 日至 2016 年 6 月 30 日，单某甲虚构亨达鞋业收款收据和现金交款单，交由江某某计入亨达鞋业主营业务收入，然后做账将现金科目转入银行存款科目，经核查公司全部财务记账凭证，相关收款收据上未列明销售明细，财务部门未收到现金，也没有相应现金存入银行，相关销售系虚构。(2)截至 2016 年 6 月 30 日，亨达股份虚假记载银行存款余额 4.89 亿元。2014 年年初，亨达股份即虚增银行存款 3.1 亿元，并且在 2014 年 1 月 1 日至 2016 年 6 月 30 日，单某甲采取虚构现金交款单的方式，虚构现金存款交由财务部门记账，而实际银行存款并未增加。(3)亨达股份未如实披露短期借款。2014 年至 2016 年上半年，亨达股份未如实披露银行借款金额，其中 2014 年年末余额少披露 2.35 亿元，2015 年年末余额少披露 3.98 亿元；2016 年上半年余额少披露 3.26 亿元。第二，王某某、单某甲、单某乙存在股权司法冻结未及时披露行为。2016 年 7 月开始，上述人员的股份被司法冻结，均未通知公司进行公告……综上，证监局对亨达股份责令改正，给予警告，并处罚款 60 万元；对其他责任人员给予处罚。

被告亨达股份主要的辩称意见为，本案是新三板市场的定向增发，主体具有特定性，且增发对象具有完全自主性，故本案不属于证券虚假陈述的特殊侵权案件，原告应另行依据增资认购协议进行权利救济。2003 年《虚假陈述司法解释》第 3 条明确排除了协议转让的交易方式，即交易主体具有特定性、交易内容自主性，不适用《虚假陈述司法解释》，应适用原《合同法》相关规定，主要通过违约损害赔偿责任而非侵权损害赔偿责任加以解决。定向增发的交易主体有充分的自主性和议价空间，与协议转让一样，均是通过书面协议完成交易。被告亨达股份公布 2014 年年报之前便签订了增资认购协议，确定了股票的具体价格，增发定价与 2014 年年报不具有依赖性。亨达股份自 2015 年 8 月 10 日起将股票转让方式由协议转让变更为做市转让，在此之前的交易行为，均是针对特定对象，客观上不具备侵害非特定投资者的可能性。

在亨达股份虚假陈述前，原告便与亨达股份签订了增资认购协议，并确定了增发价格。原告投资损失与亨达股份虚假陈述行为无因果关系，亨达股份无须对原告的投资损失承担民事赔偿责任。原告在2015年4月22日前便开始与亨达股份沟通涉案定向增发事宜，并确定了股票价格。亨达股份于2015年4月28日公布2014年年报。原告的投资行为不是依赖于亨达股份虚假陈述的数据，与虚假陈述行为无因果关系，亨达股份无须对原告的投资损失承担民事赔偿责任。

法院裁判

法院认为，根据当事人的诉辩主张，本案争议的焦点问题之一，是本案是否属于证券虚假陈述责任纠纷。2003年《虚假陈述司法解释》第2条规定，本规定所称的证券市场，是指发行人向社会公开募集股份的发行市场，通过证券交易所报价系统进行证券交易的市场，证券公司代办股份转让市场以及国家批准设立的其他证券市场。全国中小企业股份转让系统是经国务院批准设立的全国性证券交易场所，涉案股票亨达股份在该系统挂牌、公开转让。2003年《虚假陈述司法解释》第3条规定，因下列交易发生的民事诉讼，不适用本规定：(1)在国家批准设立的证券市场以外进行的交易；(2)在国家批准设立的证券市场上通过协议转让方式进行的交易。本案中，被告亨达股份通过定向发行向特定主体募集资金，原告取得股票的方式是通过被告定向增发，而不是协议或做市交易，本案系原告以被告亨达股份在定向增发过程中存在虚假陈述为由提起欺诈发行的损害赔偿诉讼，不属于《虚假陈述司法解释》第3条规定的适用范围排除情形。各被告认为本案增发对象具有特定性，具有完全自主性，原告应依据定增协议另行救济权利的抗辩理由不成立，本院不予支持。

评析

本案是新三板市场定向增发虚假陈述投资者胜诉第一案，在全国范围内具有典型意义。本案的特殊之处在于，投资者通过股转系统定向增发的方式取得股东身份，但因定向增发不具有公开性，本案是否属于证券虚假陈述案件，能否适用当时2003年《虚假陈述司法解释》，存在争议。上市公司非公开发行股票一般又被称为一级半市场，与一级市场证券发行市场和二级市场证券交易市场既有区别又有联系，虽未被《虚假陈述司法解释》明确列举，但非公开发行股票亦是在证券交易所进行交易，属于司法解释规定的“国家批准设立的其他证券市场”，是法条列举的应当适用的正面情形。

值得一提的是，新三板市场的定向增发与主板市场的非公开发行股票还存在差异。在主板市场，非公开发行股票应当遵循一系列规则，与市场交易价格的关联度更高：根据二级市场交易价格的90%定价，按照“价格优先、时间优先”原则进行撮合，存在12个月限售期，《认购邀约书》《申购报价单》《股份认购合同》等交易条款和条件均由发行人在向证监会提交发行申请文件时一并确定等。而新三板市场定向增发时当事人的自主性更强，由双方协商确定协议条款、增发价格，其形式和实质均更接近于协议转让。因此，本案在2022年《虚假陈述司法解释》规定出台前就将类似“协议转让”的新三板市场定向增发适用虚假陈述规则，有一定的超前性，符合2022年《虚假陈述司法解释》的精神。

拓展研究

证券非公开发行这一概念最早源于美国《1933年证券法》，其诞生近90年以来，已逐渐成为美国各类企业最为重要的融资手段之一，而与该等旺盛经济市场需求相匹配的稳定且等级分明的配套法律制度经过立法、司法判例等反复提炼已自成体系，发挥着保护投资者的重要作用。我国证券非公开发行市场经过几十年的蓬勃发展已具有相当规模，在监管层面，《证券法》统领下的法律法规、监管规章、规则已逐渐形成相对完备的证券非公开发行法律制度体系。当前，我国还面临应逐步改变现有的分散型非公开发行监管体制，加强对“合格投资者”认定程序要求的法律约束，进一步规范募集推介行为、强化信息披露真实准确性、给予投资者更高程度法律保护的问题。

(一)反欺诈条款在美国豁免注册发行中的适用

美国构建了以信息披露为核心的发行监管体系。公开发行的证券必须到美国证券交易委员会(United States Securities and Exchange Commission,SEC)注册。“注册的目的是使得公众投资者获取所有重要的投资信息,使得投资者,而非政府,做出相应的投资决策”。美国证监会强调,“由于信息披露虚假造成的投资者损失,法律支持其求偿权”。在《1933 年证券法》出台之前,证券初始销售给投资者是没有监管的。当时公司、合伙制企业、甚至是个人都可以销售证券,而在销售证券的文件中往往充斥着误导和不实的陈述。除此之外,在联邦以及州的层面上也没有政府机构去审核这些发售证券之前的文件。随着 1929 年的股灾,投资者对于股市的信心跌到了谷底。《1933 年证券法》要求在没有向 SEC 登记注册的情况下,任何证券是不能够销售的;此外,存在针对普通法的豁免例外条款。

美国证券非公开发行制度即肇始于《1933 年证券法》的豁免例外条款。其第 4(2)条简单规定:“第 5 条不适用于任何公开发行的发行人的交易行为”。美国国会之所以认为私募不需要注册,是因为此类交易没有适用该法的实际必要性,或者与公共利益无甚关联。利用这个豁免条款,部分证券发行人就可以把证券私售给专业投资者(sophisticated investors)或者是机构投资者(institutional investors)。这就是面向合格投资者的证券发行豁免注册。豁免注册的逻辑是合格投资者即使不通过注册制,亦有能力做出理智的投资决策。

SEC 为第 4(2)条制定了一些安全港(Safe Harbor)规则,即如果发行人遵照这样规则就可确保发行被认定为非公开发行。这些规则包括 1982 年制定的 D 条法规的第 506 条和第 502 条规则(合称规则 D),另外还有有关转售的规则 144(1972 年制定)和规则 144A(1990 年制定)。其中,第 506 条规则[①]概括了判定私募发行的四个要素:第一,人数限制。发行对象中的非获许投资者限制于

---

① 该规则全称是“无须考虑美元发行量的有限发行和销售豁免”(Exemption for Limited Offers and Sales Without Regard to Dollar Amount of Offering)。

35 名以下，而获许投资者（accredited investor）则不受限制。这里的非获许投资者指本人或其代理人要具有商务专业背景（sophisticatled purchaser or representative），不是可以任意挑选的公众。第二，不得采取任何公开发行的形式。第三，发行人要主动向非获许投资者进行信息披露。如果获许投资者要求发行人披露相关信息，发行人也有义务提供。第四，发行人要尽力确保买方不是承销商（underwriter），且所买证券不会立即转卖。如果转卖，无疑是二次发行（second distribution）。

需要特别强调的是，规则 D 只是相对于《1933 年证券法》提供了安全港，但是它并非《1933 年证券法》中有关反欺诈条款的安全港。而且事实上《1933 年证券法》中的反欺诈条款也不存在任何例外的安全港。《1933 年证券法》第 17 条涉及反欺诈行为，其中规定：任何人在发行或出售任何证券时，通过利用任何在州际贸易中的交通或通信手段或工具，或通过利用邮政手段，直接或间接从事下述活动都是违法的：（1）使用任何装备、设置或人为方法进行欺骗；（2）通过对重大事实的不真实报告或漏报在制作报告时能使报告不至被误解所必要的重大事实，以获得金钱或财产；（3）参与那些从事或将从事对购买人进行欺诈或欺骗的交易、活动或业务程序。无论发行人是采用第一种公开发行的方式还是采用第二种的安全港方式进行私售，《1933 年证券法》第 17 条都是适用的。无论是否注册，SEC 始终扮演风险提示的角色，卖者需要做到尽责的信息披露，买者在此基础上做出风险自负的投资决策。

（二）我国证券非公开发行法律制度的现状

我国《证券法》没有对“发行”一词进行定义，根据一般的理解，“发行”是指发行人以筹集资金为目的向投资者出售代表一定权利的有价证券的活动。① 按照证券的发行对象来区分，发行可以分为公开发行和非公开发行。我国《证券法》规定，公开发行证券，必须符合法律、行政法规规定的条件，并依法报经国务院证券监督管理机构或者国务院授权的部门注册。法律对“公开发行”有明确

① 参见周正庆主编：《证券知识读本》，中国金融出版社 1998 年版，第 146 页。

界定,其是指具有以下情形之一的发行行为:(1)向不特定对象发行证券;(2)向特定对象发行证券累计超过200人,但依法实施员工持股计划的员工人数不计算在内。《证券法》并未规定何为“非公开发行”,但规定非公开发行证券,不得采用广告、公开劝诱和变相公开方式。

2013年6月1日经全国人大常委会修订并公布实施后的《证券投资基金法》,首次以法律形式提出了非公开发行的概念。2014年5月8日,国务院正式发布了《关于进一步促进资本市场健康发展的若干意见》,其中首次明确将“建立合格投资者标准体系,明确各类产品私募发行的投资者适当性要求和面向同一类投资者的私募发行信息披露要求,规范募集行为”。该意见首次里程碑式地提出了针对各类不同私募产品制定统一“合格投资者标准”“信息披露”“募集行为”规则的计划,为我国首次以行政法规为证券非公开发行法律制度指明了一般规则的前进方向与愿景。

证监会随后于2014年8月21日颁布并实施配套性的《私募投资基金监督管理暂行办法》(以下简称《私募基金监督办法》),进一步明确法律标准,同时正式将原本分散零散的针对私募基金的行政管辖职权,包括私募基金管理、募集行为、登记备案手续要求等,统一集中并下放到了新组建不久的中国证券投资基金业协会。2016年4月15日,中国证券基金业协会根据《证券投资基金法》《私募基金监督办法》的有关规定,发布了《私募投资基金募集行为管理办法》(以下简称《募集行为办法》),明确定义了非公开发行行为的若干红线,如禁止飞单、团购和拆分销售私募基金等;同时明确列举了募集推介资料的必要内容以及明确禁止的推介行为及载体。

此后一段时间以来,中基协又进一步颁布了一套私募自律规则,其内容涵盖了募集行为规范、信息披露、基金合同指引、管理人内控要求等。其中,《私募投资基金信息披露管理办法》对于管理人在募集资金过程中的宣传推介措辞等进行了约束性规定,同时分别设置了月度、季度、年度披露制度。

需要特别留意的是,前述包括《证券投资基金法》《私募基金监督办法》《募集行为办法》在内的各项文件的规范范围均仅限于证券投资基金活动,并不适用于除证券投资基金份额募集之外的其他任何证券产品的非公开发行行为。只能说，暂且不论中国证券基金业协会作为行业自律组织，其制定的相关行业自律规则是否具备与部门规章或规范性文件一致的普适效力，仅就该等文件内容中反映的细节来看，我国《证券法》所理应确立的最基本的非公开发行法律制度及相应的“禁止一般性招揽原则”、信息披露规则至少在证券投资基金范畴内，已然得到了初步确立及一定程度的拓展。

二、在债券虚假陈述责任纠纷中的适用

诉讼争点

根据《证券法》第2条的规定，公司债券和政府债券均属于《证券法》调整的“证券”范围。现实中，由于政府债券（包括国债、央票、政策性金融债券、地方债、铁道债等）主要依赖于国家信用，一般不在债券虚假陈述民事责任探讨的范围之内。而我国债券市场上的“公司债券”品种也较为复杂，最主要有三类：一是中国证券监督管理委员会（以下简称中国证监会）下属的证券交易所发行的上市公司债券（包括可转债、可交换债）；二是由国家发展和改革委员会（以下简称发改委）监督管理的企业债券（发债主体为中央政府部门所属机构、国有独资企业或国有控股企业）；三是由中国人民银行管理的银行间市场的债券品种。2020年3月1日，新《证券法》实施当日，国务院在《关于贯彻实施修订后的证券法有关工作的通知》（国办发〔2020〕5号）中明确要“落实好公司债券公开发行注册制要求”，但范围只涵盖了发改委的企业债券和证监会的公司债券，并未包括其他债券品种。同年3月11日，中国人民银行、中国证监会有关负责人就债券市场支持实体经济发展有关问题答记者问，对2019年《证券法》发布后，银行间债券市场相关制度是否有变化等问题作了明确的答复。答复称，“《证券法》于2020年3月1日起开始施行。为做好修订后的《证券法》贯彻落实工作，国务院办公厅印发了《关于贯彻实施修订后的证券法有关工作的通知》。根据《通知》精神，银行间债券市场金融债券、非金融企业债务融资工具等品种的发行、

交易、登记、托管、结算等,由人民银行及其指定机构依照《中国人民银行法》等制定的现行有关规定管理”。也就是说,银行间债券市场金融债券、非金融企业债务融资工具等债券发行适用的上位法仍然是《中国人民银行法》。因此,银行间债券市场央行主管的债券品种是否适用《证券法》仍存在较大争议。本书讨论的债券虚假陈述纠纷,仅特指受《证券法》调整的证监会监管的公司债券和发改委监管下的企业债券。

根据《证券法》和《虚假陈述司法解释》,债券虚假陈述民事赔偿应适用《虚假陈述司法解释》的规定。但由于《虚假陈述司法解释》主要适用于典型的股票发行交易,且以集合竞价交易方式为显著特征,而债券与股票既有共通性,也有差异性,因此《虚假陈述司法解释》在债券虚假陈述责任纠纷中是否全面适用,以及它与最高人民法院于2020年7月15日发布的《债券座谈会纪要》之间应如何衔接适用,实践中存在争议,主要有两种观点。

第一种观点认为,《虚假陈述司法解释》并未明确提及“债券”,根据债券的特殊性,债券虚假陈述责任纠纷仍应适用《债券座谈会纪要》的规定。

2022年《虚假陈述司法解释》主要是针对股票市场为模型构造的规则,未特别提及“债券”。债券虽为证券的一种,但有其本身的特殊性,无法适用《虚假陈述司法解释》的部分条款。根据特殊法优于一般法的规则,有关债券虚假陈述责任纠纷的案件仍应当专门适用《债券座谈会纪要》的规定。

第二种观点认为,债券虚假陈述责任纠纷中应原则上适用《虚假陈述司法解释》,但也需根据债券发行和交易的实际特征排除或选择适用部分条款,《债券座谈会纪要》仍有适用空间。

债券属于证券的一种,《虚假陈述司法解释》适用于全部的证券类型。根据新法优于旧法的原则,债券虚假陈述责任纠纷原则上均应适用2022年《虚假陈述司法解释》规定。《债券座谈会纪要》确立了较为明确的债券违约处置规则体系,其中也涉及债券虚假陈述的内容。根据债券发行和交易的实际特征,2022年《虚假陈述司法解释》中与债券不相匹配的部分条款可以排除或选择适用,《债券座谈会纪要》仍有适用空间。

裁判指引

本书同意第二种观点。《虚假陈述司法解释》应统一适用于《证券法》规定的全部证券种类，其中包括公司债券。《虚假陈述司法解释》是最高人民法院发布的司法解释，在效力上要高于《债券座谈会纪要》。同时，根据新法优于旧法的原则，《债券座谈会纪要》与2022年《虚假陈述司法解释》不一致的，应当以2022年《虚假陈述司法解释》为准。具体而言：

首先，2022年《虚假陈述司法解释》中关于立案管辖、虚假陈述行为认定、责任主体、过错认定、诉讼时效等规则在债券虚假陈述责任纠纷中应全面适用。这些方面股票和债券是通用的，侵权责任构成要件整体上也并无差别，应予以适用。

其次，债券交易活动的法律性质、投资风险与目的、交易方式、取得回报方式等方面与股票存在差异，在《虚假陈述司法解释》以股票市场为模型构造的规则中，有部分内容可能并不适用于债券。因此，对于债券虚假陈述责任纠纷，《虚假陈述司法解释》并不能完全替代《债券座谈会纪要》。例如，在重大性及交易因果关系的认定上，应充分考虑到债券信息披露和交易的特征。债券虚假陈述主要发生在债券发行阶段，我国现有债券监管尽职调查规则也基本是以发行人的偿债能力作为基础判断标准。同时，根据当前各交易所规则，债券交易存在匹配成交、协商成交、点击成交、询价成交和竞价成交等多种方式，因此，债券虚假陈述信息重大性应更倾向于主观实质判断标准，核心是有关信息可能实质影响投资者对发行人偿债能力的判断。而《虚假陈述司法解释》确立的以量价敏感性为核心的客观标准可能难以直接套用在债券虚假陈述纠纷中。

另外，在损失因果关系和损失计算上，应逐步探索适合债券虚假陈述的认定标准。根据《虚假陈述司法解释》的规定，人民法院应当查明虚假陈述与原告损失之间的因果关系，以及导致原告损失的其他原因等案件基本事实确定赔偿责任范围，而债券虚假陈述中投资者的损失往往与债券违约、发行人破产等造成的损失交织在一起，损失因果关系需查明。在债券虚假陈述的损失计算上，《虚假陈述司法解释》强调了损失填平原则，明确信息披露义务人民事赔偿责任的范围以原告因虚假陈述而实际发生的损失为限，但未就债券虚假陈述的损失计算进行具体规定。《债券座谈会纪要》统筹考虑了债券欺诈发行和债券虚假陈述两种情况下债券认购人和二级市场投资者的损失计算方法，实践中应以《虚假陈述司法解释》为原则，参考《债券座谈会纪要》的规定，区分债券虚假陈述的不同情形确定相适应的计算方法。

相关规定

《证券法》

第二条　在中华人民共和国境内，股票、公司债券、存托凭证和国务院依法认定的其他证券的发行和交易，适用本法；本法未规定的，适用《中华人民共和国公司法》和其他法律、行政法规的规定。

政府债券、证券投资基金份额的上市交易，适用本法；其他法律、行政法规另有规定的，适用其规定。

资产支持证券、资产管理产品发行、交易的管理办法，由国务院依照本法的原则规定。

……

2022年《虚假陈述司法解释》

第二十四条　发行人在证券发行市场虚假陈述，导致原告损失的，原告有权请求按照本规定第二十五条的规定赔偿损失。

第二十五条　信息披露义务人在证券交易市场承担民事赔偿责任的范围，以原告因虚假陈述而实际发生的损失为限。原告实际损失包括投资差额损失、投资差额损失部分的佣金和印花税。

典型案例

罗某诉广东海印集团股份有限公司
证券虚假陈述责任纠纷案

广东省广州市中级人民法院(2020)粤01民初14号

案情介绍

被告广东海印集团股份有限公司系深圳市证券交易所上市公司，股票简称为海印股份（A股），证券代码为000861（A股），债券简称为海印转债，债券代码为127003。2019年6月12日，被告对外发布《关于签署〈合作合同〉的公告》（公告编号：2019－54号，以下简称54号公告）。

2019年6月24日，被告收到中国证券监督管理委员会广东监管局下发的《行政监管措施决定书》（〔2019〕39号），载明被告发布的54号公告披露被告拟与许某某及今珠公司合作开展用于防治非洲猪瘟的今珠多糖注射液产业化运营的相关事项，经查，被告存在以下问题：(1)对许某某及其研究团队拥有相关专利技术的披露不准确……54号公告披露"许某某教授及其研究团队对非洲猪瘟的预防取得一定的研究成果，并拥有相关专利技术"，与实际情况不符。(2)对今珠多糖注射液属于疫苗的披露不准确。被告于2019年6月17日发布的《关于签署〈合作合同〉的进展公告》（公告编号：2019－56号）披露，今珠多糖注射液为兽用制剂，并非疫苗。54号公告中披露"为'非洲猪瘟'防治疫苗的投产做准备"，与实际情况不符。(3)对支付履约保证金情况的披露不准确。被告于2019年6月11日签署了合作合同，而被告于2019年6月6日向今珠公司支付了2000万元履约保证金，即支付履约保证金的时间早于合作合同签订日。但54号公告披露"在合同签订后，公司拟根据合同约定为许某某教授及其研究团队提供10,000万元人民币作为履约保证金"，与实际情况不符。(4)未披露《合作合同》重要条款……(5)对今珠公司股权结构的披露前后矛盾……(6)对今珠多糖注射液预防有效率的披露缺乏相关依据。截至2019年6月20日，被告尚未取得关于今珠多糖注射液对非洲猪瘟不低于92%预防有效率的相关实验结果等支撑性资料或相关部门出具的证明材料……经查,被告在公告披露前未对上述情况开展充分有效的可行性论证和尽职调查,未对相关事项的合理性和可实现性等进行研究分析,不能保证相关信息披露的准确性。

2019 年 7 月 26 日,被告收到中国证券监督管理委员会调查通知书(编号:粤证调查通字 190135 号),载明因被告涉嫌信息披露违法违规,根据《证券法》的有关规定,中国证券监督管理委员会决定对被告立案调查。

2019 年 8 月 8 日,被告及相关人员收到中国证券监督管理委员会广东监管局下发的《行政处罚事先告知书》(广东证监处罚字〔2019〕11 号)。

2019 年 8 月 12 日,被告及相关人员收到中国证券监督管理委员会广东监管局下发的《行政处罚决定书》(〔2019〕9 号),载明被告为合作开展用于防治非洲猪瘟的今珠多糖注射液的产业化运营一事,被告与许某某、今珠公司于 2019 年 6 月 11 日签署合作合同,于 2019 年 6 月 12 日发布 54 号公告,披露了合同签署情况、合同方介绍、合作协议主要内容、本次合作对被告的影响以及风险提示等,相关信息存在虚假记载、误导性陈述或者重大遗漏。中国证券监督管理委员会广东监管局认为被告及相关当事人的行为,违反了《证券法》第 63 条、第 68 条的有关规定,构成《证券法》第 193 条所述的信息披露违法行为。对上述违法行为直接负责的主管人员为被告董事长邵某明、董事兼总裁邵某佳、董事兼董事会秘书潘某亦予以处罚。2019 年 8 月 13 日,被告发布《关于收到中国证券监督管理委员会广东监管局行政处罚决定书的公告》。

2019 年 6 月 12 日,21 经济网发表《槟榔专家研发非洲猪瘟"神药"真假不明海印股份 9 亿收购放手一搏》一文;后第一财经网连续发表《海南农业农村厅称研制出预防非瘟注射剂,海印股份亦宣布巨资介入》等 3 篇文章。其他媒体也有多篇相关文章发表。原告于 2019 年 6 月 12 日和 13 日买入海印转债共计 17,000 张,买入金额共计 1,975,417.54 元;于 2019 年 6 月 14 日卖出 15,630 张,卖出金额共计 1,589,713.35 元;于 2019 年 7 月 12 日和 7 月 16 日卖出共计 1370 张,卖出金额共计 139,685.48 元。海印转债收盘价 2019 年 6 月 14 日下跌 6.17%。海印股份收盘价 2019 年 6 月 14 日下跌 9.88%,6 月 17 日下跌 4.65%,6 月 18 日下跌 4.88%。自 2019 年 6 月 14 日起,海印转债累计成交量至2019年6月25日达到可流通部分的100%。自2019年6月14日至25日的交易日，海印转债收盘价平均价为103.738元。

庭审中，双方均确认证券虚假陈述行为的实施日为2019年6月12日。对于证券虚假陈述的揭露日和基准日，原告认为揭露日为2019年6月25日、基准日为2019年9月19日，被告则认为揭露日为2019年6月14日、基准日为2019年6月25日。

法院裁判

法院认为，根据规定，虚假陈述揭露日，是指虚假陈述在全国范围发行或者播放的报刊、电台、电视台等媒体上，首次被公开揭露之日。原告主张揭露日为2019年6月25日，被告主张揭露日为2019年6月14日，因此本案需要审查的是虚假陈述是否已于2019年6月14日被市场所知悉和了解。本案的虚假陈述行为是指被告发布的54号公告，该公告披露了被告拟与许某某及今珠公司合作开展用于防治非洲猪瘟的今珠多糖注射液产业化运营的相关事项。54号公告之所以引起社会广泛关注和市场重大反应，在于公告披露的主要内容为合作运营的产品是防治非洲猪瘟的今珠多糖注射液，大量的媒体报道亦聚焦于此，所对应的行政处罚决定书的违法事实包括第1、4、5项。权威媒体已于6月14日之前具体明确指出今珠多糖注射液不具有专利，不是疫苗，有效防治非洲猪瘟缺乏依据。在产品已存在虚假的情况下，就该产品的合作及因产品所带来的业绩增长，自然不足为信。因此，至6月14日，权威媒体已经揭露被告发布的54号公告存在虚假陈述，且所揭露的内容是虚假陈述的基础和核心。上述揭露信息，足以对理性投资者产生警示作用，促使其重新判断股票价值、注意证券市场投资风险。而从交易市场的反应来看，案涉证券于6月14日至18日连续大幅下跌，证明揭露信息已对证券市场产生了实质性影响。虚假陈述被市场所知悉、了解，其精确程度并不以“镜像规则”为必要，不要求达到全面、完整、准确的程度。原则上，只要交易市场对监管部门立案调查、权威媒体刊载的揭露文章等信息存在明显的反应，对一方主张市场已经知悉虚假陈述的抗辩，人民法院依法予以支持。综上所述，被告主张揭露日为2019年6月14日的理据充分，予以采纳。自2019

年6月14日起,海印转债累计成交量至2019年6月25日达到可流通部分的100%,故2019年6月25日为基准日。

关于投资差额损失,揭露日至基准日期间海印转债收盘价平均价为103.738元。原告于2019年6月12日和13日买入海印转债共计17,000张均在可赔偿范围,其中2019年6月14日卖出的15,630张的差额损失应按上述第31条的规定计算为226,509.96元,于2019年7月12日和7月16日卖出的共计1370张的差额损失应按上述第32条的规定计算为17,074.31元。因此,投资差额损失应为243,584.27元。关于佣金和利息损失。原告主张的佣金12.3元,符合按其交易的佣金比例计算的损资差额损失部分的佣金,予以认定。上述投资差额损失及佣金的利息,自买入至卖出证券日或者基准日,按银行同期活期存款利率即0.35%计算为8.77元。据此判决:被告广东海印集团股份有限公司赔偿原告罗峰投资差额、佣金、利息损失合计243,605.34元。

评析

本案所涉公司债券是在深圳证券交易所公开发行的可转换债,此类债券与对应的股票高度关联。本案原告系二级市场投资债券受损的投资者,其投资债券的交易方式和损失原理与股票并无二致。本案全面适用了2003年《虚假陈述司法解释》,在债券虚假陈述行为认定、三日一价的确定、重大性及交易因果关系、损失计算等方面均与股票虚假陈述案件的认定保持了一致,为《虚假陈述司法解释》条文在此类债券虚假陈述责任纠纷的运用作出了示范。

王某诉五洋建设集团股份有限公司、陈某甲等证券虚假陈述责任纠纷案

一审:浙江省杭州市中级人民法院(2020)浙01民初1691号

二审:浙江省高级人民法院(2021)浙民终515号

案情介绍

2015年8月10日,五洋建设集团股份有限公司(以下简称五洋建设)发布

《公开发行2015年公司债券(第一期)募集说明书(面向合格投资者)》发行债券。第一期债券证券简称15五洋债,实际发行规模为8亿元,最终票面利率为7.48%;第二期债券证券简称15五洋02,实际发行规模为5.6亿元,最终票面利率为7.8%;以上两期债券发行价格均为每张100元。起息日为2015年8月14日,付息日为2016年至2018年每年的8月14日。募集资金用于偿还银行贷款以及补充营运资金。

2016年4月27日,上海证券交易所对五洋建设作出纪律处分决定书〔2016〕23号,对五洋建设予以通报批评:五洋建设在本次债券存续过程中,存在募集资金使用管理不规范,募集资金专户管理不到位的违规行为。公司在实际收到募集资金后,将其中的10.48亿元划往非关联公司浙江国通物资有限公司进行过账,之后上述款项中的3.58亿元和4.01亿元先后划入公司实际控制人陈某甲控制的企业五洋控股有限公司的银行账户。此外,五洋建设还存在募集说明书中未决诉讼披露不完整的问题。

2016年7月6日,浙江证监局因五洋建设公司债券募集资金实际使用情况与募集说明书不一致,对受托管理人德邦证券出具警示函。

2017年8月11日,五洋建设发布《关于收到中国证券监督管理委员会调查通知书的公告》,称因公司涉嫌违反证券法律法规,中国证监会决定进行立案调查,15五洋债、15五洋02债券于当日停牌。

2017年8月14日,五洋建设发布《关于15五洋债无法按时兑付本息的公告》,宣布五洋建设不能于2017年8月14日按期足额支付利息及回售款项,本期债券构成违约。2018年1月19日,五洋建设发布公告称,五洋建设涉嫌主要违法事实如下:(1)以虚假申报文件骗取公开发行公司债券核准。2012~2014年年度财务报表违反会计准则,通过虚减企业应收账款和应付账款,少计提坏账准备、多计利润。(2)非公开发行公司债券披露的文件存在虚假记载。(3)2018年7月6日,中国证监会〔2018〕54号行政处罚决定书对五洋建设、陈某甲作出处罚。

2019年1月22日,中国证监会〔2019〕6号行政处罚决定书对大信会计作出处罚,认定:五洋建设应收账款与应付账款对抵的处理对其财务报表相关科目的影响金额远远超出了大信会计2013年及2014年财务报表整体层面实际执行的重要性水平，而大信会计在未获取充分、适当的审计证据加以验证的前提下，即认可了五洋建设关于应收账款和应付账款对抵的账务处理。此外，大信会计在得知审计报告用于五洋建设发债目的时，未按照其制定的《审计业务项目分类管理暂行办法》(2013年)的规定将该项目风险级别从C类调整为风险程度更高的B类并追加相应的审计程序。大信会计在审计时未获取充分、适当的审计证据，为五洋建设出具了标准无保留意见的审计报告，出具的审计报告存在虚假记载。

2015年5月7日，五洋建设和锦天城律所签订聘请律师合同，约定五洋建设因发行2015年度公司债事宜，委托锦天城律所作为发行人律师出具法律意见书。锦天城律所未受到行政处罚或其他措施。

各原告自2015年9月10日始分别陆续买卖、持有15五洋债、15五洋02债券，截至起诉时各原告尚持债券本金，情况附表略。

2017年9月4日，德邦证券代表包括原告朱某某等61人在内的部分15五洋债、15五洋02债券持有人向上海国际经济贸易仲裁委员会(上海国际仲裁中心)申请仲裁。2018年1月19日，上海国际经济贸易仲裁委员会(上海国际仲裁中心)作出(2018)沪贸仲裁字第017号、(2018)沪贸仲裁字第018号裁决书，裁决五洋建设向部分15五洋债持有人兑付其所持已回售债券的本金，支付其所持本期债券的第2年的利息及逾期利息。浙江省绍兴市中级人民法院于2018年12月3日立案受理五洋建设的破产重整案并指定了管理人，后该案指定上虞区人民法院审理。原告叶某某、陈某乙等354人向五洋建设的破产管理人申报了债权并得到确认(具体金额见附件略)。原告王某、孔某某等96人在本案中为实现债权支出了律师代理费，其中诉讼代表人王某支出2500元，孔某某支出4167元，叶某某支出300,000元，陈某乙支出10,000元。

法院裁判

发行人、发行人的实际控制人以及债券承销机构、会计师事务所、律师事务所、信用评级机构等中介机构违反证券法律规定，在证券发行或者交易过程中，对重大事件作出违背事实真相的虚假记载、误导性陈述，或者在披露信息时发生重大遗漏、不正当披露信息，导致投资者产生损失的，应当对投资者的损失承担相应赔偿责任。本案中，原告是15五洋债、15五洋02债券的投资者，向各被告主张证券虚假陈述赔偿责任。

第一，关于部分已获得仲裁裁决、已获得破产债权确认的原告主体是否适格的问题。部分原告已就债券违约事实向仲裁机构申请仲裁并获得生效裁决，部分原告已就债券违约损失向五洋建设破产管理人申报债权并获得确认。该两部分原告与五洋建设之间的还本付息债权债务关系已经法定程序得以认定，故对于该两部分原告，应驳回其对五洋建设的起诉。至于该两部分原告与陈某甲、德邦证券、大信会计、锦天城律所、大公国际之间的争议因并未得到有效法律文书的确认，原告仍有权向本院提起本案诉讼。

第二，关于债券发行人五洋建设是否构成侵权应承担赔偿责任的问题。五洋建设于2015年8月和2015年9月分别公开发行15五洋债债券8亿元、15五洋02债券5.6亿元，共计13.6亿元。根据查明的事实，五洋建设在编制用于公开发行公司债券的2012～2014年年度财务报表时，违反会计准则，通过将所承建工程项目应收账款和应付款项对抵的方式，同时虚减企业应收账款和应付账款，导致上述年度少计提坏账准备、多计利润，其自身最近3年平均利润不足以支付公司债券一年利息，并不具备发行条件。五洋建设作为发行人，不符合发行条件，以虚假财务数据骗取债券公开发行核准，已构成欺诈发行；其行为误导原告在一级市场购入债券，导致原告在债券到期后未能获得本息兑付而产生损失。五洋建设应就其欺诈发行行为对从一级市场购入债券的原告承担赔偿责任。鉴于五洋建设于2018年12月3日经人民法院裁定进入破产重整程序，就原告基于上述赔偿责任对其所享有的债权，予以确认。

第三，关于陈某甲的民事责任问题。陈某甲系五洋建设的法定代表人、实际控制人，对公司的经营情况、利润水平以及利润产生方式应当知晓。陈某甲在公司报表利润与实际情况存在重大差异的情况下，在相关募集文件上签字确认，积极推进公司债券的发行，且未能证明自己没有过错，根据2014年《证券法》第69条及《会计法》第4条单位负责人对本单位的会计工作和会计资料的真实性、完整性负责之规定,应当与五洋建设承担连带赔偿责任。

第四,关于德邦证券的民事责任问题。(略)

第五,关于大信会计的民事责任问题。大信会计为用于15五洋债、15五洋02债券公开发行的五洋建设2012年至2014年年度财务报表出具审计报告。大信会计在未获取充分、适当的审计证据加以验证的前提下,认可五洋建设关于应收账款和应付账款对抵的账务处理,为五洋建设2012年至2014年年度财务报表出具了标准无保留意见的审计报告;在得知审计报告用于五洋建设发债目的时,未按照其已有工作方案,将该项目的风险级别从C类调整为风险程度更高的B类并追加相应的审计程序。以上行为均表明,大信会计作为审计机构出具存在虚假记载的审计报告,未勤勉尽职,对15五洋债、15五洋02债券得以发行、交易存在重大过错。根据2014年《证券法》第173条的规定应当与五洋建设承担连带赔偿责任。

第六,关于锦天城律所、大公国际的民事责任问题。(略)

第七,关于原告损失的范围和计算方式。因原告投资损失由五洋建设欺诈发行、虚假陈述所导致,故对原告依法享有的五洋建设作为破产重整企业应付到期本息及逾期利息之债权,杭州市中级人民法院予以确认。截至目前,各原告共持有15五洋债债券本金351,358,300元,15五洋02债券本金276,596,000元(各原告尚持债券情况见附件略)。

鉴于原告叶某某、陈某乙等已就债券违约事实向仲裁机构申请仲裁并获得生效裁决,或已向破产管理人申报债权并获得确认,故该部分原告投资损失金额应以仲裁裁决确认的计算金额或破产申报债权确认的债权金额为限。对于未经仲裁裁决确认或破产申报确认的原告,其投资损失金额应计为:15五洋债、15五洋02债券本金;15五洋债债券按票面利率7.48%自2016年8月14日计至2017年8月14日的期内利息;15五洋02债券按票面利率7.8%,自2016年9月11日计至2017年8月22日的期内利息;15五洋债债券自2017年8月15日起、15五洋02债券自2017年8月23日起,以未付期内本息为基数,按募集说明书载明的票面利率计算的逾期利息。考虑到五洋建设已进入破产重整程序,故逾期利息应计算至2018年12月2日。对于原告主张的为实现债权而支出的合理费用，杭州市中级人民法院就各原告律师费实际支出情况予以审理查明后酌情确认为每人2000元。

另外，由于公司债券是公司向债券持有人出具的债务凭证，属于有价证券。在发行人向债券持有人承担赔偿责任后，债券持有人负有向发行人承担交回债券的义务，发行人也有依据生效法律文书申请债券登记结算机构注销该债券的权利，故原告应向五洋建设交回案涉债券。

德邦证券主张于2016年4月27日后买入债券的原告，自身对损失的发生存在过错。杭州市中级人民法院认为，根据上海证券交易所2016年4月27日对五洋建设作出的纪律处分决定，五洋建设存在募集资金使用管理不规范、募集资金专户管理不到位等违规行为。但上述违规行为和原告投资债券产生损失之间并无直接因果关系，也无在案有效证据证明原告的损失部分由与虚假陈述行为无关的其他因素造成，对于德邦证券要求减轻赔偿责任的抗辩意见不予采信。

证券市场的健康发展依托于市场主体的诚信建设，切实而严肃地践行信息披露制度是证券市场健康繁荣的根本保证，也是投资者在充分了解真实情况的基础上自行作出交易判断、承担交易风险的前提。虚假陈述是证券市场的传统痼疾，不仅直接损害投资者的利益，更对公平公开的投资环境造成极大的破坏。让破坏者付出破坏的代价，让装睡的看门人不敢装睡，是司法审判对证券市场虚假陈述行为的基本态度。本案中，发行人财务造假骗取债券发行资格，承销商与中介机构不勤勉尽责履职不当，严重损害市场信用，扰乱市场秩序，侵犯了广大投资者的合法权益。信息披露不实者、怠于勤勉履职者均应付出违法违规的成本，对投资者的损失予以赔偿。综上，判决：(1)驳回叶某某、陈某乙等原告对五洋建设集团股份有限公司的起诉。(2)确认王某、孔某某等原告对五洋建设集团股份有限公司享有总计246,870,287.25元债权(具体金额见附件略)。王某等原告于本判决生效之日起10日内向五洋建设集团股份有限公司交回债券，五洋建设集团股份有限公司可依据生效法律文书申请债券登记结算机构注销王某等原告所持有的债券。(3)陈某甲、德邦证券股份有限公司、大信会计师事务所(特殊普通合伙)就五洋建设集团股份有限公司对叶某某、陈某乙等原告的总计494,303,965.14元债务本息承担连带赔偿责任(具体金额见附件略)；对五洋建设集团股份有限公司的上述第二项债务承担连带赔偿责任。(4)上海市锦天城律师事务所(特殊普通合伙)就五洋建设集团股份有限公司对叶某某、陈某乙等原告的总计494,303,965.14元债务本息在5%范围内承担连带赔偿责任(具体金额见附件略);对五洋建设集团股份有限公司的上述第二项债务在5%范围内承担连带赔偿责任。(5)大公国际资信评估有限公司就五洋建设集团股份有限公司对叶某某、陈某乙等原告的总计494,303,965.14元债务本息在10%范围内承担连带赔偿责任(具体金额见附件略);对五洋建设集团股份有限公司的上述第二项债务在10%范围内承担连带赔偿责任;上述第三、四、五项各被告应承担的连带赔偿责任于本判决生效之日起10日内履行。(6)陈某甲、德邦证券股份有限公司、大信会计师事务所(特殊普通合伙)于本判决生效之日起10日内支付叶某某、陈某乙等原告支出的律师费110,000元(具体金额见附件略),上海市锦天城律师事务所(特殊普通合伙)在5%范围内连带负担,大公国际资信评估有限公司在10%范围内连带负担。(7)驳回原告的其他诉讼请求。

宣判后,五洋建设、陈某甲、德邦证券、大信会计、锦天城律所、大公国际提出上诉。浙江省高级人民法院于2021年9月22日作出(2021)浙民终515号民事判决,驳回上诉,维持原判。

评析

五洋债案是全国首例公司债券欺诈发行案,也是证券纠纷领域全国首例适用代表人诉讼制度审理的案件,本案实质取消前置程序,在认定发行人应对投资者债券本息损失承担赔偿责任的基础上,判令中介机构承担全部或部分连带责任。本案彰显了保护中小投资者权益、压实中介机构责任的司法政策导向,大大激发投资者的维权热情,也引发了业界高度关注和深度讨论。

就债券虚假陈述责任纠纷的角度而言,五洋债的发行人构成债券欺诈发行,判决认定认购债券的投资者的损失范围是债券本息,已就债券违约事实向仲裁机构申请仲裁并获得生效裁决,或已向破产管理人申报债权并获得确认的,驳回起诉,但仍有权向中介机构追究一定范围的本息责任。杭州市中级人民法院在债券虚假陈述损失计算方面,主要运用了《债券座谈会纪要》基于债券市场自身特点，结合债券品种属性，提出的不同于股票市场虚假陈述损失计算的思路方法。针对在一审判决作出前仍然持有债券的投资者，其虚假陈述赔偿金额分为两部分计算：一部分为期内本息，按票面利率计算，并支持了原告主张的为实现债权而支出的律师费等合理费用；另一部分为逾期利息，以未付期内本息为基数，在法院综合了发行人真实信用状态所对应的发行利率后，继续沿用募集说明书载明的票面利率计算。《债券座谈会纪要》虽然不属于司法解释，仅是最高人民法院为帮助各地法院理解及适用法律出台的司法文件，在判决中无法直接援引，但相关规定在很大程度上缓解了多年来债券市场虚假陈述损失计算"无法可依"、复用股票市场计算方式的尴尬处境。并且，五洋债案的应用，使其极具示范效应。

当然，在债券虚假陈述行为认定和损失计算方面，本案也受到了业界较多的质疑。主要在于：首先，作为虚假陈述责任纠纷，本案未对投资者索赔范围进行明确认定。五洋债虽属于欺诈发行，但对于曾在二级市场交易债券的投资者以及以非公开方式交易债券的投资者是否具有索赔资格问题，揭露日的认定仍具有重要意义。判决并未区分投资者交易债券的具体时点以确定索赔资格，统一按照债券持有人进行了认定，客观上扩大了索赔范围。其次，本案损失范围的确定并未以投资者的实际损失为限，债券虚假陈述纠纷本质是一种特殊的侵权责任纠纷，被告对原告损失的赔偿范围应遵循侵权法的"损害填平"原则，应以虚假陈述行为给原告造成的实际损失为限。本案一概判决发行人对投资者的债券本息损失承担责任，对于在二级市场低价买入的投资者，没有具体考虑原告实际买入债券的成本低于债券票面金额的情况，存在赔偿范围超出投资者实际损失的问题。最后，本案也反映出债券虚假陈述民事责任与债券违约责任边界模糊，似有让中介机构为发行人承担"担保"责任之嫌的问题。

拓展研究

2020 年施行的新《证券法》将资本市场发行的"公司债券""企业债券"全面纳入实行注册制的范围，更将债券与股票同等适用信息披露、违规处罚等证券投资者保护机制，迎来了发展的新阶段。但同时，《证券法》未将市场规模占据 1/3

强的银行间债券市场非金融企业债务融资工具纳入调整范围，随着银行间债券市场是否适用《证券法》规则的争议，统一我国目前“三足鼎立”的公司债券法制、实现两大公司债券市场互联互通成为近年来业界关注的课题。

(一)我国债券市场的发展

改革开放以来，我国债券市场在发展过程中持续取得不俗的成就。市场发展方面，总体规模跃居世界第二；债券发行品种不断创新，种类逐渐丰富；市场参与主体的类别与数量不断增加。融资功能方面，债券融资能力不断增强，在国民经济中的比重和地位快速提升。自2006年5月中国长江三峡总公司发行第一只真正意义上的无担保债券以来，随着证监会于2007年8月在沪深交易所启动“公司债券”，中国人民银行于2008年4月在银行间债券市场启动中期票据，以及发展改革委于2008年1月简化发行核准程序，允许企业发行无担保信用债券，我国正式进入了公司信用类债券发展期。同时，基于历史形成的监管分权和分业经营、分业监管的金融监管体制，我国形成了“三足鼎立”的公司债券法制和两大债券交易市场，即证监会主导的“公司债券”，发展改革委主导的企业债券，以及中国人民银行授权银行间市场交易商协会主导的中期票据的三套债券法制；“公司债券”只在沪深交易所流通，中期票据只在银行间债券市场交易，企业债券则横跨两个市场，并各自形成对应的登记托管结算体系。在《关于当前金融促进经济发展的若干意见》等一系列政策红利和市场供需双方强劲需求的共同作用下，我国公司债券从无到有，发展迅猛，几年间发展成为规模亚洲第一、世界第二的市场。

(二)债券市场统一监管与法制的问题

虽然在公司债券发展的早期，上述监管部门探索建立了相应的制度规则，为市场发展提供了初步的法律保障，但当公司债券市场逐渐走向成熟，成为资本市场重要的融资工具、固定收益产品以及金融服务实体经济的主要抓手时，违法乱象仍层出不穷，影响了债券市场的稳定发展。债券法制不统一大为降低了市场效率，增加市场参与各方的经济成本，客观上减缓了市场机制整合发行人、债券信息、交易价格、金融风险等要素形成具有可比性债券评价的速度，给及时提供有效的风险转移—处置—出清机制造成巨大障碍。[①] 另外，债券信息披露义务人的虚假陈述问题越来越受到各方关注。为公司债券发行提供评级、承销、受托管理、信用增级、会计及法律等服务的市场中介，亟须建立统一规范的操作规则及运作机制，各司其职保障债券发行和交易的信息透明。

2014年3月，“11超日债”首次打破我国债券刚性兑付，引发了对债券持有人（投资者）保护机制的重视。随着2007～2008年三类公司债券监管及相关法制的各自形成，在国家政策层面鼓励“积极发展债券市场”的利好背景下，公司债券市场获得迅猛发展，而公司债券法制统一也超越两大市场“互联互通”的简单提法，细化为“按照统一准入条件、统一信息披露标准、统一资信评估要求、统一投资者适当性制度、统一投资者保护安排的原则，加快实现债券市场的互联互通”，“五统一”迅速成为指导公司债券法制统一的最高准则。2018年11月23日，中国人民银行、证监会和发展改革委联合发布《关于进一步加强债券市场执法工作的意见》，提出“建立统一的债券市场执法机制”，这一合作在近两三年内逐步拓展到债券信用评级、债券违约处置、信息披露等领域。特别是随着2020年7月15日最高人民法院在《债券座谈会纪要》中首提“统一法律适用”，彰显公司债券主要监管者为促进公司债券法制统一的决心与努力。

（三）债券市场信息披露法律规制的统一趋势

2020年12月25日，中国人民银行、发改委、证监会联合颁布《公司信用类债券信息披露管理办法》（以下简称《信披管理办法》），将企业债券、公司债券、非金融企业债务融资工具统称为公司信用类债券，三大监管体系下的不同债券类型信息披露规则首次得以明文统一。2021年8月17日，中国人民银行、发展改革委、财政部、银保监会、证监会、外汇局联合发布《关于推动公司信用类债券市场改革开放高质量发展的指导意见》，允许发行人自主选择发行方式、具体种类和发行场所，按照公开发行、非公开发行分类趋同原则，统一公司信用类债券

① 参见洪艳蓉：《公司债券法制的统一及实现》，载《中国金融》2021年第22期。

发行和存续期间的信息披露要求。

证监会对公司信用类债券、金融债券等各类债券品种的信息披露违法、内幕交易、操纵证券市场及其他违反《证券法》的行为,统一按照《证券法》有关规定进行认定及处罚。近年来,证监会处罚的华晨集团、永煤控股及胜通集团均跨市场发行债券,同时在交易所发行公司债并在银行间市场发行非金融企业债务融资工具,对于不同市场的信息披露违规行为,证监会均按照《证券法》关于信息披露违规条文进行处罚。

在市场执法方面,发展改革委、中国人民银行、证监会于 2018 年 12 月 3 日联合发布《关于进一步加强债券市场执法工作的意见》,由证监会依法对银行间债券市场、交易所债券市场违法行为开展统一执法工作。在证监会执法过程中,有权要求债券市场自律组织、交易所及交易平台、登记托管结算机构等债券市场参与主体配合执法工作,提供相关交易记录、登记托管结算资料、信披文件等证据材料,并有权依法调取相关征信记录、社保记录、海关记录、纳税记录、工商资料、通信记录等信息。其中,以胜通集团信息披露违法违规案最为典型。在该案侦查过程中,证监会走访上下游数十家企业及人员,调取大量产销、纳税、财务资料核查比对,横跨交易所和银行间两个债券市场开展执法。

近年来,债券发行人违约案件增多。截至 2022 年 4 月底,债券市场公开违约主体累计为 193 家,其中进入破产重整程序的有 72 家。随着债券违约率不断攀升,证监会对债券市场违法违规行为查处力度加大。自 2019 年以来,证监会累计采取相关行政监管措施 152 家次,查处债券市场违法违规案件 19 件,其中涉及交易所债券市场 14 件,银行间债券市场 6 件,相关违法行为的主要表现为,通过篡改报表、虚构业务等财务造假手段粉饰公司业绩;重大信息披露存在虚假记载、重大遗漏;中介机构未勤勉尽责,风险识别、评估及应对程序不到位;未按规定使用募集资金、公司内控失范。行政处罚力度的加大,导致债券虚假陈述民事责任纠纷增多。

三、在新三板市场的适用

诉讼争点

证券虚假陈述侵权损害赔偿相关规则是否适用于全国中小企业股份转让系统(新三板市场)？这一争点涉及对证券市场及《虚假陈述司法解释》适用范围的理解。

第一种观点认为,新三板市场与主板市场存在较大差异,新三板市场的流动性比较差,交易稀疏,而且不以集合竞价方式定价成交,因此,新三板市场不存在适用推定因果关系的交易基础,证券虚假陈述相关规定不能适用于新三板市场。

第二种观点认为,新三板市场是经国务院批准,依据《证券法》设立的全国性证券交易场所,与其他主板市场法律属性具有共性,亦属于国家批准设立的公开证券交易场所,《虚假陈述司法解释》并未排除适用于新三板市场。

裁判指引

本书同意第二种观点。根据2003年《虚假陈述司法解释》第2条第2款规定,本规定所称证券市场,是指发行人向社会公开募集股份的发行市场,通过证券交易所报价系统进行证券交易的市场,证券公司代办股份转让市场以及国家批准设立的其他证券市场。2022年《虚假陈述司法解释》第1条规定,按照国务院规定设立的区域性股权市场中发生的虚假陈述侵权民事赔偿案件,可以参照适用本规定。第34条规定,证券交易场所,是指证券交易所、国务院批准的其他全国性证券交易场所。可见,《虚假陈述司法解释》并未排除适用于新三板市场。虽新三板市场开始运营时间晚于2003年《虚假陈述司法解释》公布实施日期,但根据国务院《关于全国中小企业股份转让系统有关问题的决定》(国发〔2013〕49号)(以下简称《新三板市场问题的规定》)规定,全国中小企业股份转让系统是经国务院批准,依据《证券法》设立的全国性证券交易场所,故新三板市场与其他主板市场法律属性具有共性,亦属于国家批准设立的公开证券交易场所。新三板市场仍以《证券法》及相关法律法规内容作为适用依据。《新三板市场问题的规定》表明,证监会应当比照《证券法》关于市场主体法律责任的相关规定,实施行政处罚。证监会审议通过的《非上市公众公司监督管理办法》也规定,公司及其他信息披露义务人应当按照法律、行政法规和中国证监会的规定,真实、准确、完整、及时地披露信息,不得有虚假记载、误导性陈述或者重大遗漏。公司及其他信息披露义务人未按照规定披露信息,或者披露的信息有虚假记载、误导性陈述或者重大遗漏的,依照《证券法》第193条的规定进行处罚。可见,虽新三板市场在流动性及定价机制与主板市场之间存在差异,但新三板市场在信息披露规则、法律适用依据等方面的特征与主板市场具有共性,新三板市场属于"国家批准设立的其他证券市场",难以因新三板市场流动性与主板市场存在差异等问题否定其系全国性证券交易场所之属性。故新三板市场属于《虚假陈述司法解释》所称的证券市场,新三板市场发生的虚假陈述责任纠纷案件可以适用《虚假陈述司法解释》。

相关规定

2022年《虚假陈述司法解释》

第一条 信息披露义务人在证券交易场所发行、交易证券过程中实施虚假陈述引发的侵权民事赔偿案件,适用本规定。

按照国务院规定设立的区域性股权市场中发生的虚假陈述侵权民事赔偿案件,可以参照适用本规定。

第三十四条 本规定所称证券交易场所,是指证券交易所、国务院批准的其他全国性证券交易场所。

……

典型案例

上海德骏资产管理有限公司诉北京兴华会计师事务所（特殊普通合伙）、海通证券股份有限公司、中兴财光华会计师事务所（特殊普通合伙）证券虚假陈述纠纷案

上海金融法院(2018)沪74民初125号

案情介绍

2015年8月，上海德骏资产管理有限公司（以下简称德骏公司）向新绿公司支付6,303,159元投资款。兴华会计师事务所提供审计服务，海通证券公司出具推荐报告，新绿公司于2015年11月获新三板市场挂牌许可。2016年6月，新绿公司更换中兴财光华会计师事务所为其提供审计服务。同年，新绿公司被证监会立案调查。2018年4月18日，德骏公司卖出新绿公司股票，得款185,406.16元。2019年6月11日，证监会出具《行政处罚决定书》，认定新绿公司存在披露文件虚假记载、未按规定披露大股东股权质押信息等数项违法事实。德骏公司向上海金融法院提起诉讼，请求兴华会计师事务所、中兴财光华会计师事务所和海通证券公司连带赔偿投资损失6,175,306.25元。

法院裁判

法院认为，新三板市场属于2003年《虚假陈述司法解释》所称的证券市场，新三板市场发生的虚假陈述责任纠纷可适用2003年《虚假陈述司法解释》。新绿公司未披露相关信息的行为构成诱多型虚假陈述行为。德骏公司系对新绿公司的股权投资行为，且该股权投资行为早于新绿公司新三板挂牌时间，不符合《虚假陈述司法解释》关于诱多型虚假陈述因果关系的构成要件。结合经济学分析，无论投资人卖出股票的时间是否在诱多型虚假陈述行为实施日之后，只要其买入股票系在实施日之前，该虚假陈述行为与损害后果之间不存在因果关系。因此，德骏公司主张对本案诱多型虚假陈述行为主张损害赔偿，依据不足，遂判决驳回德骏公司全部诉讼请求。

评析

本案是全国首例新三板市场虚假陈述责任纠纷，判决认定了新三板市场发生的虚假陈述责任纠纷可适用《虚假陈述司法解释》，具有一定示范和实践意义。

拓展研究

证券市场是指有价证券发行与流通以及与此相适应的组织与管理方式的总称，包括证券发行市场和流通市场。[①] 根据不同划分方法，证券市场可以有下列分类：

第一，按证券运行过程和证券市场任务不同，分为发行市场和交易市场。证券发行市场又称一级市场、初级市场，是指政府或者公司为筹集资金或募集资本，通过承销商向社会公开发行和销售债券、股票或公司债券，由投资人购买所形成的市场。证券交易市场又称二级市场，是指债券、股票发行成功后，在投资人之间形成相互转让股份或债券的市场。除了存在募集、筹集资金与股份债券转让等功能和作用不同以外，发行市场与交易市场之间还存在形式差异，表现在以下几方面：

1. 交易双方不同。发行市场交易双方是发行人和投资人，发行人又可以是政府、股份公司或者有限责任公司等。发行人一般不直接与投资人之间形成购销关系，而是与承销商签订包销协议，通过承销商及分销商向投资人发行。如果发行成功，股票或债券全部被投资人认购，则承销商扣除一定比例的发行费用后，将募集资金交给发行人。如果在一定期间内，股票或债券没有全部发行出去，则承销商根据协议或退还发行人剩余股票或债券，或者所剩余额由承销商自行认购。在发行市场通过认购，取得股份或者债券的投资人，又称为原始投资人。交易市场的双方均为投资人，即原始取得股份或者债券的投资人，将其股份或债券在交易市场出售给其他投资人。

---

① 参见陈共、周升业、吴晓求主编：《证券市场基础知识》，中国人民大学出版社 1998 年版，第 12 页。

2. 交易价格不同。发行市场股票或者债券价格是固定的，它根据公司股份的价值或筹集资金用途的收益等，按一定比例溢价确定发行价格，任何投资人只要认购成功，即付出相同的认购价格。交易市场的价格则是根据供求关系引起的市场价格波动而随时发生变化，投资人在交易市场获取股票或债券的价格完全相同。

3. 交易数量不同。为了容易计算和顺利发行，在发行市场股票或债券交易的数量一般设定下限和上限，并且只能是整数的倍数。虽然交易市场交易股票或债券也设定了下限和整数的倍数，但相对于发行市场灵活得多，一是没有上限，二是可以零售。

4. 交易方式不同。场内发行市场是通过申购配号和摇号中签、缴纳认购款的方式完成交易。场内交易市场则通过集合竞价、挂牌交易方式而完成。

第二，证券市场按组织形式不同，分为场内市场和场外市场。场内市场是指证券交易所，即依法设立的证券发行与交场所。场外市场则指证券交易所以外的为证券交易提供条件的场所，包括证券公司代办股份转让市场的柜台市场以及其他交易系统。我国内地场内市场是指上海证券交易所、深圳证券交易所、北京证券交易所，而场外市场目前有券商提供代办股份转让的柜台市场等。2002年12月30日，中国证券业协会发布了《证券公司从事代办股份转让主办券商业务资格管理办法（试行）》。为方便投资人转让退市公司股份，适当增加主办券商数量，选取年度净资产与净资本之和排序在前的申请人，给予从事代办股份转让主办券商业务资格。《虚假陈述司法解释》所指的证券市场不限于两个证券交易所，只要是依法设立的证券市场，包括券商代办股份转让的柜台市场等，均在该司法解释所指证券市场范畴。

此外，按发行和交易证券的性质不同，分为股票市场、债券市场、基金市场等。投资人在证券市场投资股票（A股、B股）、债券或者基金等投资品种过程中，受到虚假陈述侵害发生损失，有权依据《虚假陈述司法解释》提起诉讼。

第五章

证券虚假陈述行为的认定

上市公司、证券公司以及有关的中介机构等信息披露义务人须及时、完整、准确地披露信息,这是《证券法》等法律、法规规定的义务,不适当履行这一法定义务,将构成虚假陈述行为,责任人因此须承担相应的法律责任。近年来,证监会发布了大量的部门规章,并以标准格式的形式对于上市公司应予披露的重大信息加以规范,已经大致形成了信息披露规范的基本体系。就证券虚假陈述行为的方式而言,可分为以下几类:

一是虚假记载,是指信息披露义务人在信息披露文件中对相关财务数据进行不实记载,或者对其他相关信息作出与真实情况不符的描述。常见的是在年度、半年度和季度报告中虚构收入、利润、费用、资产减值损失等经营相关信息;虚构货币资金、经营资产、生产资产、投资资产、负债、所有者权益等资产负债相关信息;虚构生产、经营、投资活动及相关现金流、利息等信息。

二是误导性陈述,是指信息披露义务人所披露的信息在描述了部分真实情况的同时也隐瞒了与之相关的部分重要事实,或者未及时披露相关更正、确认信息,致使已经披露的信息因不完整、不准确而具有误导性。

三是重大遗漏，是指信息披露义务人违反关于信息披露的规定，对重大事件或者重要事项等应当披露的信息不予披露。常见的有未披露或未完全披露相关生产、经营、投资等活动的进展情况；未披露或未完全披露关联方及关联交易、资金占用、重大交易等事项；未披露或未完全披露股权结构变动情况、实际控制人等信息；未披露或未完全披露重大担保、重大违约、重大亏损等事项；未披露或未完全披露重大诉讼、仲裁等事项；未披露或未完全披露被有权机关立案调查、行政处罚等事项；未披露被证券交易场所等自律管理组织采取自律管理措施等事项；未披露或未完全披露其他应当披露的事项。

此外，信息披露文件中的盈利预测、业绩预报、发展规划等预测性信息与实际经营情况存在重大出入，在一定情形下，也应当认定构成误导性陈述。例如，在信息披露文件中未对影响该预测实现的重要因素进行充分的风险提示；编制该预测性信息所依据的基本假设、选用的会计政策及其他编制基础明显不合理。该预测性信息所依据的前提发生变化时，未及时履行更正义务。

根据经典的虚假陈述模型假设，虚假陈述行为影响股票价格大致可以分为三个阶段：第一，虚假陈述行为实施导致股票虚高或虚低，偏离正常价值；第二，虚假陈述行为揭露引起股票价格激烈波动，并逐渐趋向于回归真实价值；第三，异常波动逐渐被消化，股价回归到真实价值。在上述三个阶段中，出现了虚假陈述侵权赔偿司法实践中最常提及的“三日一价”，即实施日、揭露日（或更正日）、基准日和基准价格。根据《虚假陈述司法解释》的规定，虚假陈述实施日，是指信息披露义务人作出虚假陈述或者发生虚假陈述之日。虚假陈述揭露日，是指虚假陈述在具有全国性影响的报刊、电台、电视台或监管部门网站、交易场所网站、主要门户网站、行业知名的自媒体等媒体上，首次被公开揭露并为证券市场知悉之日。虚假陈述更正日，是指信息披露义务人在证券交易场所网站或者符合监管部门规定条件的媒体上，自行更正虚假陈述之日。投资差额损失计算的基准日，是指在虚假陈述揭露或更正后，为将原告应获赔偿限定在虚假陈述所造成的损失范围内，确定损失计算的合理期间而规定的截止日期。虚假陈述揭露日或更正日起至基准日期间每个交易日收盘价的平均价格，为损失计算的基准价格。

实践中,虚假陈述行为实施日、揭露日(或更正日)的认定是证券虚假陈述侵权行为因果关系构成、获赔主体与损失范围确定的前提和重要步骤。

一、预测性信息虚假陈述行为的认定

诉讼争点

2022 年《虚假陈述司法解释》从信息内容出发区分了事实性虚假陈述和预测性虚假陈述。若投资者以信息披露文件中的盈利预测、发展规划等预测性信息与实际经营情况存在重大差异为由主张发行人实施虚假陈述的,人民法院应当如何认定,是否可以支持,审判实践中主要有以下两种不同观点。

第一种观点认为,发行人无须对预测性信息与实际经营状况的差异承担民事责任。

从侵权法的角度,可能构成虚假陈述的只能是有关客观存在事实陈述,意见、看法之类的预测性陈述不能被信赖而成为虚假陈述。应允许和鼓励上市公司自愿性地披露预测性财务报表和信息,即使盈利预测、发展规划等预测性信息与实际经营情况存在重大差异,也并不代表上市公司需要对此承担民事责任。

第二种观点认为,发行人原则上无须对预测性信息与实际经营状况的差异承担民事责任,但也有例外。

发行人对预测性信息的披露虽然受到"安全港"规则的庇护,一般无须对盈利预测、发展规划与实际经营状况的重大差异负责。但仍有一定边界,发行人应对影响该预测实现的重要因素进行充分风险提示,及时更正预测性信息所依据前提的重大变化,同时预测性信息所依据的基本假设、选用的会计政策等编制基础应当具有合理性,否则,发行人不能主张免责。

裁判指引

本书同意第二种观点。我国现行法律、法规所规定的预测性信息包括发展规划与盈利预测。前者指发行人已经制定的、有一定根据且比较切实可行的发展计划与安排，包括（但不限于）发行人的生产经营发展战略、发展目标和规模、销售计划、生产经营计划、固定资产投资计划及设备更新计划、人员扩充计划、资金筹措和运用计划等。后者即盈利预测是指在对一般经济条件、营业环境、市场发行人生产经营条件和财务状况等进行合理假设的基础上，按发行人正常的发展速度，本着审慎的原则对会计年度净利润总额、盈利、市盈率等财务事项作出预计。

发行人正常的预测性信息披露，只要这是建立在合理的基础之上并且以诚实信用的方式披露或确认的，即便最终与实际经营状况不符，也不被视为虚假或误导。这体现了法律对预测性信息披露的支持与鼓励。但发行人免责也需遵循以下前提：

首先，发行人的信息披露文件须对影响该预测实现的重要因素进行充分风险提示。充分风险提示的作用在于警示，其目的在于使发行人在披露预测性陈述时使用充分的警示性语言以成功地阻断投资人的信赖，最终实现在证券欺诈诉讼中的免责。风险提示应当在披露文件中处于显而易见的位置，并且具有针对性、具体性和精确性，笼统的、空谈的、适用于所有交易的语言应被认定为风险提示不够充分。有意义的风险提示必须传递实质性的信息，揭示可能现实地导致实际结果与预测信息严重不符的因素；必须针对具体的未来预测、评估或意见而言，不能只是泛泛而谈。

其次，预测性信息所依据的基本假设、选用的会计准则须具备合理性。在年度报告中，原则上不要求公司编制新年度的利润预测。但公司若在年度报告中提供新一年度利润预测的，该利润预测必须经过具有从事证券相关业务资格的注册会计师审核并发表意见。证券监管部门也会对上市公司预测信息的实现情况进行监督，主要表现在如果公司本年度利润实现数低于预测数的一定比例时，分别要求上市公司作出公开解释或致歉或中国证监会将视情况实行事后审查，对有意出具虚假盈利预测报告误导投资人的，一经查实，依据有关法规对发行公司进行处罚；对盈利预测报告出具不当审核意见的会计师事务所和注册会计师，证监会将会予以处罚。上述处罚一旦作出必然影响民事责任的相关认定。

最后，发行人须及时更正预测性信息所依据前提的重大变化。一般而言，预测性信息的披露是自愿的。但是如果由于后来事件的发生，发现原来作出的预测已经不准确了，或者发现该预测从一开始就是错误的或是误导性的，而披露信息的人知道该预测会对人们的投资决策产生重大影响，那么发行人就存在及时更正与更新先前披露的义务。

相关规定

2022年《虚假陈述司法解释》

第六条　原告以信息披露文件中的盈利预测、发展规划等预测性信息与实际经营情况存在重大差异为由主张发行人实施虚假陈述的，人民法院不予支持，但有下列情形之一的除外：

（一）信息披露文件未对影响该预测实现的重要因素进行充分风险提示的；

（二）预测性信息所依据的基本假设、选用的会计政策等编制基础明显不合理的；

（三）预测性信息所依据的前提发生重大变化时，未及时履行更正义务的。

前款所称的重大差异，可以参照监管部门和证券交易场所的有关规定认定。

典型案例

彭某诉中安科股份有限公司等证券虚假陈述责任纠纷案

一审：上海金融法院（2019）沪74民初2509号

二审：上海市高级人民法院（2021）沪民终870号

案情介绍

中安科股份有限公司（以下简称中安科公司）系在上海证券交易所上市的公司，其公开发行的A股股票代码为600654。2019年5月31日，中安科公司发布关于收到中国证监会《行政处罚决定书》《市场禁入决定书》的公告，称公司于2019年5月30日收到证监会《行政处罚决定书》（〔2019〕44号，处罚对象为被告中安科公司、黄某、邱某某、朱某某、殷某某、蒋某某、常某）、《行政处罚决定书》(〔2019〕45 号,处罚对象为被告中安消技术公司、周某、吴某某)、《行政处罚决定书》(〔2019〕46 号,处罚对象为中恒汇志公司、涂某某)、《市场禁入决定书》(〔2019〕7 号,处罚对象为涂某某)。证监会在处罚决定书中认定:“2014 年 2 月 14 日,中安科董事会审议通过重大资产出售、发行股份购买资产并募集配套资金及关联交易议案,决定向中恒汇志发行股份,购买其持有的中安消技术 100% 股权并募集配套资金。中安消技术聘请评估机构和审计机构分别对上述股权和 2011 年至 2013 年财务会计报告进行评估和审计。4 月 25 日,相关中介机构分别出具资产评估报告和审计报告。6 月 11 日,中安科公告了包括资产评估报告和审计报告在内的重大资产重组文件。”“2013 年 11 月,中安消技术与黔西南州政府签订《黔西南教育信息化工程项目建设战略合作框架协议》,项目总金额 4.5 亿元。据此,中安消技术出具了《关于“班班通”项目业绩预测情况说明》和《盈利预测报告》,其中业绩预测说明预计 2014 年确认收入 3.42 亿元,占资产评估时所依据的中安消本部在手合同及意向合同总额约 4.7 亿元的 70%,占中安消技术本部 2014 年度预测营业收入约 5.3 亿元的 65%,占中安消技术 2014 年度预测营业收入约 13.2 亿元的 26%……2014 年 4 月至 12 月,黔西南州下辖 9 个县(市、区)中 5 个启动了‘班班通’项目招标,中安消技术参与 2 个项目投标且均未中标……中安消技术相关项目负责人称,2014 年 4 月、5 月项目沟通过程中,中安消技术无法满足部分县政府所提要求,导致无法开展相关工作。中安消技术在实际未中标任何县(市、区)工程(样板工程除外),知悉框架协议仅为合作框架协议、难以继续履行,原提供的《盈利预测报告》不真实、不准确的情况下,未及时重新编制并提供《盈利预测报告》,导致评估报告关于‘中安消技术评估值为 28.59 亿元,评估增值约为 26.91 亿元,增值率 1,597.19%’的评估结论严重失实,置入资产评估值严重虚增。”《行政处罚决定书》还记载了其他信息披露违法行为内容。

2019 年 5 月 27 日,证监会作出〔2019〕40 号《行政处罚决定书》,处罚对象为被告银信评估公司、梅某某、杨某某及案外人林某某。处罚决定书认定,银信评估公司未对“班班通”项目《框架协议》予以充分关注,未通过询问、函证、核对等方式进行调查,未保持应有的职业谨慎,没有对收益预测履行必要的分析、判断和调整程序,没有在考虑未来各种可能性及其影响的基础上合理确定评估假设,形成未来收益预测,造成收益预测值和评估值严重虚增,致使评估值不真实,进而认定银信评估公司未勤勉尽责,出具的资产评估报告存在误导性陈述。

原告认为,被告中安消技术公司《盈利预测报告》所依据的事实严重不真实,预测营收和评估值严重虚增,最终导致中安科公司披露的资产评估报告等重大重组文件存在虚假记载。中安消技术公司、中安科公司构成虚假陈述行为,应承担连带赔偿责任。

法院裁判

法院认为,根据证监会作出的《行政处罚决定书》的认定,由于"班班通"项目未中标导致预测的盈利无法实现,被告中安消技术公司的评估值存在严重虚增的情形。被告银信评估公司对于"班班通"项目的可靠性未进行充分的调查、核实、分析,致使被告中安科公司公告的重大资产重组文件存在虚假记载、误导性陈述。投资者根据涉案重大资产重组等市场信息作出投资决策,其中盈利预测、交易定价等均是投资者判断公司价值的重要因素。涉案"班班通"项目占被告中安消技术公司2014年预测营业收入的26%,构成相关评估和交易定价的重要基础,从而对中安科股票价格和投资者交易决策造成一定影响。

根据本案所涉重大资产重组发生时适用的证监会《上市公司重大资产重组管理办法》(2011年修订,证监会第73号令)第16条规定:"上市公司应当聘请独立财务顾问、律师事务所以及具有相关证券业务资格的会计师事务所等证券服务机构就重大资产重组出具意见……"证监会《上市公司并购重组财务顾问业务管理办法》(证监会第54号令)第24条规定:"……(三)涉及上市公司重大资产重组的,财务顾问应当关注重组目的、重组方案、交易定价的公允性、资产权属的清晰性、资产的完整性、重组后上市公司是否具备持续经营能力和持续盈利能力、盈利预测的可实现性、公司经营独立性、重组方是否存在利用资产重组侵害上市公司利益的问题等事项……"根据上述规定,上市公司重大资产重组过程中,独立财务顾问需对重组活动作审慎尽职调查,对上市公司申报文件的真实性、准确性、完整性进行充分核验。对于重大资产重组中交易定价的公允性、盈利预测的可实现性等事项，独立财务顾问应当予以重点关注。

结合本案事实来看，本案所涉交易系上市公司重大资产重组，独立财务顾问应当重点关注交易定价的公允性、标的公司盈利预测的可实现性等事项。案涉重大资产重组交易置入资产定价以中安消技术公司的估值为基础，采用收益法作为估值方法。在收益法下，目标公司的营业收入预测构成收益预测的核心项目，对于估值和定价结果具有决定性影响。案涉“班班通”项目的框架协议金额达4.5亿元，其中有3.42亿元计入2014年预测营业收入，占资产评估时所依据的中安消本部在手合同及意向合同总额约4.7亿元的70%，占中安消技术本部2014年度预测营业收入约5.3亿元的65%，占中安消技术2014年度预测营业收入约13.2亿元的26%。鉴于“班班通”项目对于中安消技术公司未来收益预测及资产评估具有重大影响，独立财务顾问应当将其作为审慎核查的对象予以重点关注。而“班班通”项目系政府项目，依法应当进行招投标程序，有关框架协议中也明确约定由各区县与中安消技术公司签订具体合同，因此该项目收入实现具有不确定性。但事实上，从2014年4月开始，黔西南州各市县陆续开始启动招投标，中安消技术公司均未中标。在证监会调查中，中安消技术公司相关项目负责人也表示，2014年4月、5月项目沟通过程中，中安消技术公司无法满足部分县政府所提要求，导致无法开展相关工作。本案财务顾问招商证券公司系于2014年6月10日出具《独立财务顾问报告》，在此之前如果采取一定的调查手段，如函询、访谈、现场走访、查询公开招投标信息等方式，应可发现中安消技术在已经启动的项目中并未中标的事实。从在案证据来看，招商证券公司出具《独立财务顾问报告》时，除了获取中安消技术公司提供的框架协议和当地有关政策性文件之外，并无充分证据表明对该重点项目的实际进展情况予以审慎核查。此外，从招商证券公司出具的对申请文件反馈意见的核查意见来看，后续招商证券公司已经知悉“班班通”项目的真实情况，即3.42亿元的预测营业收入当年无法实现。招商证券公司应质疑之前的评估值以及交易定价的合理性和公允性，但其在2014年12月27日更新的财务顾问报告中，仍然认可了之前的收益预测数据和评估值，未及时采取有效行为。基于上述理由，认为本案被告在预测性信息披露时存在虚假陈述，构成虚假陈述行为。

评析

本案判决在2022年《虚假陈述司法解释》出台之前，当时法律对于预测性信息虚假陈述行为尚无明确规定。但从案情和法院的说理论证中，反映出本案较为前瞻性地实践了《虚假陈述司法解释》中的具体规则。首先，重大资产重组中交易定价的公允性、盈利预测的可实现性等事项，是市场重点关注的内容，直接关系资产评估的有效性。但信息披露文件未对影响该预测实现的重要因素——“班班通”项目招标结果对预测营业收入的影响进行充分风险提示，以至于人们认为该项目的收入已经可以在营利中予以考虑。其次，本案财务顾问、会计师事务所在对盈利预测进行审计核查时，对该重点项目的实际进展情况予以审慎核查，导致预测结果明显不合理的；更重要的一点是，预测性信息所依据的前提发生重大变化时，信息披露义务人均未及时履行更正义务。在后续已经知悉“班班通”项目的真实情况，中安消技术公司实际并未获得政府项目的情况下，3.42亿元的预测营业收入当年已经确定无法实现。而在其后更新的财务顾问报告中，并未质疑之前的评估值以及交易定价的合理性和公允性，甚至在2014年12月27日仍然认可了之前的收益预测数据和评估值，未及时采取有效行为更正预测性信息。本案判决论证充分、理由翔实，其所确立的裁判规则具有较强的示范性和实践意义。

拓展研究

（一）预测性信息的意义

现代证券法领域普遍认为，信息文件中的披露前景预测的信息，对于证券市场发展具有极为重要的作用。

预测性信息（Forward Looking Information），在美国习惯上被称为“软信息”（Soft Information）。在传统证券法上，证券信息披露主要局限于“硬信息”（Hard Information）即对客观的可证实的历史性事件的表述，通常将其称作“事实”或“事件”。而预测性信息的主要特点如下：一是对未来的预测，甚至是期望；二是它通常是一种主观的评价和估计,往往缺乏现有数据能证实其陈述的准确性;三是它具有一定形容性的陈述,如“广阔的”“优质的”等。因此,预测性信息在本质上与具备客观标准的事实性陈述是不同的。

当代证券投资理论认为,证券的市场价格主要取决于证券发行人的未来业绩表现,因此,投资人经常将有关发行人的前景预测作为其投资决策的主要依据。如果预测性信息不表现在招股说明书中,大投资人与机构投资人仍然可以通过其他方式获得这些信息并从中实现经济利益,但中小投资者却没有这种能力。因此,披露预测性信息不仅是对公司信息的全面披露,而且有着平等保护中小投资者知情权之义。各国证券监管法律均逐渐采取鼓励和引导上市公司主动披露预测性信息的态度。但同时,实践中盈利预测虚假披露的情况也会相当严重,这就进一步需要完善预测性信息披露的规范制度,为其设置应有边界,引导预测性信息披露达到良好效果。

(二)美国法上预测性信息规范与安全港规则

美国对预测性信息披露的立法规制经历了一个漫长的演变过程。20 世纪 40 年代以来,SEC 是禁止披露预测性信息的。从投资人的角度看,由于早期的投资人的投资判断能力不足,自我保护能力弱,证券发行人往往利用投资人的弱点,对公司的发展前景作出夸大的陈述甚至蓄意骗取投资人的资金,给投资人造成很大伤害。当时,有许多学者对预测性信息的可靠性表示怀疑。另外,监管层也认为,这种信息在本质上是不可信赖的,而且促使无经验的投资人在作出投资决策时不恰当地依赖这种信息。

直到 20 世纪 70 年代,业界才开始意识到预测性信息披露的重要性。投资人认为,由于预测性信息提供给投资人的是关于上市公司将来的盈利情况或公司的发展前景等重要信息,更有助于投资人了解公司的发展。SEC 在 20 世纪 70 年代中期组织了对公司披露制度的研究,并提出对相关政策进行重大修改的建议,包括在某些情况下允许披露公司计划和评估性内容。在 1973 年,SEC 改变监管政策方向,准许上市公司自愿性地披露预测性财务报表,但并未作强制性的要求。1978 年,SEC 专门制定颁布了《揭示预测经营业绩指南》和《保护预测安全港规则》等有关规定,以鼓励预测性信息的披露,并最终于1979年采纳了安全港规则,为发行人进行的符合特定要求的预测性信息披露提供免责保护,以此鼓励预测性信息的披露。1979年,SEC通过第175号规则(T Rule 175)和第3B-6号规则(Rule 3B-6)[①],鼓励在SEC文件中披露预测性信息。1995年美国国会又通过了PSLRA,在一定程度上采用了判例法上的“预先警示原则”,对安全港制度进行了修正,进一步完善了对软信息的披露要求,并以之减轻预测性信息披露者的潜在诉讼风险,减少了无理由诉讼。为保证PSLRA的贯彻实施,美国国会于1998年又通过了《证券诉讼统一标准法》(Securities Litigation Uniform Standards Act,SLUSA),以防止持股人规避PSLRA,进一步完善了对善意地作出合理预测性信息披露的发行人的保护。

预测性信息安全港规则是一种法律保护制度,旨在保障正常预测性信息披露,为那些符合规定的前景预测披露行为提供保护,使之不受民事责任追究,体现了立法者对预测性信息披露的支持与鼓励。安全港规则的确立解决了证券法规章与现实市场间的矛盾。安全港规则有两个基本构成要件:一是信息披露人作出预测性信息披露的主观状态必须为善意;二是发布预测性信息时必须充分进行风险提示。

美国第九巡回法院在苹果电脑(Apple Computer)一案[②]中确定了预测性陈述三个暗含的事实性陈述:第一,发行人及其他相关人士真实地相信这种陈述;第二,他们有合理的理由相信;第三,陈述人在当时并不知晓任何未披露的可能对该陈述产生重大影响的事实。在这一要件下,发行人或其他相关人士在预测性陈述没有实现时可以免责。

关于预测性信息的风险提示是相关法律规范重点强调的内容。由于预测性信息与事实性信息存在本质不同,两者在信息披露文件中同时出现容易让投资者产生混淆,难以对潜在风险进行识别。PSLRA的立法报告中强调:“一般性的

---

① 参见廖凡:《鼓励与强制之间——美国证券法对前瞻性信息披露的规定》,载《金融法苑》2003年第3期。

② Jeanne Calderon, Rachel Kowal, *Safe Harbors: Historical and Current Approaches to Future Forecasting*, 221. Corp. L.661(1997).

警示并不足以构成有意义的警示性陈述。”有意义的警示性陈述必须传递实质性的信息，揭示可能现实导致实际结果与预测信息严重不符的因素；它必须针对具体的未来预测、评估或意见而言，不能只是泛泛而谈。

一般而言，预测性信息的披露是自愿的。但是如果由于后来事件的发生，发现原来作出的预测已经不准确了，或者发现该预测从一开始就是错误的或是误导性的，而披露信息的人知道该预测会对人们的投资决策产生重大影响，那么就存在这样一种及时更正与更新先前披露的义务。如果信息在披露的当时是正确的，但随着时间的推移，后来发生的一些事情使原来作出的预测变得有误导性了，披露人就有了一项新的义务。

（三）我国现行预测性信息披露制度的现状

在我国20世纪90年代初，中国证券监督管理部门要求初次发行股票的上市公司必须披露公司的盈利预测，并将此作为审核上市的指标之一。例如，《股票发行与交易管理暂行条例》第15条就把“经注册会计师审核并出具审核意见的公司下一年的盈利预测文件”当作招股说明书的内容之一。1993年《公司法》第137条规定，公司发行新股必须具备的条件之一是“公司预期利润率可达同期银行存款利率”，正是这一条规定使盈利预测成为必不可少的披露事项。因为强制披露盈利预测的不合理性及其带来的虚报夸大等诸种弊端，从1993年起将其改为自愿披露盈利预测的投资政策。在这种情况下，中国证监会不断修订《公开发行股票公司信息披露内容与格式准则》，如果发行人认为提供盈利预测报告将有助于投资人对发行人及投资于发行人的股票作出正确判断，且发行人确信有能力对最近的未来期间的盈利情况作出比较切合实际的预测，发行人可以披露盈利预测报告。从1996年起，新股发行定价不再以盈利预测为依据，而改为按过去3年已实现每股税后利润计算平均值为依据。

在现行制度体系下，预测性财务信息披露主要是以业绩预告、业绩快报的形式呈现。深交所为此专门制定了《主板信息披露业务备忘录第1号——定期报告披露相关事宜》《主板信息披露公告格式第15号——上市公司业绩预告及修正公告格式》《中小企业板信息披露业务备忘录第1号——业绩预告、业绩快报及其修正》《中小企业板信息披露公告格式第15号——上市公司业绩预告及修正公告格式》《创业板信息披露业务备忘录第11号——业绩预告、业绩快报及其修正公告》等相关规则，对上市公司业绩预告、业绩快报行为进行了规范。现行的披露规则是，在首次公开招股说明书中，如果发行人或其财务顾问或其承销商认为提供盈利预测数据有助于投资人对发行人所发行的股票作出正确判断，且发行人确信有能力对最近的未来期间的盈利情况作出比较切合实际的预测，则发行人可在招股说明书中提供盈利预测的数据。

监管层制定业绩预告、业绩快报的披露规则，旨在减少信息不对等造成的问题。但实践中，盈利预测与实际情况的偏差度较大。许多新发行的公司不能完成招股说明书上所作的盈利预测，有的甚至在当年就出现亏损，随之而来是预测性盈利信息是否虚假披露的问题。未来应从上市公司、投资者双方的角度出发，适当统一各板块规则、加强投资者教育、进一步完善预测性信息区间范围、适当给予上市公司灵活选择业绩预告披露时间的政策空间，同时加大惩处力度，完善安全港规则适用，进一步提高预测性财务信息制度的有效性。

二、证券虚假陈述行为实施日的认定

诉讼争点

虚假陈述行为实施日，是指信息披露义务人作出虚假陈述或者发生虚假陈述之日。司法实践中主要对“应当披露而未披露”的消极型虚假陈述行为呈连续状态并多次实施时，实施日该如何认定存在争议，主要有两种观点。

第一种观点认为，应以披露事项相对完备之时作为应当披露而未披露的时点。

消极型虚假陈述多为可能对上市公司股票价格产生较大影响的重大事项应当披露而未披露的情形，但重大事项的成立可能有一定过程。此时，有观点主张应以该重大事项基本成熟应当披露但未披露认定实施日。

第二种观点认为，信息披露以及时性为原则，认定实施日应以重大事项首次应当披露而未披露的时点为依据。

因未及时披露相关更正、确认信息构成误导性陈述，或者未及时披露重大事件或者重要事项等构成重大遗漏的，以首次应当披露相关信息期限届满后的第一个交易日为实施日。消极虚假陈述行为的实施根据其披露内容、法定期限及监管要求的不同而存在差异。对于要求“立即”披露的信息，应以“合理期限”为标准进行判断。

裁判指引

本书同意第二种观点。证券虚假陈述行为的实施从表现形式上看，分为积极的作为和消极的沉默。确定积极虚假陈述的实施日相对简单，信息披露义务人在证券交易场所的网站或者符合监管部门规定条件的媒体上公告发布具有虚假陈述内容的信息披露文件，以披露日为实施日；通过召开业绩说明会、接受新闻媒体采访等方式实施虚假陈述的，以该虚假陈述的内容在具有全国性影响的媒体上首次公布之日为实施日。信息披露文件或者相关报导内容在交易日收市后发布的，以其后的第一个交易日为实施日。但对于消极型虚假陈述行为，具体认定时还需遵循以下规则处理：

第一，信息披露应以及时为原则，消极型虚假陈述行为若呈连续状态的，或同一事实多次应当披露而未披露的，应以其首次违反信息披露义务的时点作为虚假陈述行为的实施日。

第二，消极型虚假陈述实施日的确定取决于信息披露的法定时限。义务人披露信息的期限，均有较为明确的规定，例行的信息披露如上市公司的年度报告，须在会计年度结束之日起 4 个月内公告；非例行的信息披露如可能对上市公司股票价格产生较大影响的重大事件的信息，须立即公告。因未及时披露相关更正、确认信息构成误导性陈述，或者未及时披露重大事件或者重要事项等构成重大遗漏的，以应当披露相关信息期限届满后的第一个交易日为实施日。

第三，《证券法》规定的“立即”公告，应结合监管部门制定的规章和规范性文件中要求披露时限作为参考。近年来，证监会发布了大量的部门规章，并以标准格式的形式对于上市公司应予披露的重大信息加以规范,已经大致形成了信息披露规范的基本体系。例如,《上海证券交易所股票上市规则》(2014 年修订)中规定,及时,是指自起算日起或触及本规则披露时点的两个交易日内。审判实践中可将上述规范中对"及时"的定义作为合理期限判断的重要依据。

相关规定

2022 年《虚假陈述司法解释》

第七条 虚假陈述实施日,是指信息披露义务人作出虚假陈述或者发生虚假陈述之日。

信息披露义务人在证券交易场所的网站或者符合监管部门规定条件的媒体上公告发布具有虚假陈述内容的信息披露文件,以披露日为实施日;通过召开业绩说明会、接受新闻媒体采访等方式实施虚假陈述的,以该虚假陈述的内容在具有全国性影响的媒体上首次公布之日为实施日。信息披露文件或者相关报导内容在交易日收市后发布的,以其后的第一个交易日为实施日。

因未及时披露相关更正、确认信息构成误导性陈述,或者未及时披露重大事件或者重要事项等构成重大遗漏的,以应当披露相关信息期限届满后的第一个交易日为实施日。

典型案例

黄某诉上海中毅达股份有限公司
证券虚假陈述责任纠纷案

上海金融法院(2021)沪 74 民初 1388 号

案情介绍

被告上海中毅达股份有限公司(以下简称中毅达公司)系在上交所上市的公司,其公开发行的 A 股股票代码为 600610,公开发行的 B 股股票代码为 900906。案外人大申集团原系被告的控股股东,持有被告 24.84% 的股权。案外人何某某原为大申集团的实际控制人，2016年4月，其持有大申集团50.5576%的股权。同期大申集团的其他股东包括深圳宝利盛投资管理有限公司（以下简称宝利盛公司，持股比例27.6656%）、任某某（系何某某和宝利盛公司的关联方，持股比例8.667%）等。

2016年4月14日，何某某（甲方）、宝利盛公司（乙方）、深圳市乾源资产管理有限公司（丙方，以下简称乾源公司）、上海聚赫投资管理有限公司（丁方，以下简称聚赫公司）、李某（戊方）、贵州鑫聚投资有限公司（己方，以下简称鑫聚公司）与贵州天佑睿聪企业管理有限公司（庚方，以下简称睿聪公司）签订《股权转让协议书》，约定：甲方、乙方将其持有的大申集团50.5576%、27.6656%股份中的58.2232%转让给受让方（丙方、丁方、戊方、己方和庚方）等。协议约定了具体的转让方案。

2016年4月15日，大申集团（甲方）、何某某（乙方）、宝利盛公司（丙方）、乾源公司（丁方）、聚赫公司（戊方）、李某（己方）、鑫聚公司（庚方）及睿聪公司（辛方）签订《股权转让及借款协议（一）》，约定：乙方和丙方拟将其合计持有的甲方58.2232%股权作价8061.3514万元转让给丁方、戊方、己方、庚方和辛方（合称收购方），其中乙方拟转让其持有的甲方30.5576%股权，丙方拟转让其持有的甲方27.6656%股权；任某某拟向丁方借款319,386,486元，乙方以其持有的甲方20%股权（本次股权转让完成后，乙方持有的甲方剩余股权）为任某某的借款提供质押担保。协议还约定，乙方应根据收购方拟定的名单，确保原中毅达公司的董事、监事和高管签署辞职申请书；乙丙双方应将中毅达公司的公章、公司证照、财务账册等移交给各方认可且符合任职条件的人员。

之后，大申集团、何某某、宝利盛公司与各收购方签订了《股权转让及借款协议（一）之补充协议》《股权转让及借款协议（一）之补充协议（二）》《股权转让及借款协议（一）之补充协议（三）》《股权转让及借款协议（一）之补充协议（四）》等。协议约定：聚赫公司退出收购，原拟受让股权由李某、乾源公司承接，并约定暂不办理大申集团股权过户手续。过户前，何某某、宝利盛公司将大申集团78.2232%股权按照收购方确定的比例与指定的两个主体全部办理质押手续。

2016年5月31日，何某某与深圳万盛源投资管理有限公司（以下简称万盛源公司)、贵州贵台实业有限公司(以下简称贵台公司)分别签订《股权质押合同》,将其持有的大申集团30.3346%、20.2230%的股权分别质押给两公司。2016年6月2日,何某某与万盛源公司、贵台公司分别签署不可撤销委托书,将其持有的大申集团30.5576%、20%股权对应的股东权利行使事宜,包括提议召开临时股东大会、股东提案权、股东质询权和建议权、表决权等,以不可撤销方式分别委托给万盛源公司、贵台公司。委托期限为本委托书签署之日起至何某某不持有大申集团股权之日止。

2016年5月25日,被告发布《收到上交所关于董事高管辞职事项问询函的公告》,因被告董事长兼法定代表人、副总经理董秘兼财务总监于2016年5月25日辞职,上交所要求说明公司是否存在尚未披露的重大风险事项。2016年5月26日,被告发布《关于上交所问询函的回复公告》,表示不存在尚未披露的重大风险事项。2016年8月3日,被告发布《收到上交所关于有关媒体报道事项的问询函公告》,因有媒体报道从各种迹象看,公司实控人或已发生变化,上交所要求中毅达公司说明公司控制权是否已经发生变更。2016年8月5日,被告发布回复公告,称公司控制权未发生变更。

2016年5月31日至8月3日,何某某、宝利盛公司陆续向收购方移交了大申集团营业执照、公章、相关资料等。

2017年6月7日,被告发布《收到上交所关于临时股东大会相关事项问询函的公告》,上交所要求被告说明是否存在可能导致上市公司控制权发生变更的事项。2017年6月14日,被告发布《关于延期回复上交所对公司临时股东大会相关事项问询函的公告》,表示由于控股股东大申集团尚未回复,实际控制人何某某的复函未满足回复要求,申请延期至6月20日前回复。同日,被告发布《关于媒体报道的澄清公告》,对相关媒体于2017年6月12日发布的包括中毅达公司的实控人已于2016年发生变动等报道进行了澄清。

2017年6月20日,被告发布《关于上交所对公司临时股东大会相关事项问询函的回复公告》,披露了何某某对前述《股权转让及借款协议(一)》及各份补充协议、《借款合同(二)》、《股权转让协议书》、《股权质押合同》、《不可撤销授权委托书》等协议签订过程及主要内容的回复情况。同日,被告发布《关于股票连续停牌的提示性公告》称：鉴于何某某回复的内容涉及实际控制人变更事项，相关内容须进一步核实，故申请公司股票于2017年6月20日起连续停牌。2017年7月5日，被告披露了何某某提交的上述全部协议及相关资料。同日，被告发布复牌公告。

2018年3月23日，被告发布《关于收到中国证监会调查通知书的公告》，因被告涉及信息披露违法违规，中国证监会决定对被告立案调查。2020年2月26日，上海证监局作出沪〔2020〕1号行政处罚决定书：被告未及时披露上市公司实际控制人变更事项，违反了2014年《证券法》第67条第1款、第2款第8项规定，构成了2014年《证券法》第193条第1款所述的违法行为。

原被告双方对虚假陈述行为的实施日存在争议，原告认为，应以2016年4月14日中毅达公司原股东的实际控制人何某某对外首次签订《股权转让协议书》之日作为虚假陈述实施日，因为根据上市公司信息披露的要求，签订控制人股权变更的协议即属于应当立即披露的即时性信息。中毅达公司应以其首次违反信息披露义务作为实施日。

被告中毅达公司认为，该虚假陈述的实施日应为2016年6月2日，2016年4月14日的协议系被告的原控股股东大申集团的实控人何某某将其持有的大申集团股权转让，但被告的股东、经营范围、经营活动、人事人员等基本面均未改变。从何某某处受让股权的也是资本市场的运作方，实力并不弱于何某某。收购方变更事项披露后，被告的股价并无明显变化，亦可佐证实控人变更并未对被告本身造成任何影响。而且，对于控股股东的股权变化，被告无法控制亦无从掌握真实情况，未及时披露的责任不在被告，被告也是受害方。而直到2016年6月2日何某某与万盛源公司、贵台公司分别签署不可撤销委托书，将其持有的大申集团30.5576%、20%股权对应的股东权利行使事宜，包括提议召开临时股东大会、股东提案权、股东质询权和建议权、表决权等，以不可撤销方式分别委托给万盛源公司、贵台公司，才真正构成公司控制权的转移。故实施日应当为2016年6月2日。

法院裁判

法院认为，虚假陈述实施日指作出虚假陈述或发生虚假陈述之日。本案中，关于实控人变更事宜,被告所为的系消极虚假陈述,即未能根据法律规定,在法定期限内将这一重大信息予以公告。故虚假陈述发生之日,应为该法定期限届满后的第一个交易日。被告系在上交所上市的公司,根据2014年《证券法》第67条第1款、第2款之规定:持有公司5%以上股份的股东或实际控制人,其持有股份或控制公司的情况发生较大变化,即构成可能对上市公司股票交易价格产生较大影响的重大事件,投资者尚未得知时,上市公司应立即将有关该重大事件的情况向国务院证券监督管理机构和证券交易所报送临时报告,并予公告,说明事件的起因、目前的状态和可能产生的法律后果。结合本案虚假陈述行为发生时应适用的2007年《上市公司信息披露管理办法》(中国证监会令第40号)第31条第1款"上市公司应当在最先发生的以下任一时点,及时履行重大事件的信息披露义务:……(二)有关各方就该重大事件签署意向书或协议时……",以及本案虚假陈述发生时所适用的《上海证券交易所股票上市规则》(2014年修订,以下简称《上市规则》)第7.3条第2项、第18.1条第3项、第18.3条"上市公司应在以下任一时点最先发生时,及时披露相关重大事项:……(二)有关各方就该重大事件签署意向书或协议(无论是否附加条件或期限)时……及时,指自起算日起或触及本规则披露时点的两个交易日内。本规则所称以上、以内含本数"的规定。具体到本案,何某某为被告的实际控制人,其于2016年4月14日(周四)与案外人签订《股权转让协议书》,将持有的大申集团股权进行转让的行为,显然会导致其控制公司的情况发生较大变化,依法属于2014年《证券法》第67条规定的重大事件,根据《上市规则》的相关规定,被告应在各方就该重大事件签署协议之日起2个交易日内,即至迟于2016年4月15日及时对该信息进行披露但未披露,故该项虚假陈述行为的实施日应为次交易日即2016年4月18日。

评析

本案有较强的实践意义。实践中对实施日存在争议的案件并不多,该案是典型的消极型虚假陈述,上市公司在大股东对外签订股份转让协议时,应当披露重大事项而未披露。诚然,上市公司实控人的股权转让交易是一个复杂的过程,但根据《上市公司信息披露管理办法》的要求,持有公司5%以上股份的股东或实际控制人，其持有股份或控制公司的情况发生较大变化，即构成可能对上市公司股票交易价格产生较大影响的重大事件，上市公司应当在最先发生的时点，及时履行重大事件的信息披露义务，即便有关各方就该重大事件仅仅出于签署意向书的阶段。本案中最先发生的时点已经就股权转让有了实质性推进，即便尚不产生最终变更控制人的效力，也应当立即向社会公布。同时，本案判决根据《上市规则》的规定，以两个交易日作为判断“立即”的合理法定时限，并以时限过后的次交易日作为实施日，该判决虽发生在 2022 年《虚假陈述司法解释》之前，但与解释条款不谋而合，本案有较强的前瞻性和实践意义。

三、证券虚假陈述行为揭露日的认定

诉讼争点

认定虚假陈述行为的揭露日是确定赔偿范围的重要一环。虚假陈述被揭示常常有个过程，随之而来的争议是：虚假陈述行为被揭示到何种程度才构成法律意义上的揭露时点。司法实践中，主要存在两种不同观点。

第一种观点认为，应以虚假陈述内容被较为全面、完整、准确揭示之日作为揭露日。

具体到实践中，有的权威媒体刊载的揭露文章可能并不全面，准确；有的上市公司关于收到立案调查通知书的公告内容仅载明涉嫌违法违规事项，而不具体披露虚假陈述行为的内容，上述日期均不足以认定为揭露日。一般而言，行政处罚事先告知书的内容较为具体，与证监会最终作出的行政处罚决定书中所列举的违法事实对应，更宜作为揭露日。

第二种观点认为，虚假陈述的揭露日应以虚假陈述被证券市场所知悉、了解为标准，其精确程度并不以“镜像原则”为必要，并不要求达到全面、完整、准确的程度。

上市公司发布的证券监管机构对其涉嫌违法违规事项进行立案调查通知的公告内容，对于所有投资者都应属于具有较强警示性的投资信息，足以影响投资者的投资决策，符合虚假陈述揭露的客观要求。原则上，只要交易市场对监管部门立案调查、权威媒体刊载的揭露文章等信息存在明显反应，对一方主张市场已经知悉虚假陈述的抗辩，人民法院应予支持。

裁判指引

本书同意第二种观点。虚假陈述揭露日，是指虚假陈述在具有全国性影响的报刊、电台、电视台或监管部门网站、交易场所网站、主要门户网站、行业知名的自媒体等媒体上，首次被公开揭露并为证券市场知悉之日。人民法院应当根据公开交易市场对相关信息的反应等证据，判断投资者是否知悉了虚假陈述。实践中，证券监管部门对信息披露违法违规行为的处理程序对揭露日的认定造成影响。一般而言，监管部门会先以涉嫌信息披露违法为由对信息披露义务人立案调查，上市公司会公布立案调查的信息，该日为立案调查信息公开之日；而后监管部门可能做出行政处罚事先告知书，最后才会有正式的行政处罚决定书。立案调查通知书一般为固定格式，内容限于证监会因信息披露涉嫌违反证券法律规定而对其立案调查，并提醒广大投资者注意投资风险；行政处罚事先告知书内容较为具体，一般与证监会最终作出的行政处罚决定书中所列举的违法事实对应。

由于揭露日承载了阻却交易因果关系的功能，即揭露日后买入的投资者因不存在交易因果关系而不予赔偿。因此，认定揭露日应重点把握如下几点：

第一，虚假陈述行为应属首次被公开，但并不要求达到全面、完整、准确的程度。虚假陈述揭露日与因果关系的认定密切相关，根据“推定信赖”的假设，从虚假陈述行为被首次揭露起，投资者所持股票即受到该上市公司虚假陈述事件的影响并造成损失，同时虚假陈述造成的股票虚增或虚减将逐渐消弭，从而回归真实价值。同时，基于证券市场对信息的敏感性，应以虚假陈述首次被揭露的时点作为揭露日，此时可能虚假陈述被揭露的程度可能并未达到全面、完整、准确的程度，但只要市场对此已有所反应，即应认为构成揭露。同时，根据我国证券监管部门对信息披露违法违规行为处理的一般程序，除当事人有相反证据足以反驳外，应以监管部门以涉嫌信息披露违法为由对信息披露义务人立案调查的信息公开之日，或证券交易场所等自律管理组织因虚假陈述对信息披露义务人等责任主体采取自律管理措施的信息公布之日作为揭露日。

第二，揭露应在全国范围内发行、传播。虚假陈述应当揭露在全国性媒体上，揭露载体具有权威性、公众性才能达到虚假陈述被揭露的实际效果。当前可被认定为公开揭露的媒体途径有多种：一是监管部门、交易场所网站或其指定的国际互联网信息披露网站；二是具有全国性影响的报刊、电台、电视台及主要门户网站；三是行业知名的自媒体。近年来，自媒体的蓬勃发展使其传播范围、影响力已经达到全国性传播的效果，司法实践中可结合实际传播情况和反响对自媒体发布信息是否构成法律意义上揭露进行判断。

第三，揭露对证券交易产生了实质性的影响。市场的客观反应也是认定揭露日的重要考量，如果某次揭露虽为首次披露，但市场反应很小，或者根本没有被公众投资者注意到，则不宜将其认定为虚假陈述已经被揭露。从客观表现来看，交易市场对揭露信息应存在明显的反应。

相关规定

2022年《虚假陈述司法解释》

第八条　虚假陈述揭露日，是指虚假陈述在具有全国性影响的报刊、电台、电视台或监管部门网站、交易场所网站、主要门户网站、行业知名的自媒体等媒体上，首次被公开揭露并为证券市场知悉之日。

人民法院应当根据公开交易市场对相关信息的反应等证据，判断投资者是否知悉了虚假陈述。

除当事人有相反证据足以反驳外，下列日期应当认定为揭露日：

（一）监管部门以涉嫌信息披露违法为由对信息披露义务人立案调查的信息公开之日；

（二）证券交易场所等自律管理组织因虚假陈述对信息披露义务人等责任主体采取自律管理措施的信息公布之日。

信息披露义务人实施的虚假陈述呈连续状态的，以首次被公开揭露并为证券市场知悉之日为揭露日。信息披露义务人实施多个相互独立的虚假陈述的，人民法院应当分别认定其揭露日。

典型案例

投资者诉康美药业股份有限公司等证券虚假陈述纠纷案

广州市中级人民法院(2020)粤01民初2171号

案情介绍

2001年3月19日,康美药业股份有限公司(以下简称康美药业)在上海证券交易所主板上市,证券代码600518,证券简称曾为"康美药业""ST康美",现为"*ST康美"。2017年4月20日、2018年4月26日、2018年8月29日,康美药业在上海证券交易所网站和巨潮资讯网及中国证监会指定报纸上先后披露了2016年年度报告、2017年年度报告、2018年半年度报告。

2018年10月15日晚开始,网上陆续出现文章,质疑康美药业货币资金真实性,指出可能存在财务造假等问题。主要包括:2018年10月15日晚,微信公众号"初善投资"发布标题为《康美药业究竟有没有谎言》的文章,认为康美药业货币资金真实性可疑、造假特征明显,建议各位投资者小心。2018年10月16日,微信公众号"市值相对论"发布标题为《千亿康美药业闪崩！大存大贷大现金大质押哪个是坑?》的文章,指出康美药业存在存贷双高、大股东股票质押比例高和中药材贸易毛利率高等问题,质疑康美药业存在财务造假。前述文章被多家影响范围较大的媒体广泛转载,引起强烈反响。康美药业股票10月16日盘中一度触及跌停,收盘跌幅5.97%,此后连续3日以跌停价收盘。

而同期(2018年10月16～19日)上证指数跌幅为0.69%,医药生物(申万)指数(801150)跌幅为4.01%。同时,以"康美药业"为关键词的百度搜索指数、百度资讯指数、各类媒体转载指数在2018年10月16日之后均呈现爆炸性增长。如百度资讯指数,2018年10月16日之前几日康美药业百度资讯指数为100多,但至2018年10月16日猛增至4620,在10月17日、18日分别达到了8014和10792。

2018年12月29日,康美药业发布《关于收到中国证券监督管理委员会立案调查通知的公告》(编号:临2018－H6)称:"2018年12月28日,康美药业股份有限公司收到中国证券监督管理委员会《调查通知书》(编号:粤证调查通字180199号):因你公司涉嫌信息披露违法违规,根据《中华人民共和国证券法》的有关规定,我会决定对你公司立案调查,请予以配合。公司将全面配合中国证监会的调查工作,并严格按照监管要求履行信息披露义务。"

2019年8月17日,康美药业公告称该公司及相关当事人收到中国证监会《行政处罚及市场禁入事先告知书》(处罚字〔2019〕119号),该告知书主要内容为:经中国证监会查明,康美药业涉嫌存在以下违法事实:(1)2016年年度报告、2017年年度报告、2018年半年度报告、2018年年度报告中存在虚假记载。其中2016年年度报告虚增营业收入89.99亿元,多计利息收入1.51亿元,虚增营业利润6.56亿元,占合并利润表当期披露利润总额的16.44%。2017年年度报告虚增营业收入100.32亿元,多计利息收入2.28亿元,虚增营业利润12.51亿元,占合并利润表当期披露利润总额的25.91%。2018年半年度报告虚增营业收入84.84亿元,多计利息收入1.31亿元,虚增营业利润2029亿元,占合并利润表当期披露利润总额的6552%。(2)2016年年度报告、2017年年度报告、2018年半年度报告中存在虚假记载,虚增货币资金。2016年1月1日至2018年6月30日,康美药业通过财务不记账、虚假记账,伪造、变造大额定期存单或银行对账单,配合营业收入造假伪造销售回款等方式,虚增货币资金。通过上述方式,康美药业2016年年度报告虚增货币资金22,548,513,485,42元,占公司披露总资产的41.13%和净资产的76.74%;2017年年度报告虚增货币资金29,944,309,821.45元,占公司披露总资产的43.57%和净资产的93.18%;2018年半年度报告虚增货币资金36,188,038,359.50元,占公司披露总资产的45.96%和净资产的108.24%。(3)2018年年度报告中存在虚假记载,虚增固定资产、在建工程、投资性房地产。(4)2016年年度报告、2017年年度报告、2018年年度报告中存在重大遗漏,未按规定披露控股股东及其关联方非经营性占用资金的关联交易情况。2016年1月1日至2018年12月31日,康美药业在未经过决策审批或授权程序的情况下,累计向控股股东及其关联方提供非经营性资金11,619,130,802.74元用于购买股票、替控股股东及其关联方偿还融资本息、垫付解质押款或支付收购溢价款等用途。中国证监会认为,康美药业虚增营业收入、利息收入、营业利润，虚增货币资金、固定资产、在建工程、投资性房地产，所披露的2016年年度报告、2017年年度报告、2018年半年度报告和2018年年度报告存在虚假记载，康美药业未按规定披露控股股东及其关联方非经营性占用资金的关联交易情况，所披露的2016年年度报告、2017年年度报告和2018年年度报告存在重大遗漏，构成《证券法》第193条第1款所述的行为。2020年5月15日，康美药业公告称公司收到中国证监会《行政处罚决定书》(〔2020〕24号)，该行政处罚决定书查明的主要事实与《行政处罚及市场禁入事先告知书》基本一致，作出的行政处罚亦与《行政处罚及市场禁入事先告知书》一致。

原、被告均认为，本案揭露日为自媒体上有文章质疑康美药业存在财务造假的2018年10月16日。

法院裁判

法院认为，关于案涉虚假陈述行为的揭露日问题。虚假陈述的揭露和更正，是指虚假陈述被市场知悉、了解，不要求达到全面、完整、准确的程度，只要交易市场对揭露文章存在明显的反应，即可认定市场知悉虚假陈述行为。法院认为，应以自媒体质疑康美药业财务造假的2018年10月16日为案涉虚假陈述行为的揭露日。理由有三：一是自媒体质疑报道的主要内容，与中国证监会行政处罚认定的财务造假性质、类型基本相同。特别是质疑报道中关于康美药业在货币资金等科目存在较大造假的猜测，在之后中国证监会作出的行政处罚决定中得到了证实，满足揭露行为的一致性要件。二是自媒体揭露内容引发了巨大的市场反应。康美药业股价在被自媒体质疑后短期内急速下挫，走势与上证指数、行业指数的走势存在较大背离，可以认定市场对于自媒体的揭露行为作出了强烈反应，说明自媒体揭露行为对市场显现出很强的警示作用，满足揭露行为的警示性要件。三是虽然揭露文章仅是首发在自媒体而非官方媒体，但在移动互联网蓬勃兴起的当今，发表在自媒体的文章亦有可能会迅速引起较多媒体关注和转载。从本案来看，相关文章确实被多家媒体转载，并直接导致康美药业的百度搜索指数和资讯指数暴增，成为舆论关注重心，满足揭露行为的广泛性要求，达到了揭露效果。

评析

本案是轰动一时的全国首例特别代表人诉讼案件,在揭露日的认定上也非常典型,是司法实践中为数不多的以"自媒体披露"时点为揭露日的案件。该判决遵循了揭露日认定的"市场知悉"标准,即虚假陈述被市场知悉、了解,不要求达到全面、完整、准确的程度,只要交易市场对揭露文章存在明显的反应,即可认定虚假陈述行为被揭露。在自媒体披露的认定标准上,判决从多个角度展开论证:首先,自媒体报道内容与虚假陈述信息的相关性。自媒体质疑报道中关于康美药业在货币资金等科目存在较大造假的猜测,在之后中国证监会作出的行政处罚决定中得到了证实,两者性质、类型基本相同。其次,自媒体揭露与市场反应的印证关系。康美案之所以典型,是因为当时自媒体揭露内容引发了巨大的市场反应。康美药业股价在被自媒体质疑后短期内急速下挫,走势与上证指数、行业指数的走势存在较大背离,说明自媒体揭露行为对市场显现出很强的警示作用,满足揭露行为的警示性要件。这也是为何原被告对于揭露日没有争议的原因,当时巨大的社会反应使被告对此都已放弃抗辩。最后,判决还论证了自媒体的广泛影响力。判决指出虽然揭露文章仅是首发在自媒体而非官方媒体,但在移动互联网蓬勃兴起的当今,发表在自媒体的文章亦有可能会迅速引起较多媒体关注和转载。事实上,相关文章确实被多家媒体转载,并直接导致康美药业的百度搜索指数和资讯指数暴增,成为舆论关注重心,达到了揭露效果。本案在虚假陈述揭露日的认定和论证上有很强的现实效果和典型意义。

四、证券虚假陈述行为更正日的认定

诉讼争点

虚假陈述行为更正日是指上市公司对其所作虚假陈述首次自行更正之日。在司法实践中,对于发行人自行更正需要披露到何种程度以及是否需要符合特定形式，存在争议，主要存在两种不同观点。

第一种观点认为，发行人的自行更正应当发布澄清公告并履行停牌手续。

由于发行人先前实施虚假陈述的行为已使市场上的投资者产生信赖，因此发行人如要自行更正，则须以澄清公告的形式进行，即向社会公众具体特定地指出虚假信息并予以更正。同时，根据此前司法解释的要求，发行人自行公告更正虚假陈述的还应当按规定履行停牌手续，否则无法产生警示投资者的作用。

第二种观点认为，发行人自行更正的程度以虚假陈述被证券市场所知悉、了解为标准，并不需要特定形式。

发行人在证券交易场所网站或者符合监管部门规定条件的媒体上披露的信息对于所有投资者都应属于具有较强警示性的投资信息，足以影响投资者的投资决策，符合虚假陈述揭露的客观要求。原则上，只要发行人在更正时予以说明，指出此前虚假陈述的内容，则应当认为构成自行更正，相应日期可以被认定为更正日。

裁判指引

本书同意第二种观点。虚假陈述更正日，是指信息披露义务人在证券交易场所网站或者符合监管部门规定条件的媒体上，自行更正虚假陈述之日。2022年《虚假陈述司法解释》取消了以往发行人自行公告更正虚假陈述还应当履行停牌手续的要求，更正日的认定标准与揭露日统一起来，即发行人自行更正的程度以虚假陈述被证券市场所知悉、了解为标准，并不需要特定形式。

实践中，应当区分更正披露、澄清公告与更新披露。澄清公告，是指证券市场上流传关于某上市公司的谣言足以误导投资者时，该上市公司应该以澄清谣言为目的及时发布关于该谣言相关的真实情况的披露文件。更新披露，是指原来上市公司披露的有合理依据的陈述不符合目前的实际情况足以引起误导时，上市公司应该对之进行披露并加以说明的文件。而虚假陈述的更正披露，是指上市公司对于此前所作虚假陈述涉及的信息，以公开方式进行重新披露并加以说明。只要上市公司的重新披露与说明被市场所知悉，则认定构成自行更正。

相关规定

2022 年《虚假陈述司法解释》

第九条　虚假陈述更正日，是指信息披露义务人在证券交易场所网站或者符合监管部门规定条件的媒体上，自行更正虚假陈述之日。

典型案例

许某等诉上海中毅达股份有限公司证券虚假陈述纠纷案

一审：上海金融法院（2018）沪 74 民初 615 号

二审：上海市高级人民法院（2020）沪民终 302 号

案情介绍

上海中毅达股份有限公司（以下简称中毅达公司）系在上海证券交易所上市的公司，其公开发行的 A 股股票代码为 600610，公开发行的 B 股股票代码为 900906。2015 年 10 月 28 日，中毅达公司发布 2015 年第三季度报告，该报告中的合并利润表显示，2015 年 7 月至 9 月，中毅达公司的营业收入为 72,991,435 元。2016 年 4 月 16 日，中毅达公司发布 2015 年年报，其中分季度主要财务数据表显示，第三季度营业收入为 72,991,435 元，第四季度营业收入为 -77,466,683.57 元，并说明如下：公司原签订一份合同总金额为 8450 万元工程施工合同，于 2015 年第三季度确认工程量并结转收入总计 7267 万元，后经与公司年报审计会计师事务所沟通，审计人员提出此工程原已完工部分不符合收入确认原则，不能体现公司收入，公司根据谨慎制原则立即将该项目收入进行账务调整，并迅速与发包方联系签订了双方合同终止协议。本项目公司尚未支付任何款项，也未造成公司损失。

2016 年 11 月 17 日，中毅达公司发布《关于收到中国证券监督管理委员会调查通知书的公告》，称公司近日收到中国证券监督管理委员会编号为沪调查字 2016－1－177 号的调查通知书，公司因涉嫌信息披露违法违规被立案调查。2016 年 12 月 23 日，中毅达公司发布《关于被立案调查进展暨风险提示公告》，称公司于2016年11月15日收到前述调查通知书。

2018年4月8日，中国证券监督管理委员会上海监管局作出沪〔2018〕26号行政处罚决定书，认定中毅达公司2015年第三季度报告虚增营业收入7267万元，占当期披露营业收入的50.24%，虚增利润总额1063.89万元，占当期披露利润总额的81.35%，构成《证券法》所述的“发行人、上市公司或者其他信息披露义务人未按照规定披露信息，或者所披露的信息有虚假记载、误导性陈述或者重大遗漏”违法行为。双方当事人一致确认，中毅达公司上述虚假陈述的实施日为2015年10月28日，揭露日为2016年4月16日，中毅达A股基准日为2016年4月28日，基准价15.55元，中毅达B股基准日为2017年7月19日，基准价0.53美元。

法院裁判

法院认为，被告中毅达公司在2015年第三季度报告中虚增营业收入和利润的行为，属于在证券交易过程中，对重大事件作出违背事实真相的虚假记载行为，构成证券市场虚假陈述。该行为的实施日为2015年10月28日，即被告中毅达公司2015年第三季度报告的发布日。关于虚假陈述揭露日，双方当事人均主张为2016年4月16日，即被告中毅达公司2015年年报发布日，法院予以认同，理由如下：虚假陈述被揭示的意义在于其对证券市场发出警示信号，提醒投资者重新判断股票价值，故揭示日对于虚假陈述的披露并不要求达到全面、完整、准确的程度，只要由于披露行为虚假陈述被市场所知悉、了解，市场亦存在明显的反应，该披露日即可作为揭示日。结合本案，首先，被告中毅达公司的虚假陈述为虚增业绩，在2015年年报中，被告中毅达公司通过调整第四季度营业收入的方式对于第三季度报告中的虚假记载予以修正，并说明了相关原因，虽然该原因说明不够具体、明确，但能够反映2015年第三季度报告中存在将不符合收入确认原则的款项记载为公司营业收入的情形，投资者据此可以知悉2015年第三季度报告中存在虚假记载。其次，上市公司的年报须经会计师事务所审计，其内容相对权威，对于市场具有一定警示作用。根据前述查明事实，2015年年报发布后，中毅达股价在第二个交易日以及7个交易日内均大幅下跌，其跌幅超过同期上证 A 股指数、上证 B 股指数跌幅，可见交易市场已接收到警示信号且作出明显反应。故 2015 年年报对于虚假陈述的揭示已足以警示市场，提醒投资者谨慎投资，2016 年 4 月 16 日可作为虚假陈述更正（揭露）日。

评析

本案在更正日的司法认定上有较强的典型性。虽然原被告双方对更正日的观点是一致的，但不代表对此更正日的认定没有不同观点。本案中被告中毅达公司在 2015 年第三季度报告中存在将不符合收入确认原则的款项记载为公司营业收入的情形，最终被证监会认定构成虚假记载。中毅达公司在 2016 年 4 月 16 日发布的 2015 年年度报告中将通过调整第四季度营业收入的方式对于第三季度报告中的虚假记载予以修正，并说明了相关原因。有观点认为，上市公司的有效更正，需要其以单独或显著的方式表明更正内容，而不能仅仅是在下一次财务报告中以调整的方式进行修改，更正应当达到广而告之、引人注目的效果。因此，年报中的调整尚不足以构成更正，因此本案虚假陈述的揭露日应为 2016 年 12 月 23 日中毅达公司发布立案调查通知书公告之日。本案判决认为，年报对调整内容修改进行了说明，虽然还不够具体，但已经能够反映客观情形。从投资者的角度，年度的更正属于首次披露，应当认定投资者已经可以知悉 2015 年第三季度报告中存在虚假记载，对市场产生了警示作用。另外判决还采用客观标准，通过更正日股价和市场的反应分析虚假陈述事实的知悉程度，最终认可了上市公司自行更正的效力，该案具有一定典型意义。

拓展研究

（一）确定虚假陈述实施日与揭露日时间点的意义

虚假陈述实施日与揭露日两个时间点的确定对于认定投资人的损失与虚假陈述行为之间因果关系具有重要意义。虚假陈述行为造成股市价格异常波动，给投资者造成损失。两个时间点的确定，明确了索赔范围，从而给享有索赔权利的投资者的认定确立了一个框架范围。

如何根据虚假陈述实施日与虚假陈述揭示日这两个时间点确定的框架认定享有索赔权利的投资者,因虚假陈述行为对市场价格造成的不同方向(价格上行与价格下行)的影响而有所不同。在诱多型虚假陈述中,虚假陈述使股票价格虚高,形成一条虚假陈述造成证券市场价格波动的经典曲线。在诱空型虚假陈述中,虚假陈述行为使股票价格下行,一般因为虚假陈述行为人假造利空消息,打压股票价格,或是故意隐瞒利好消息。以诱多型虚假陈述为例,对虚假陈述经典曲线进行分析,若投资人在虚假陈述作用阶段购买股票,虚假陈述揭示日之后卖出或仍持有,其即因虚假陈述行为而遭受高买低卖的差价损失,应享有主张赔偿的权利。

更具体而言,虚假陈述行为实施后,市场即作出反应,股票价格上行,是虚假陈述催生出的泡沫所致。换言之,股票的价格已经不再是其价值的真实反映,而是真实价值与泡沫价值之和。此时,投资者在购入股票的同时,也购入了虚假陈述催生的虚增价值。虚假陈述行为被揭示后,股票价格急剧下跌,泡沫暴露而被市场挤压,很快即蒸发干净。此时,投资人尚持有的股票因为附着其上的泡沫迅速蒸发而价格骤降,实际损失于是产生。通过对这一过程的分析,虚假陈述行为与投资人损失之间的因果关系是显而易见的。因此,《虚假陈述司法解释》规定,投资者在虚假陈述实施日及以后,至揭露日或更正日之前买入该证券,人民法院应当认定虚假陈述与损害结果之间存在因果关系。

综上,《虚假陈述司法解释》的思路是,将虚假陈述行为对股票价格的影响抽象出来(而不是以实际的股价走势来考虑投资人的交易差价),在这个抽象出来的、反映了虚假陈述行为对价格走势所发生的作用的曲线上,确定虚假陈述实施日与虚假陈述揭示日;然后,在此基础上分析虚假陈述行为与投资者损失之间的因果关系,从而得出一个清晰的结论:在诱多型虚假陈述行为,只有在虚假陈述行为日与虚假陈述揭露日之间的时段内购入,且在揭露日之后仍然持有股票的投资者,才有权利向虚假陈述行为人主张赔偿。

(二)我国对虚假陈述揭露日的认定

虚假陈述被揭示的意义在于其对证券市场发出了一个警示信号,提醒投资人重新判断股票价值，进而对市场价格产生影响不同途径的揭示，作为对于市场的警示信号，其强弱程度是有差别的。当事人自己予以披露或监管机构作出处罚决定，确定性高，具有最高的警示强度。因此，如果事先没有报道或传言，当事人自己公告的日期或监管机构立案调查公告的日期应可认定为虚假陈述揭露日。容易产生争议的是媒体的揭露，其缺少权威性，警示强度相对较弱。投资者应否信赖其报道或消息的透露对股票价值作出判断，有不同的看法。

我国《虚假陈述司法解释》对揭露日认定采用的基本思路是，从市场知悉的程度判断是否构成法律意义上的揭露。因为信息揭露与否与投资者"信赖"密切相关，因此揭露日的认定也需要从市场的角度进行分析判断。媒体的揭露虽不足以成为投资人判断股票价值的确定的根据，但从信号意义上说，已具备了足够的警示强度；根据"买者自警"的原则，对于相关的报道，理性投资人至少应该保警觉，谨慎决策。因此，《虚假陈述司法解释》认定媒体甚至自媒体将虚假陈述行为公开报道之日，可以确定为虚假陈述揭露日。从客观上说，媒体报道揭露的警示强度，还可以从市场的反应加以判断：如果市场价格有陡峭的波动，则可以认为市场得到了足够的警示信号。根据沪深交易所的规则，市场价格出现异常波动时，会做停牌处理。因此，在司法实践中，媒体揭露行为的时日可否认定为虚假陈述揭示日，可与相关股票是否停牌挂钩，其引起价格急剧波动导致其停牌的，则可认定其揭露行为的时日为虚假陈述揭露日。

（三）虚假信息被消化的法律意义

虚假陈述被揭示之后，市场即会作出反应。在虚假陈述使股价虚高的情况下，股价会急剧下挫，直至泡沫被挤净，价格趋于平稳。这一价格趋势达到平稳的起始日期，即为虚假陈述消化日。此时，从理论上说虚假陈述对市场的扭曲效应已经被市场所消化，股票价格趋向于真实反映其价值。虚假陈述消化日的确定，是为给投资人损失计算设立一个基准，是投资差额损失计算的基准日。

虚假陈述行为被揭示之后，市场需要多长时间才能将其欺诈效应消化掉，是一个十分复杂的问题，涉及的因素很多，而个股的情况也全不同，在实践中要找到一种较为科学、适应我国的实际情况且在审判实践中易于操作的方法来确定

虚假陈述消化日。根据理论界的观点及一些国家的立法例,对于虚假陈述消化日的认定大致有以下几种方法:

第一,净值法。根据经济学原理,只有在股票价格真正反映了其价值的时候,才可以认定虚假陈述造成的价格扭曲被消化。但要确定一只股票的真实价值并将其与市场价格相比较,在实务中是难以操作的。特别是股票作为一种特殊的金融商品,其价格不仅反映其当时的价值,在相当高的程度上,还反映了市场对股票今后升值潜力的预期。尤其是在我国的证券市场上,即使没有虚假陈述行为的影响,股票价格与价值背离的情况亦不鲜见。所以,依据股票的真实价值确定虚假陈述消化日是不现实的。

第二,实际曲线法。即根据股票价格走势的实际图形,找到虚假陈述揭示之后价格企稳的平台,以这个平台的起始点作为虚假陈述消化日。这在实务操作中难度较大,如前文所述,股票价格的实际走势受多种因素影响,难以抽象出明显的虚假陈述因素的曲线。从实际走势看,虚假陈述揭示之后,价格曲线可能在长时间内不能形成明显的平台,抑或在一段时间内形成两个以上的价格曲线平台,难以确定一个合理的平台起始点。

第三,成交量法。即以相关股票的流通股成交量达到100%之日,为虚假陈述消化日。该种方法的思路是,成交量达到100%,表明上市公司的股票价格基本上摆脱了虚假陈述行为的影响,也表明投资人在此期间完全有机会实施减损。但可能产生的问题是,虚假陈述被揭示后股价虽急剧下跌,而交易量可能并不大,股价平稳了相当长的时间后,成交量仍未达到100%,此时似不能认定虚假陈述行为对市场的影响仍未消化。

第四,经验法。一些国家或地区的立法依据其市场的情况和经验直接规定一个日期,如美国1995年《私人证券诉讼改革法》规定,原告所得的损害赔偿不得超过其买入价或卖出价和自改正误导性陈述或遗漏信息公开后90日内该证券的平均价之间的差额。该项规定的指导思想是,虚假陈述行为被揭示之后的90日内,即会由市场所消化。经验法的出现进一步证明了虚假陈述消化日的确定之不易。

根据我国证券市场的实际情况,《虚假陈述司法解释》综合运用成交量法和经验法，将虚假陈述消化日进一步修订为，自虚假陈述揭示日起，被虚假陈述影响的证券集中交易累计成交量达到可流通部分100%之日为基准日。同时，自揭露日或更正日起，集中交易累计换手率在10个交易日内达到可流通部分100%的，以第10个交易日为基准日；在30个交易日内未达到可流通部分100%的，以第30个交易日为基准日。这一规定综合了成交量、换手率和经验日期，使不同类型的个股均能匹配到相对合适的日期。

第六章

证券虚假陈述重大性及交易因果关系的认定

证券市场虚假陈述，是指信息披露义务人违反证券法律规定，在证券发行或者交易过程中，对重大事件作出违背事实真相的虚假记载、误导性陈述，或者在披露信息时发生重大遗漏、不正当披露信息的行为。投资者以信息披露义务人存在信息披露违法违规行为导致其损失为由提起的证券虚假陈述民事赔偿纠纷案件，在本质上属于特殊侵权纠纷。因此，侵权责任认定中的行为要件、损害后果要件以及因果关系要件均要在此类案件的审理中得到适用。本章所涉的重大性以及交易因果关系，分属于上述要件中的行为要件和因果关系要件项下，直接关系到证券民事侵权责任是否成立，在审判实践中也最易引发争议。

关于重大性的认定问题，2003 年《虚假陈述司法解释》与 2022 年《虚假陈述司法解释》在条文的设置上存在较大区别。其中，2003 年《虚假陈述司法解释》并没有对重大性要件及其认定标准作出单独的明确的规定，仅是在界定虚假陈述行为时引入了“重大事件”概念。根据 2003 年《虚假陈述司法解释》第 17 条第 1 款的规定，要构成虚假陈述须具备四个要件：一是违反证券法律规定；二是发生于证券发行或者交易过程中；三是存在虚假记载、误导性陈述、重大遗漏或不正当披露行为；四是虚假记载、误导性陈述、重大遗漏或不正当披露行为指向的必须是重大事件。该条第2款同时规定，对于重大事件，应当结合证券法以及相关规定的内容认定。从当时我国的相关立法和行政规范管理的情况来看，可以说我国已经大致形成了重大信息披露规范的基本体系，即在法律、法规及部门规章中将重大性信息列举出来，其优点是使信息披露义务人易于操作，证券监管部门易于监督。同时，由于2003年《虚假陈述司法解释》中规定有前置程序，故在相当长的一段时间内主流观点都认为，虚假陈述所涉信息的重大性问题已经在前置程序中得到解决，在民事案件审理中无须再就相关信息的重大性加以判断，被行政处罚的信息披露违法行为必然会影响投资者的投资决策，可直接认定虚假陈述行为具有重大性。这也导致在此前以刑事判决或行政处罚作为提起民事赔偿诉讼前置程序的时期，鲜有案件中出现针对虚假陈述重大性问题的论述。即便在个别案件中法院面对已被处罚的虚假陈述行为不足以影响到投资者决策，也未实际导致标的证券交易价格和数量的显著变化的情况，多是从选择绕开重大性转而从信赖要件入手，通过认定投资者未实际信赖已受到行政处罚的虚假陈述行为，投资者的交易决定未受虚假陈述行为影响，故其损失与被告虚假陈述之间不具有因果关系来驳回原告的诉讼请求。但随着前置程序的取消，对重大性的认定也就不可避免地成为司法机关要解决的首要问题。而事实上，一直以来都有观点认为，由于行政责任与民事责任在法益保护、构成要件和认定标准等方面均存在差异，被处罚的信息披露违法行为并不当然构成证券民事侵权行为，仅依据前置的行政处罚决定就径行认定证券侵权要件中的重大性要件成立，并不符合民事侵权责任认定的基本逻辑。

在这一背景下，2022年《虚假陈述司法解释》立足于司法实践所需，在对2003年《虚假陈述司法解释》进行修订时，将“重大性与交易因果关系”设为一节，此节项下设专条规定了重大性要件及其认定标准，以此明确了司法机关在审理虚假陈述民事赔偿纠纷案件时应对虚假陈述行为是否具有重大性进行独立判断的审理原则。依照该规定，如果原告未举证证明虚假陈述行为具有重大性，或者被告举反证证明虚假陈述行为不具有重大性的，则被告无须承担赔偿责任。

至此,重大性要件就成为侵权行为成立的前提要件,如虚假陈述行为不具有重大性,则不构成侵权,被告可直接据此主张免责。在重大性成立的前提下,才需要继续审查交易因果关系和损失因果关系成立与否问题。

对于理论和实践中一直存在的重大性要件是用于判定侵权行为是否存在,还是用于判定是否存在交易因果关系的争议,笔者认为,可以从重大性的制度功能入手予以厘清。与传统的以物理动作致人损害的侵权行为不同,证券欺诈侵权中,受欺诈人是基于对欺诈行为人所实施的欺诈行为产生了信赖,并在该信赖的影响下作出某种行为,继而产生损失。然而,信赖是一种主观状态,原告必须对其信赖的主观过程通过举证加以客观化。这就为原告设定了难题,几乎成为不可完成的任务。我国 2003 年和 2022 年《虚假陈述司法解释》采用欺诈市场理论和推定信赖原则,即在满足一定条件下,直接推定虚假陈述行为与投资者的行为之间存在因果关系。但从“推定信赖”的原理出发,对交易因果关系进行推定实际隐含着一个很重要的前提,就是虚假陈述行为必须具有重大性。如果被告的虚假陈述行为不具有重大性,则“推定信赖”的前提就不存在,信赖无从产生,证券虚假陈述侵权行为不存在,被告自然无须承担民事赔偿责任。因此笔者认为,对重大性要件的审查实质上是为了解决对推定信赖的认定。

在信赖要件满足之后,交易因果关系的推定成立仍需要满足相关性、时间性以及方向性的条件:(1)原告交易的是与虚假陈述直接关联的证券;(2)原告的交易行为发生在虚假陈述实施日后被揭露日前;(3)原告的交易方向与虚假陈述诱导方向一致。第一点和第二点自不待言,第三点则必须区分诱多型和诱空型虚假陈述,分别考察。其中,诱多型虚假陈述是指虚假陈述者发布虚假的利多消息,或隐瞒实质性的利空消息不予公布或不及时公布,根据一般的证券投资规律,诱多型虚假陈述往往能对其股价产生正面的拉升作用,引导投资者买入,因此与诱多型虚假陈述行为对应的交易决定是买入决定。反之,诱空型虚假陈述则是指虚假陈述发布虚假的消极利空消息,或隐瞒实质性的利好消息不予公布或迟延公布,导致投资者在产生股票价格即将下跌或至少维持在低点,继而自股价向下运行或相对低位时卖出股票,由此产生损失。因此,与诱空型虚假陈述行为对应的交易决定是卖出决定。由于 2003 年《虚假陈述司法解释》因果关系推定的范围只限于投资者在揭露日之前买入、揭露日后卖出或继续持有所产生的损失，即只适用于诱多型虚假陈述引导投资者买入的情形。故当投资者系因揭露日前买入股票产生损失，但虚假陈述类型为诱空型时因果关系如何认定，在此前的审判实践中存在较大争议，2022年《虚假陈述司法解释》弥补了这一空白。

原告完成了对重大性要件以及上述交易相关性、时间性以及交易方向一致性的举证后，其交易行为与被告虚假陈述行为之间的交易因果关系得以推定成立。然诚如前文所述，由于投资者的信赖是一种“推定信赖”，属于可抗辩的信赖，故虽然原告的举证完成，交易因果关系得以推定成立，被告也可以通过反证证明原告实际并未受虚假陈述误导而做出交易决策，即原告并非基于对被诉虚假陈述行为产生信赖，而是基于其他原因进行股票交易的方式推翻已被推定成立的交易因果关系，从而使自己免于承担赔偿责任。关于被告可以提出的具体抗辩，2022年《虚假陈述司法解释》第12条作了明确规定。

下文将结合围绕前述重大性以及交易因果关系的内容，结合审判实践中较易引发争议的问题展开讨论。

一、重大性的认定

诉讼争点

随着证券民事侵权纠纷中前置程序的逐步取消，重大性问题成为案件实体审理中判断被告是否成立证券侵权行为的核心问题，人民法院必须先对被告的虚假陈述行为是否重大作出认定。关于以何种标准判断“重大性”成立与否，理论界以及司法实务界主要存在以下不同观点。

第一种观点认为，以虚假陈述内容是否属于证券法、监管部门制定的规章和规范性文件中要求披露的重大事件或重要事项，或者虚假陈述是否实际影响了标的证券的交易价格和交易数量作为判断标准，两者正向同步关联，投资者只要在二者中证明成立其一，即可认定为满足重大性要件。

该观点认为,我国《证券法》第80条第2款、第81条第2款对重大事件有列举,且近年来证监会发布了大量的部门规章,并以标准格式的形式对于上市公司应予披露的重大信息加以规范,已大致形成了重大信息披露规范的基本体系。该重大信息披露规范基本体系中要求必须披露的信息,均可能影响证券交易价格和数量,进而影响投资者的交易决策,故投资者只要证明被告虚假陈述的内容属于证券法、监管部门制定的规章和规范性文件中要求披露的重大事件或重要事项,该虚假陈述行为影响标的证券的交易价格和交易数量就自动同时满足,反之亦然,二者满足其一,就可认定投资者完成了对重大性要件的举证。

第二种观点认为,投资者举证证明被告虚假陈述内容属于证券法、监管部门制定的规章和规范性文件中要求披露的重大事件或重要事项,或者虚假陈述影响到了标的证券交易价格和交易数量的情况下,两者满足其一,人民法院均可初步认定构成重大性。但在投资者仅举证证明存在前者的情况下,被告可通过举证证明其虚假陈述未能影响证券交易价格和交易数量来对原告主张的重大性进行否定,后者为实质性认定标准。

该观点认为,在我国目前已建立较为完备的重大信息披露规范基本体系的情况下,如无相反证据,应推定违反了信息披露法律法规中规定的重大事件或重要事项的虚假陈述内容具有重大性,原告如进行了相关举证,可视为虚假陈述民事赔偿责任的重大性要件成立。但是考虑到目前的信息披露法律法规中,某些事项之所以被列入,可能是基于监管机构规范上市公司治理的需要,上市公司固然必须依法披露相关信息,但信息本身并不一定影响证券市场投资者对标的证券的价值判断,因此认定虚假陈述的重大性与否最终应当落脚于考察是否影响了证券交易价格和交易数量,该标准为实质性认定标准。如果原告直接围绕这一标准,通过举证证明虚假陈述的实施或揭露导致相关证券的交易价格或者交易量产生明显的变化,则毫无疑问应认定为重大性要件成立。基于同样的理由,对于投资者仅通过举证证明虚假陈述内容违反了信息披露法律法规中规定的重大事件或重要事项这一路径证明存在重大性的,亦应允许被告以证券交易价格和交易数量未受影响这一实质性认定标准予以反证推翻。

裁判指引

本书同意第二种观点。

首先，2022年《虚假陈述司法解释》将重大性作为独立要件进行规定，投资者必须先证明被告的虚假陈述行为具备重大性。如重大性要件不满足，则被告即便存在虚假陈述行为，也不构成证券侵权，无须承担民事赔偿责任。

其次，虚假陈述重大性的认定采“重大事件”和“交易价量敏感性”双重验证标准。

第一，投资者如果举证证明虚假陈述的内容属于证券法、监管部门制定的规章和规范性文件要求披露的“重大事件”，或者虚假陈述的实施、揭露或者更正导致证券交易价格或交易量产生明显变化的，人民法院可推定虚假陈述的内容具有重大性。

第二，“交易价量敏感性”是重大性要件更为实质的判断因素，即便虚假陈述的内容属于证券法规定中列举的重大事件，或者属于监管部门制定的规章和规范性文件中要求披露的重大事件或者重要事项，但如果被告有证据证明虚假陈述并未导致相关证券交易价格和交易量明显变化的，人民法院也应当认定被告虚假陈述行为不具有重大性。

第三，考虑到实践中有相当一部分虚假陈述的内容属于“安抚型”的不实信息，如隐瞒利空消息的诱多型虚假陈述，或者隐瞒利多消息的诱空型虚假陈述，故虚假陈述的实施并不会直接导致股价猛烈拉升或者成交量快速放大，而是使股价维持在一定水平。因此，在判断“虚假陈述是否导致相关证券交易价格和交易量明显变化”时，不能仅凭虚假陈述行为实施前后的证券交易价格和交易量未发生明显变化，便简单地认定虚假陈述不具有重大性。在适用“交易价量敏感性”标准时，除了实施日前后，还应特别注意考察虚假陈述行为被揭露或更正后的证券交易价格和交易量变化情况。

第四，特别需要注意的是，由于证券市场上影响证券交易价格和交易量的因素非常多样，市场对虚假陈述揭露行为的反应，客观上也存在反应不足或者反应过度的情况。前者多发生于虚假陈述行为被逐步揭露等情形下，风险并非一次性集中释放,故可能出现市场对虚假陈述揭露行为反应不足,证券交易价格和交易量方面未有特别明显变化的情况。或者在诱多型或诱空型虚假陈述行为被揭露时,恰好有与之对冲的利多或利空消息出现,抵消了虚假陈述被揭露对证券价格可能产生的影响。此时,对被告以交易价量无显著变化为由提出的抗辩,人民法院应根据被告虚假陈述行为的性质和影响力,结合同期大盘、行业以及该个股其他因素的作用力等因素综合作出判断,以确保"交易价量敏感性"标准的立法原意得以实现。

证券市场反应过度的情况亦然。我国证券市场的特点决定了上市公司被立案调查本身就构成重大利空,无论调查最终结果如何,是被正式处罚,还是以撤案处理告终,抑或是虽被处罚但其所涉处罚事项实质并不会导致股价产生波动,上市公司被立案调查时证券价格都会受"被立案调查"这一信息的影响而大幅下跌。考虑到监管机构立案调查通知书发布之日在很多案件中会被认定为虚假陈述行为揭露日,在前置程序取消的情况下,如果投资者据此提起诉讼,并主张重大性要件已成立,人民法院也不宜仅依据揭露日交易价格和数量有显著变化就径行认定被告虚假陈述内容具有重大性,仍然要结合被告虚假陈述行为的性质和影响力等因素进行综合判断。

相关规定

2022 年《虚假陈述司法解释》

第十条　有下列情形之一的,人民法院应当认定虚假陈述的内容具有重大性:

(一)虚假陈述的内容属于证券法第八十条第二款、第八十一条第二款规定的重大事件;

(二)虚假陈述的内容属于监管部门制定的规章和规范性文件中要求披露的重大事件或者重要事项;

(三)虚假陈述的实施、揭露或者更正导致相关证券的交易价格或者交易量产生明显的变化。

前款第一项、第二项所列情形,被告提交证据足以证明虚假陈述并未导致相关证券交易价格或者交易量明显变化的，人民法院应当认定虚假陈述的内容不具有重大性。

被告能够证明虚假陈述不具有重大性，并以此抗辩不应当承担民事责任的，人民法院应当予以支持。

典型案例

黄某某诉上海界龙实业集团股份有限公司、上海界龙集团有限公司证券虚假陈述责任纠纷案

一审：上海金融法院(2018)沪74民初978号

二审：上海市高级人民法院(2019)沪民终275号

案情介绍

上海界龙实业集团股份有限公司(以下简称界龙实业公司)系上市公司，其公开发行的A股股票代码为600836。上海界龙集团有限公司(以下简称界龙集团公司)为界龙实业公司控股股东。

2017年6月9日，界龙实业公司发布关于公司第一大股东收到证监会立案调查通知的公告。公告中称，2017年6月8日公司收到第一大股东界龙集团公司通知，界龙集团公司于该日收到证监会《调查通知书》，因涉嫌信息披露等证券违法违规，根据《证券法》的有关规定，证监会决定对界龙集团公司立案调查，敬请广大投资者注意投资风险。

2017年9月22日，界龙实业公司发布关于收到证监会立案调查通知的公告。公告中称，界龙实业公司于2017年9月21日收到证监会《调查通知书》，因涉嫌信息披露等证券违法违规，根据《证券法》的有关规定，证监会决定对界龙实业公司立案调查，敬请广大投资者注意投资风险。

2018年8月4日，界龙实业公司发布关于公司、公司第一大股东及相关当事人收到证监会上海监管局《行政处罚事先告知书》的公告。公告载明，2018年8月3日，公司及董事长、公司第一大股东界龙集团公司及其董事长收到证监

会上海监管局《行政处罚事先告知书》。主要内容包括：界龙实业公司、界龙集团公司涉嫌信息披露违法违规案已由证监会上海监管局调查完毕，涉嫌违法违规的事实为：2015 年 3 月 26 日至 2016 年 10 月 31 日，界龙集团公司除通过自有的“界龙集团”证券账户持有“界龙实业”股份外，还通过借用的“孙某波”“费某娟”证券账户持有“界龙实业”股份。其中，费某娟分别为界龙实业公司 2016 年第一季度报告与半年度报告披露的无限售条件第五大股东及第七大股东；孙某波分别为界龙实业公司 2015 年半年度报告披露的无限售条件第十大股东、2015 年第三季度报告与年度报告披露的无限售条件第九大股东、2016 年第一季度报告披露的无限售条件第八大股东、2016 年半年度报告披露的无限售条件第十大股东。界龙集团公司未将上述情况告知界龙实业公司，且在界龙实业公司发函征询时隐瞒了对“孙某波”“费某娟”账户的控制情况，导致界龙实业公司 2015 年半年度报告、第三季度报告及年度报告，2016 年第一季度报告及半年度报告有关股东持股情况部分存在虚假记载。证监会上海监管局拟决定对界龙实业公司、界龙集团公司责令改正、给予警告，并处以罚款；对界龙实业公司董事长，界龙集团公司董事长、副董事长给予警告，并处以罚款。

2018 年 8 月 21 日，证监会上海监管局作出沪〔2018〕46 号、47 号、48 号、49 号行政处罚决定书。该决定书认定的界龙集团公司、界龙实业公司违法事实与前述行政处罚事先告知书的认定一致。证监会上海监管局认定，界龙集团公司向界龙实业公司隐瞒其通过“费某娟”“孙某波”证券账户持有“界龙实业”股份的行为导致界龙实业公司违反了 2014 年《证券法》第 63 条“发行人、上市公司依法披露的信息，必须真实、准确、完整，不得有虚假记载、误导性陈述或者重大遗漏”的规定，界龙集团公司的行为构成了 2014 年《证券法》第 193 条第 2 款所述情形。据此决定：对界龙集团公司责令改正、给予警告，并处以 30 万元罚款……界龙实业公司 2015 年半年度报告、第三季度报告及年度报告，2016 年第一季度报告及半年度报告中未如实披露界龙集团公司上述持股情况，相关定期报告中有关股东持股情况部分存在虚假记载，违反了 2014 年《证券法》第 63 条“发行人、上市公司依法披露的信息，必须真实、准确、完整，不得有虚假记载、误导性陈述或者重大遗漏”的规定，构成了 2014 年《证券法》第 193 条第 1 款所述的违法行为。根据违法行为的事实、性质、情节与社会危害程度，依据2014年《证券法》第193条第1款的规定，决定：对界龙实业公司责令改正、给予警告，并处以30万元罚款……

2018年8月25日，界龙实业公司发布关于公司、公司第一大股东及相关当事人收到证监会上海监管局《行政处罚决定书》的公告，称2018年8月24日，界龙实业公司及董事长费某立、公司第一大股东界龙集团公司及董事长费某德分别收到证监会上海监管局沪〔2018〕46号、47号、48号、49号《行政处罚决定书》，并对上述决定书的内容进行了公告。

一审法院再查明，孙某波所持界龙实业股票759,401股系于2015年6月3日至8日分4笔买入。该部分股票于2016年8月31日至9月30日全部卖出。2015年4月1日即界龙实业公司2015年第一季度报告截止日之次日至2015年6月30日即界龙实业公司2015年半年度报告截止日，界龙集团公司无买入界龙实业股票情形。费某娟所持界龙实业股票1,111,218股系于2016年1月27日至29日分3笔买入。该部分股票于2016年9月21日至30日全部卖出。2016年1月1日至3月31日，界龙集团公司共计买入界龙实业股票1,020,000股，无卖出情形。

2016年5月13日，界龙实业公司发布《2015年度利润分配及转增股本实施公告》，载明以公司2015年年末总股本331,376,536股为基数，以资本公积金向全体股本每10股转增10股，即每股转增1股，共计转增331,376,536股，转增后公司股本总数为662,753,072股；股权登记日：2016年5月18日，除权日：2016年5月19日，新增无限售条件流通股份上市日：2016年5月20日。

2015年8月17日，即界龙实业公司发布2015年半年度报告后的首个交易日，界龙实业股票开盘价为27.8元/股，收盘价为28.35元/股，涨幅0.7463%，上证指数涨幅0.7145%。2018年8月6日，即界龙实业公司发布关于公司、公司第一大股东及相关当事人收到证监会上海监管局《行政处罚事先告知书》后的首个交易日，界龙实业股票开盘价为3.97元/股，收盘价为3.99元/股，涨幅0.50%，上证指数跌幅1.29%。2015年8月17日、2018年8月6日后数日，界龙实业股票的涨跌趋势与上证指数基本一致。

法院裁判

上海金融法院认为,2003年《虚假陈述司法解释》第17条第1款明确规定,证券市场虚假陈述,是指信息披露义务人违反证券法律规定,在证券发行或交易过程中,对重大事件作出违背真相的虚假记载、误导性陈述,或者在披露信息时发生重大遗漏、不正当披露信息的行为。本案的争议焦点在于涉案虚假陈述是否属于有关重大事件的虚假陈述。

其一,重大性问题是否已经在行政处罚前置程序中解决。证监会上海监管局的行政处罚决定书已经认定界龙实业公司、界龙集团公司实施了虚假陈述的违法行为并予以了行政处罚,本案中是否还需就相关信息的重大性进行审查判断。法院认为,证券虚假陈述赔偿责任在性质上属于侵权责任,虚假陈述行为与投资者的损失之间存在因果关系是该责任成立的要件之一。虚假陈述所涉信息是否具有重大性,关涉虚假陈述行为与投资者的损失是否存在因果关系。如果所涉信息不会对投资者的投资决策、股票价格产生实质影响,显然该虚假陈述行为与投资者的损失缺乏因果关系。

从尽可能使上市公司的信息披露义务规范化、具体化,保护投资者知情权,维护证券市场秩序等角度出发,我国现行法律、行政法规、规章和规范性文件,以及证券交易所业务规则等对上市公司的信息披露义务,从定期披露、临时披露两个方面进行了规范,涵盖了所有投资者决策可能需要的信息。上市公司等信息披露义务人必须按照上述规定真实、准确、完整、及时、公平地披露信息,否则依法履行监督管理职责的相关行政部门即可能认定构成信息披露违法行为,并责令承担相应的行政责任。在信息披露违法行为行政责任的认定中,监管机构需要综合考量违法行为的客观和主观两方面的因素。其中,信息披露所涉事项对投资者投资判断的影响大小、未按照规定披露信息造成该公司股票交易的异动程度,仅仅是认定信息披露违法行为客观方面需要考量的部分因素。可见,即便所涉信息不具有重大性,监管机构也可依据相关监管规则,对信息披露义务人给予行政处罚。因此,在本案证券虚假陈述责任纠纷中,所涉信息的重大性问题,法院仍需进行审查判断。

其二,涉案虚假陈述的信息是否具有重大性。根据行政处罚决定书的认定,涉案虚假陈述行为具体是指界龙集团公司除通过自有的证券账户持有界龙实业公司股份外,还通过借用的两自然人证券账户持有界龙实业公司股份,且该两自然人成为界龙实业公司无限售条件前十大股东,界龙集团公司未将上述情况告知界龙实业公司,导致界龙实业公司相关定期报告有关股东持股情况部分存在虚假记载。可见,涉案虚假陈述行为包含两个方面:一是持有界龙实业公司5%以上股份的第一大股东界龙集团公司持股发生变化虚假记载;二是孙某波、费某娟为界龙实业公司无限售条件前十大股东及其持股情况虚假记载。该两方面虚假记载所涉信息,如果会对理性投资者的投资决策、界龙实业股票价格产生实质影响,则具有重大性;反之,则不具有重大性。

根据2003年《虚假陈述司法解释》第17条第2款的规定,对于重大事件,应当结合《证券法》关于信息披露的原则性规定、关于定期报告、临时报告的规定及相关法律、行政法规、部门规章等关于信息披露的规定认定。其中,2014年《证券法》第67条规定,发生可能对上市公司股票交易价格产生较大影响的重大事件,投资者尚未得知时,上市公司应当立即将有关该重大事件的情况向国务院证券监督管理机构和证券交易所报送临时报告,并予以公告,说明事件的起因、目前的状态和可能产生的法律后果。该条第2款以列举的方式指出了"重大事件"的11种情况。证监会2007年《上市公司信息披露管理办法》第30条第1款又对此进行了补充,细化至21种情况。其中,持有公司5%以上股份的股东或者实际控制人,其持有股份或者控制公司的情况发生较大变化,均被列入重大事件。

关于持股5%以上的股东持股发生较大变化的认定标准,现行法律法规未明确规定。2014年《证券法》第86条规定,投资者持有或通过协议、其他安排与他人共同持有一个上市公司已发行的股份达到5%后,其所持该上市公司已发行的股份比例每增加或减少5%,应当在该事实发生之日起3日内进行报告和公告。对此,法院认为,此条关于权益披露的规定旨在规范上市公司的收购行为,不能当然适用于重大事件的判断。尤其是在股权分置改革完成且上市公司股本不断扩大、股权日益分散的情形下,以5%的幅度判断重大事件失之过宽。

在现行法律法规未予明确的情况下，判断大股东持股变化、前十大股东变化是否具有重大性，应该结合个案的具体情况，包括上市公司的总股本和股权结构、买卖股份的数量或持股变化的幅度、虚假记载大股东的身份情况等进行分析。本案从界龙集团公司自身的持股情况看，涉案期间其持股比例保持在26.27%～26.98%，第二大股东的持股比例仅为1%左右，无论持股总量还是所持无限售条件流通股数量，界龙集团公司均处于绝对控制地位；从界龙集团公司通过借用的两自然人证券账户持有界龙实业公司股份的数量看，虽然该两自然人均进入界龙实业公司相关定期报告披露的无限售条件前十大股东，但由于股权分散该两人的持股比例仅分别为0.23%、0.34%，相对于界龙集团公司自身的持股比例占比也非常小；从两自然人账户买入界龙实业股票所涉定期报告期间两自然人账户及界龙集团公司账户合计买入界龙实业股票的数量看，总数量及其占当时界龙实业股份总数的百分比也不大；从虚假记载为前十大股东的两自然人的身份看，根据现有证据显示均为证券市场普通投资者。可见，无论是界龙集团公司增持的虚假记载，还是两被借用账户自然人股东及其持股的虚假记载，均难谓会对投资者的决策产生实质影响。此外，从2015年半年度报告发布日、行政处罚事先告知书公告日之后界龙实业股票的股价可以看出，其涨跌幅及走势与上证指数趋势基本相同，说明涉案虚假陈述信息的发布及虚假陈述行为被揭示，也并未对界龙实业股票的价格产生影响。据此，上海金融法院依据《证券法》第69条、2003年《虚假陈述司法解释》第17条之规定，判决：驳回黄某某的诉讼请求。

一审判决后，黄某某不服，上诉至上海市高级人民法院，经过二审，上海市高级人民法院驳回上诉，维持原判。

评析

本案系在2003年《虚假陈述司法解释》证券虚假陈述民事赔偿案件须以刑事或行政前置程序为前提的背景下，以虚假陈述行为不具有重大性为由驳回原告诉讼请求的典型案件。

针对证券监管机构已出具行政处罚决定书认定被告实施了虚假陈述的违法

行为并予以了行政处罚的情况下，本案从虚假陈述民事赔偿纠纷案件中审查虚假陈述行为重大性的意义和必要性出发，并分析了监管机构在信息披露违法行为行政责任认定中的考量因素，作出如下认定：第一，认定虚假陈述所涉信息是否具有重大性，关涉虚假陈述行为与投资者的损失是否存在因果关系。如果所涉信息不会对投资者的投资决策、股票价格产生实质影响，显然该虚假陈述行为与投资者的损失缺乏因果关系。第二，监管机构需要综合考量违法行为的客观和主观两方面的因素。即便所涉信息不具有重大性，监管机构也可依据相关监管规则，对信息披露义务人给予行政处罚。结合以上两点得出，在证券虚假陈述赔偿责任纠纷中对于所涉信息的重大性问题法院仍需进行审查判断的结论。

在对本案所涉虚假陈述是否满足重大性要件进行认定的过程中，本案先根据案涉虚假陈述行为的性质，详细分析了本案上市公司的总股本和股权结构、买卖股份的数量或持股变化的幅度、虚假记载大股东的身份情况，认定案涉虚假陈述行为很难谓对投资者的决策产生实质影响。同时，又通过考察2015年半年度报告发布日、行政处罚事先告知书公告日之后案涉股票的股价情况，分析出案涉上市公司的股票涨跌幅及走势与上证指数趋势基本相同，继而认定涉案虚假陈述信息的发布及虚假陈述行为被揭示，实际上也并未对案涉股票的价格产生影响。

本案以虚假陈述行为并不会导致影响投资者的交易决策以及虚假陈述行为并未实际对股票价格产生影响考察标准，来判别信息披露义务人的违法违规行为是否构成虚假陈述侵权赔偿所必需的重大性要件，相关审理思路与2022年《虚假陈述司法解释》中要求将重大性作为独立要件加以审查的规定相契合，论证充分、理由翔实，具有较强的示范性和实践意义。

拓展研究

我国司法实践对“重大性”要件审查标准的演变如下：

第一阶段：由于前置程序的存在，2003年《虚假陈述司法解释》没有对重大性要件及其认定标准作出明确规定，此后相当长一段时间内，司法实践中往往不单独考察重大性要件。

2003年《虚假陈述司法解释》并未单独就虚假陈述的重大性要件作出明确

规定,也未抽象出重大性要件认定的一般标准,只是在界定虚假陈述行为时引入了"重大事件"概念,并规定应承担民事责任的虚假陈述必须是对有关"重大事件"的虚假陈述。由于在2003年《虚假陈述司法解释》的设置中,证券虚假陈述民事赔偿案件的立案受理必须以监管部门的行政处罚或生效的刑事判决认定为前提,当时主流观点认为,信息披露义务人既已被行政处罚或经刑事判决所认定,则其违法行为在性质上必定是重大的,其未披露的事项也必定一定属于重大事件,被告如认为其虚假陈述行为不重大,应该通过推翻行政处罚或刑事判决的结论来完成举证。在证券侵权案件中,法院无须再对虚假陈述行为的重大性问题进行审查。该观点在当时被广泛接受,故在相当长一段时间内大多数审理法院的做法是以存在前置程序为由不审查被告提出的关于虚假陈述不具有重大性的抗辩,故此阶段也罕见以虚假陈述不具有重大性为由免除被告赔偿责任的生效判决。

第二阶段:随着对证券虚假陈述诉讼实践理论认识的加深和审判经验的积累,重大性要件逐渐成为审理法院裁判时进行考虑的因素。

随着审判实践的发展和成熟,部分审理法院开始关注和审查被告提出的案涉虚假陈述行为不具有重大性的抗辩意见。2013年开始,陆续出现以财务会计违规问题所涉及的金额占比较小、不能对股票市场产生实质性影响等角度,认定案涉行为不属于对"重大事件"作出的虚假陈述,进而判决驳回原告诉请的判决。值得注意的是,在这一阶段,关于重大性问题是属于侵权行为要件应考察的事项,还是应当归在交易因果关系项下进行考察的问题,一直困扰着司法机关。后一种观点认为,被告虚假陈述行为既已被处罚,就应当认定存在证券民事侵权行为。至于被处罚的虚假陈述行为是否具有重大性,是否足以影响到投资者的投资决策,实质上是关系到推定信赖,故应该在交易因果关系中考虑。两种争议观点虽然落脚点不同,在判决结果上却殊途同归,均可产生被告对原告不负赔偿责任的法律后果。

第三阶段:2019年出台的《九民纪要》明确规定,法院在证券虚假陈述纠纷案件中不审查被告提出的"重大性"抗辩。

随着证券虚假陈述生效案件的增多,最高人民法院注意到了各地法院针对重大性问题存在的不同审理思路,故在2019年出台的《九民纪要》第85条中明确规定,"……在案件审理过程中,对于一方提出的监管部门作出处罚决定的行为不具有重大性的抗辩，人民法院不予支持，同时应当向其释明，该抗辩并非民商事案件的审理范围，应当通过行政复议、行政诉讼加以解决”。该规定的逻辑出发点在于，重大性标准在2003年《虚假陈述司法解释》中并不是重点，但没有专门规定并不代表对此没有予以关注。实际上，虚假陈述司法解释是通过设置起诉前置程序来为虚假陈述设定了重大性标准，也就是说只要被行政处罚或者刑事判决人的虚假陈述行为，都当然构成重大证券侵权行为。因此，在2003年《虚假陈述司法解释》尚未修改并依然适用的前提下，受诉法院不能将已被处罚的虚假陈述行为认定为没有重大性。[①] 上述规定的出台使得之后的个案中就信息披露违法行为是否具有“重大性”的争论大幅减少。但实质上，这只是在尚未全面取消前置程序的背景下，暂时地统一裁判尺度，还不能说是实质厘定标准。

第四阶段：2022年《虚假陈述司法解释》在“重大性与交易因果关系”部分设专条规定重大性要件及其认定标准。

在前置程序被正式取消后，此前《九民纪要》第85条规定的“被行政处罚的虚假陈述具有重大性”的单一标准已与资本市场的实际发展情况不符且无法满足审判实践的需要，为此，2022年《虚假陈述司法解释》设专条规定重大性要件及其认定标准。在证券侵权程序中司法机关应根据规定中所列明的标准，独立审查认定虚假陈述行为是否具有重大性。经审查认定虚假陈述不具有重大性的，可直接判决被告无须承担民事赔偿责任，而不必再继续考察因果关系要件。

二、机构投资者交易因果关系成立与否的证明标准

诉讼争点

在推定信赖的立法原则下，实践中，引申出这样一个问题，对于机构投资者（指用自有资金或者从分散的公众手中筹集的资金专门进行有价证券投资活动

① 参见最高人民法院民事审判第二庭编著：《〈全国法院民商事审判工作会议纪要〉理解与适用》，人民法院出版社2019年版，第448页。

的法人机构，包括证券投资基金、社会保障基金、商业保险公司和各种投资公司等）作为原告提起的证券虚假陈述责任纠纷案件，在认定交易因果关系时是否也适用与普通投资者同样的标准。对此，存在以下不同的观点。

第一种观点认为，机构投资者相较于普通投资者而言，负有更高的审慎注意义务，其未尽审慎注意义务造成的投资损失，不属于因“合理信赖”导致的投资损失，不能适用“推定信赖”原则推定其投资决策与虚假陈述行为之间存在因果关系。

该种观点认为，《虚假陈述司法解释》以推定信赖原则作为认定交易因果关系成立的价值导向是基于我国目前的证券市场状况，在投资者与责任者之间寻求最佳的利益平衡点，尽力弥补投资人合理损失的同时鞭策上市公司正确对待信息披露义务，营造良好市场环境。当投资者不再是缺乏判断分析投资能力的普通证券市场投资者时，其与责任者之间的利益平衡关系被打破。相较于普通投资者，机构投资者享有资金、信息、技术和投资经验等优势，可以以其丰富的学科知识、投资技能、从业经验及投资研究分析能力，对相关证券进行长期、系统的跟踪研究并进行实地考察。因此，机构投资者应比普通投资者负有更高的注意义务，而不能享受适用于普通投资者的“推定信赖”原则的优待。

第二种观点认为，无论是机构投资者还是普通投资者，在对交易因果关系进行认定时，均应适用“推定信赖”原则推定其投资决策与虚假陈述行为之间存在因果关系。

该种观点认为，无论是机构投资者还是普通投资者，均是信赖上市公司披露的信息进行交易，其在上市公司信息披露违法时，所面对的风险和可获得的收益并无二致，因此在认定交易因果关系时，没有理由对机构投资者设置较普通投资者而言更高的注意义务。对于机构投资者而言，“推定信赖”原则应同样适用。除非信息披露义务人能够举证证明机构投资者并未信赖其隐瞒的信息而作出相关交易决策，否则不应否定机构投资者投资决策与虚假陈述行为之间已被推定存在的因果关系。

裁判指引

本书同意第二种观点，认为不应仅根据交易主体的差异来区分适用不同的标准以认定交易因果关系。理由如下：

第一，从法律规定方面分析。机构投资者与普通投资者均属于《虚假陈述司法解释》保护范围内的投资者，均可以原告身份对被告的证券虚假陈述行为提起民事赔偿诉讼。在虚假陈述行为重大性要件成立的情况下，《虚假陈述司法解释》第11条中关于推定交易因果关系成立的相关规则，并未将机构投资者排除在适用范围之外，不能从中得出针对机构投资者不同的专业程度予以区别保护的结论，而2022年《虚假陈述司法解释》第30条明确对证券公司、基金管理公司等机构投资者的损失计算方式作出了规定，显然也隐含承认机构投资者可以推定因果关系，故以交易主体的身份差异作为区分依据，对机构投资者的“信赖”适用高于普通投资者的认定标准，缺乏相关法律依据，亦与我国《证券法》对投资者进行平等保护的精神不符。

第二，从信息获取渠道方面分析。对于公开募集股份的发行市场和通过证券交易所报价系统进行的证券交易，投资者均是信赖市场价格，从而信赖上市公司披露的信息而进行交易，并无当然推断机构投资者在信息获取方面存在比普通投资者更多优势的理由。

需指出的是，虽然在推定交易因果关系成立的法律适用上，普通投资者与机构投资者的标准并无二致，且从举证责任分配角度而言，由于推定信赖原则的适用，原告并不负有证明自己基于对被告虚假陈述行为的“信赖”而作出相关交易的举证责任，但是与普通投资者不同的是，机构投资者在作出交易决策时，通常会依据相关分析文件或背景资料，这就给被告提供了相较于面对普通投资者而言更多的抗辩空间。被告有可能根据机构投资者的决策文件，并结合机构投资者的具体交易行为，证明机构投资者的投资决策并非受虚假陈述行为的影响，而是基于虚假陈述之外的原因而作出，以此推翻此前已被推定成立的交易因果关系。

相关规定

2022年《虚假陈述司法解释》

第十一条　原告能够证明下列情形的，人民法院应当认定原告的投资决定与虚假陈述之间的交易因果关系成立：

（一）信息披露义务人实施了虚假陈述；

（二）原告交易的是与虚假陈述直接关联的证券；

（三）原告在虚假陈述实施日之后、揭露日或更正日之前实施了相应的交易行为，即在诱多型虚假陈述中买入了相关证券，或者在诱空型虚假陈述中卖出了相关证券。

典型案例

深圳九腾资产管理有限公司诉中安科股份有限公司等证券虚假陈述责任纠纷案

上海金融法院（2021）沪74民初3205号

案情介绍

本案是投资者诉中安科股份有限公司（以下简称中安科公司）、中安消技术有限公司（以下简称中安消技术公司）、招商证券股份有限公司（以下简称招商证券公司）、瑞华会计师事务所（特殊普通合伙，以下简称瑞华事务所）证券虚假陈述责任纠纷案。该系列案件的示范案件已生效[一审案号（2019）沪74民初1049号，二审案号（2020）沪民终666号]。示范案件判决作出如下认定：（1）中安科公司就其重大资产重组所发布的公告中存在虚增置入资产评估值及2013年年度营业收入的情形，构成证券虚假陈述。为此，中国证券监督管理委员会对中安科公司及重大资产重组标的公司中安消技术公司作出处罚决定。上述虚假陈述行为的实施日为2014年6月11日，揭露日为2016年12月24日，基准日为2017年11月2日，基准价为8.84元。原告投资者在上述实施日至揭露日期间买入中安科公司股票并持有至揭露日最终受到损失的，应推定与虚假陈述行为存在因果关系，可以获得赔偿。投资者的部分损失系受证券市场风险因素、退市风险警示以及公司经营性利好和利空消息等在内的个股风险因素所致，该部分损失不属于中安科公司的赔偿范围。（2）中安消技术公司作为重大资产重组的标的公司属于其他信息披露义务人范畴。因中安消技术公司提供的盈利预测和营业收入信息存在误导性陈述、虚假记载，故中安消技术公司应就其虚假陈述行为向投资者承担连带赔偿责任。(3)由于行政处罚决定系法院受理案件的依据，而非确定诉讼被告的依据，故法律并不要求责任主体均受到行政处罚后才能被列为被告。本案中，招商证券公司、瑞华事务所虽未受到行政处罚，但投资者已提交中安科公司受到行政处罚的决定书，故招商证券公司、瑞华事务所不能仅以缺乏前置程序为由免责。(4)招商证券公司作为独立财务顾问，在审核涉"班班通"项目相关材料并出具专业意见过程中存在过错，导致其出具的《独立财务顾问报告》中部分内容存在误导性陈述，对由此导致的投资者损失，整体考量招商证券公司的行为性质和内容、过错程度、与投资者损失之间的原因力等因素，酌定在25%范围内对中安科公司的证券虚假陈述民事责任承担连带赔偿责任。(5)瑞华事务所在出具案涉审计报告过程中，未按照审计业务准则尽到勤勉尽责义务，导致其出具的审计报告中部分内容存在虚假陈述，对由此造成的投资者损失，综合考量瑞华事务所虚假陈述所涉事项及其过错程度等因素，酌定在15%的范围内对中安科公司的证券虚假陈述民事责任承担连带赔偿责任。

本案原告是九腾价值成长1号私募基金管理人。原告管理的基金产品在公开的股票二级市场购买了涉案中安科公司的股票。

被告中安科公司辩称，原告是专业机构投资者，应当具备与普通投资人不同的市场投资技能和专业研究分析能力。本案应当按照一般侵权处理，由原告举证证明交易因果关系。从"推定信赖"的立法目的看，也是为了保护投资能力较弱的普通投资者。原告应当提出充分证据表明自身运用了专业知识和技能对涉案股票的投资价值进行了判断并严格遵循了投资决策程序。否则，应当由原告自行承担投资不当导致的亏损。此外，中安科公司股票股价下跌是因系统风险和非系统风险等其他因素导致，原告由此遭受的投资损失与案涉信息披露行为之间也不存在损失因果关系，中安科公司不应当予以赔偿。故请求驳回原告的诉讼请求。

法院裁判

上海金融法院认为,2003 年《虚假陈述司法解释》第 2 条"本规定所称投资人,是指在证券市场上从事证券认购和交易的自然人、法人或者其他组织"的规定,并未将机构投资者排除在外,机构投资者应该纳入保护范围。无论是机构投资者还是普通投资者,在证券交易中的身份均是投资者。投资者是否应负有更高注意义务,不应因其身份有所差别,而应根据交易市场和交易方式来确定。针对公开募集股份的发行市场和通过证券交易所报价系统进行的"非面对面"证券交易,2003 年《虚假陈述司法解释》采用交易因果关系推定原则,以减轻不特定投资者的举证责任,实现实质公平。对于公开募集股份的发行市场和通过证券交易所报价系统进行的"非面对面"证券交易,投资者均是信赖市场价格,从而信赖上市公司披露的信息而进行交易,机构投资者和普通投资者负有的注意义务一致,并不负有更高的注意义务。本案原告是通过公开二级市场买入中安科公司股票,属于"非面对面"证券交易,应当适用 2003 年《虚假陈述司法解释》第 18 条的规定,推定原告投资与被告虚假陈述行为具有交易因果关系。现被告未能提供证据证明交易因果关系不成立,应该由被告承担不利后果。故本案应以示范判决确立的标准,由各被告进行赔偿。上海金融法院据此作了判决。判决作出后,各方当事人均未提出上诉。

评析

与常见的证券虚假陈述案件相比,本案的特殊之处在于索赔主体不是"散户"而是专业的机构投资者。对于机构投资者要不要赔、如何赔,《证券法》以及 2003 年《虚假陈述司法解释》中均没有明确规定。在本案之前的司法实践中,机构投资者针对证券虚假陈述的索赔往往难以得到支持,理由通常是机构投资者负有更高的注意义务,但对该种更高注意义务的法律依据来源以及如何确定其合理边界,并未给出具有说服力的依据。本案在既有的法律框架内确立了一个对于机构投资者而言较为明确的裁判规则,即投资者是否应负有更高注意义务,不应因其身份有所差别,而应根据交易市场和交易方式来确定。该规则的确立增强了机构投资者和上市公司对于相关法律后果的预判性，有利于更好地保障我国证券市场各类投资主体尤其是机构投资者的合法权益。

拓展研究

在美国对证券市场欺诈行为进行规制的制定法规范主要是《1934 年证券交易法》第 10b 条，以及美国 SEC 根据法律授权于 1942 年制定的规则 10b－5，特别是后者对于法律所禁止的欺诈行为作了较为详细的规定："任何人直接或间接地利用任何州际通商、邮政方式或手段或全国性证券交易机构进行下列行为均属违法：(1)利用任何工具、阴谋或手段进行欺诈；(2)对重大的事实做不真实的表述，或对与已经做出的陈述有关的重大事实予以隐瞒，以使人产生误解；(3)参与买卖证券有关的任何构成或可以构成对任何他人的欺诈或欺骗行为、做法或商业活动。"它可以说是一个全方位的反欺诈规定，几乎适用于一切证券侵权行为。根据第 10b 条以及规则 10b－5，原告提起证券侵权诉讼必须证明：对重大事实的虚假陈述或遗漏(Material Misrepresentations)；故意(Scienter)；信赖(Reliance)；因果关系(Causation)；损害(Damages)。[①] 其中，信赖要件与因果关系要件虽被列为两个独立的要件，但是有着密切的关系。有观点认为，从某种角度上讲，信赖就是指因果关系中的一个组成部分即信赖相当于交易因果关系。[②]

认定欺诈成立的前提必须是引起了投资者的信赖，只有证明原告是信赖了被告的虚假陈述、重大遗漏等欺诈行为并因此信赖而作出了交易决策，交易因果关系要件才得以成立。但由于信赖作为投资者的一种心理状态，由谁举证证明以及通过何种方法来证明，一直以来均存在较大争议。在美国的司法实践中，对于信赖存在主观标准和客观标准之分。所谓主观标准，又称合理信赖标准，它以当事人的主观信赖为基础，但同时强调原告在分析被告之陈述或相当行为时须

① See William G. Horton & Gerhard Wegen, *Litigation Issues in the Distribution of Securities: An Intenational Perspective*, kluwerlaw Intenational and Intenational Bar Association, p. 57－62.

② 参见杨峰：《证券民事责任制度比较研究》，法律出版社 2006 年版，第 158 页。

尽到应有的谨慎(Due diligence),以使人相信他当时对被告产生的信赖具有合理性。简言之,主观标准侧重考量原告本人的心理状态。例如,美国第二巡回法院 1965 年在利斯特诉时尚公园有限公司案(List v. FashionPark. Inc.)中,要求原告承担起作出相关投资决策时"合理信赖"被告陈述的举证责任。这一判决虽然防止被告因虚假陈述行为而承担无限扩张的责任,但在证券虚假陈述责任纠纷案件中,由于欺诈行为人(虚假陈述行为人)与受害人(投资者)之间通常并无"面对面"的接触,投资者与虚假陈述行为人可能并非交易对手方,投资者的损失也不必然表现为虚假陈述行为人的获益,投资者如何通过客观的证据对其信赖了欺诈行为进而作出交易决定这一交易因果关系进行证明,就成为横跨在投资者通过诉讼维护合法权利前的难题。与主观标准相对应,客观标准又称正当的信赖(Justifiable reliance)标准,该标准是以一个假想的理性人在当时的情况下是否会对案中欺诈行为产生信赖为判断依据,来决定本案原告所主张之信赖在法律上是否正当。这一标准的适用结果不因当事人的具体情况不同而有所变化,而恒定在理性人应当具备的心理状态上,因而具有相当的客观性。①

但无论是主观标准还是客观标准,对于信赖要件的证明都要需要结合其他条件或通过其他方法进行判断,主要有以下做法:第一,将信赖和所信赖的事实的重要性(materiality)联系起来,并考虑交易时的具体情况。对于何为重要性,存在不同的理解和判断标准,美国传统上是以理性投资人的标准来认定,当然也会结合客观上行的股价变化等因素进行包括。例如,在埃斯科特诉巴克里斯建筑公司案(Escott v. BarChris Constrction Corp.,supra.)中,重要性被解释为"假如被正确地陈述或披露阻止或可能阻止一般的谨慎的投资者购买该证券的事实"。②同时有观点认为,在判断虚假陈述或隐瞒的事实对一个理性的投资者来讲是否重要时,该违法行为败露后引起的股价变化比是一个非常有用的参数。③对于事实的重要性问题,虽然存在不同的认定角度和标准,但是必须承认,把信

---

① 参见张明远:《美国的证券民事诉讼制度——Rule 10b－5 研究》,载郭锋主编:《证券法律评论》第 2 期,法律出版社 2002 年版。

② David L. Ratner, *Securities Regulation*, West Group & Law Press, p. 81.

③ L. Loss & J. Seligman, *Fundamentals of Securities Regulation*, 3rd ed., p. 479.

赖这样的心理状态的证明和虚假披露或遗漏的而事实是重大的这一客观状况结合起来,确实更容易把握。事实上确实也只有重要的事实才能使人信赖并决定投资。

第二,对信赖进行推定。1972 年联邦最高法院在隶属于犹他州的尤特公民协会诉美国案(Affiliate Ute Citizens of Utah v. United States)中,对证券交易侵权纠纷中的因果关系认定通过判例确立了"推定信赖"(presumed reliance)原则。该案中,原告作为公司股东未获得有关公司股价的重大信息。美国联邦最高法院认为,在"面对面"的证券交易中,如果负有信息披露义务的被告隐瞒、未披露重大信息,则原告不必积极举证他对被告产生了信赖,并因此购买或出售了证券,只要原告能够证明被告有披露义务但却没有说出某些重要情况,就可直接推定原告对被告行为的信赖,从而认定在交易方面的因果关系。美国联邦最高法院的这一判决是美国法院在确定虚假陈述侵权纠纷案件中因果关系认定标准上的一个重要突破,其大大减轻了原告的举证负担。但有两点需要着重指出,一方面,美国联邦最高法院的这一判决并未将"合理信赖"因素从因果关系的推论中取消,而是将有关的举证责任在当事人之间重新分配。① 针对"信赖标准"所创设的例外,该案确定的推定方法使得原告无须证明其被隐瞒信息的实际依赖关系,但对于这种推定的信赖,被告可以举证予以否认,即对于"合理信赖"是否存在的举证责任,由原告转到了被告处,如果被告可以反证证明原告并未信赖被隐瞒的事实,则原告仍然不能获得赔偿,故其也被称为"可反驳的信赖推定"(rebuttable presumption of reliance)。另一方面,该案确定的"推定信赖"原则,最初仅涉及"面对面"的交易,被告的虚假陈述行为亦属于消极的不作为,即隐瞒重要信息而未予披露。对于非面对面的股票以及以积极作为形式实施的虚假陈述行为,推定信赖原则能否适用,尚不能得出明确的结论。

在该案之后,美国一些地方和巡回法院开始发展出一种新的理论——"欺诈市场理论"(fraud-on-the-market theory)。这一理论建立在"有效市场假说"

---

① 参见最高人民法院民事审判第二庭编著:《最高人民法院关于审理证券市场虚假陈述案件司法解释的理解与适用》,人民法院出版社 2003 年版,第 254 页。

(efficient market hypothesis)之上。有效市场假说认为,在自由、公开、公正的证券市场中,证券市场受信息影响,向投资者传播的任何信息都会及时地反映在证券价格上。欺诈市场理论认为,向证券市场中揭露了虚假的、误导的信息或遗漏了信息,或者交易时不披露内幕信息,都会被证券市场所吸收并反映到证券价格上,影响了市场价格的真实性,从而间接地欺诈了当时所有在市场中从事交易的其他投资者。美国第九巡回法庭较早在审判中运用了欺诈市场理论,于 1975 年作出了布莱基诉巴拉克案(Blackie v. Barrack)的判决。在该案中法官认为,在公开市场上,大部分投资者认为市场定价是与公司的实际运营情况相适应的,体现的是公司的真实情况。也就是说,若投资者是因为信任股票市场的价格决定购买股票的,那么投资者与被告的虚假陈述行为之间也就建立了信赖关系。该案由此确立了一个原则:对外不当陈述有关信息,构成对证券市场和所有交易者的欺诈,原告不必承担对该信息实际产生过信赖的积极举证之责,他只要证明当时的市场价格为受到虚假信息影响的不真实价格,而他按照这种价格从事了买卖交易即可。欺诈市场理论经过多年的发展,在 1988 年的百思克公司诉列文森案(Basic Inc. v. Levinson)中被美国联邦最高法院首度采纳用于解决诉讼纷争,并成为美国法院此后追究责任方面的理论基石。① 欺诈市场理论使“推定信赖”突破了“面对面”交易的限制,也同样可适用非特定个人之间的证券交易所的市场信息,并且将信赖推定从“被告未披露信息”的适用范围扩展到了也同时适用于公开宣示方式的积极虚假陈述行为。

笔者认为,以推定方式认定交易因果关系的立法导向本身并无不妥,正如美国纽约南区联邦地区法院 1984 年阿克曼诉大羚羊通信有限公司案(Akerman v. Oryx Communications, Inc.)②中所指明的那样:“将举证责任施加给被告的立法选择代表了某种决断,即对因果关系的任何不确定性的风险必须落在被告身上,以确保充分揭露是该法的首先目的。”我国《虚假陈述司法解释》也是参照“欺诈市场理论”的基本思路,采用“推定信赖”原则,推定在虚假陈述对市场产生影响

---

① 参见于莹:《证券欺诈民事责任研究》,载梁慧星主编:《民商法论丛》第 18 卷,金桥文化出版(香港)有限公司 2001 年版。

② Akerman v. Oryx Communications, Inc., 609 F. Supp. 363 (1984).

的时段内(实施日到揭露日)进行相关证券交易的投资者,是基于对虚假陈述的信赖而进行交易。质言之,根据推定信赖原则,即使是未实际知悉虚假陈述的投资者,依据已然受到虚假陈述影响的市场价格进行交易,也可视为受到了虚假陈述的欺诈,相关因果关系得以推定。① 但仍需再次强调的是,适用“推定信赖”原则的前提是相关虚假陈述行为具有重大性。正如前文所述,如果案涉虚假陈述不满足重大性要件,则原告对被告虚假陈述行为的信赖前提根本无从产生,被告也因此可直接被认定为无须承担民事赔偿责任。

三、诱空型虚假陈述交易因果关系的认定

诉讼争点

2003 年《虚假陈述司法解释》仅规定了诱多型虚假陈述行为的认定和赔偿标准,未涉及诱空型虚假陈述的责任认定。2022 年《虚假陈述司法解释》增补了诱空型虚假陈述的内容,由此引发的问题是,实践中如果信息披露义务人实施的行为属于诱空型虚假陈述行为的,在认定交易因果关系上,相关标准是否与诱多型因果关系一致。由于诱空型虚假陈述系 2022 年《虚假陈述司法解释》新纳入投资者可以亦属于投资者可主张赔偿的证券侵权行为,此前的司法实践中鲜有涉及,故尚未在现实中形成实质性争议。笔者认为,随着 2022 年《虚假陈述司法解释》实施后相关案件陆续诉至法院,诱空型虚假陈述交易因果关系的认定可能存在以下不同观点。

第一种观点认为,诱空型虚假陈述行为的交易因果关系认定标准与诱多型虚假陈述存在区别,应细分诱空型虚假陈述行为的具体类型后,按不同标准进行判断。

该种观点认为,诱空型虚假陈述又可分为两种不同类型:一种为发布虚假的利空消息,另一种则为隐瞒或推迟披露真实的利好消息。与诱多型虚假陈述类

① 参见最高人民法院民事审判第二庭编著:《最高人民法院关于审理证券市场虚假陈述案件司法解释的理解与适用》,人民法院出版社 2015 年版,第 249 页。

型不同，诱空型虚假陈述在性质上为可得利益的损失，在行为人发布虚假利空消息的情况下，投资者卖出股票符合一般理性投资者的行为决策，二者之间可建立其推定的因果关系，但在行为人隐瞒披露真实利好信息的情况下，市场上并不知悉股票价格低于其真实价值，故对该种情况下投资者的卖出决策，并不能认定与行为人的虚假陈述行为之间具有交易上的因果关系。

第二种观点认为，诱空型虚假陈述行为的交易因果关系认定标准与诱多型虚假陈述并无本质不同，根据反向的交易逻辑进行确定即可。

该种观点认为，无论是信息披露人披露虚假的利空消息，还是隐瞒或者推迟披露真实的利多消息，均是使股价处于低于其真实价值状态的行为，此时投资者若卖出股票则必然会遭受损失。这与诱多型虚假陈述中，信息披露人或是隐瞒真实的利空消息，或是发布虚假的利多消息，均是使股票高于其真实价值状态的行为相对应。因此，诱空型虚假陈述行为的交易因果关系认定标准与诱多型虚假陈述并无本质不同，根据反向的交易逻辑进行确定即可。

裁判指引

本书同意第二种观点。如前文所述，《虚假陈述司法解释》参照欺诈市场理论的思路，以“推定信赖”的原则，确定投资损失与虚假陈述之间的因果关系存在与否。出于同样的司法政策考虑与资本市场的现实情况，对于诱空型虚假陈述中的因果关系，也同样应当适用推定因果关系的原则。具体认定时遵循以下规则处理：

第一，符合诱空型虚假陈述交易因果关系的投资者类型是在虚假陈述实施日之后、揭露日或更正日之前卖出了相关证券的投资者。因信息披露人隐瞒利好消息或虚假发布利空消息，使股价处于低位，导致投资者在没有享受到本应享有的信息红利而卖出股票受到利益损害。如果虚假陈述行为人披露真实的信息，则投资者可能不会卖出股票或者会以更高的价格卖出股票。由此，投资者卖出股票的交易行为与“诱空型”虚假陈述之间存在交易上因果关系，可以要求行为人赔偿。

第二，在虚假陈述行为实施日前即买入证券并持有，在虚假陈述行为揭露日后卖出或继续持有股票的投资者，因其在实施日到揭露日期间没有卖出股票而不存在交易因果关系，此类投资者无法获赔。因利好消息披露的时间点（虽然是迟延披露）处于其持股期间，其已经可以享受到消息红利，即使发生亏损，也失去了可以索赔的前提。由于真实信息已经被揭示出来，因此无论是投资者卖出还是继续持有，其卖出或者持有股票的行为是基于真实信息基础之上的投资判断，与虚假陈述没有关系。若投资者在市场没有充分吸收该信息的情况下卖出股票，理论上虽然也可能遭受损失，但是此时投资者还有持有不卖出的权利，因此该损失与虚假陈述无关。

第三，投资者在实施日后揭露日前卖出相关证券，无论其在揭露日或更正日后是否买回证券，均可获得赔偿。诱空型虚假陈述揭露后，股票价格一般会上涨，投资者可以买回证券，但无论其是否买回，前期卖出证券的亏损均须得到弥补。

相关规定

2022 年《虚假陈述司法解释》

第十一条　原告能够证明下列情形的，人民法院应当认定原告的投资决定与虚假陈述之间的交易因果关系成立：

（一）信息披露义务人实施了虚假陈述；

（二）原告交易的是与虚假陈述直接关联的证券；

（三）原告在虚假陈述实施日之后、揭露日或更正日之前实施了相应的交易行为，即在诱多型虚假陈述中买入了相关证券，或者在诱空型虚假陈述中卖出了相关证券。

第二十八条　在采用集中竞价的交易市场中，原告因虚假陈述卖出相关股票所造成的投资差额损失，按照下列方法计算：

（一）原告在实施日之后、揭露日或更正日之前卖出，在揭露日或更正日之后、基准日之前买回的股票，按买回股票的平均价格与卖出股票的平均价格之间的差额，乘以买回的股票数量；

（二）原告在实施日之后、揭露日或更正日之前卖出，基准日之前未买回的股票,按基准价格与卖出股票的平均价格之间的差额,乘以未买回的股票数量。

典型案例

王某诉深圳市彩虹精化股份有限公司证券虚假陈述责任纠纷案

一审:深圳市中级人民法院(2014)深中法商初字第75号

二审:广东省高级人民法院(2015)粤高法民二终字第1057号

案情介绍

彩虹精化股票于2008年6月25日在深交所上市,证券代码为002256,证券简称“彩虹精化”。2012年5月24日,证监会作出了20号处罚决定书,认定深圳市彩虹精化股份有限公司(以下简称彩虹精化公司)、陈某某存在以下违法事实,主要内容有:(1)未及时披露可能给其带来巨额利润的合同事项。2010年11月23日,深圳绿世界生物降解材料有限公司(以下简称深圳绿世界公司)与彩虹精化公司签订合作经营协议书及相关备忘录,约定共同出资成立彩虹绿世界公司。深圳绿世界公司与彩虹绿世界公司还口头约定:深圳绿世界公司保证彩虹绿世界公司销售净利润不低于10%。深圳绿世界公司于2010年12月12日与嘉星国际有限责任公司(以下简称嘉星国际公司)签订了两份产品销售协议,销售金额共计192,000万元。彩虹精化公司知悉深圳绿世界公司与嘉星国际公司于2010年12月12日签订合同一事。根据深圳绿世界公司与彩虹精化公司事先签订的合作经营协议书以及双方口头约定的“深圳绿世界公司保证彩虹绿世界公司销售净利润率不低于10%”,前述产品销售协议可能给彩虹绿世界公司创造净利润13,010万元,给彩虹精化公司间接创造净利润7155.50万元,这一金额是彩虹精化公司2009年度经审计净利润3891.28万元的1.84倍。上述事项可能带来彩虹精化公司净利润的成倍增长。彩虹精化公司未及时披露2010年12月12日深圳绿世界公司与嘉星国际公司签订两份产品销售协议可能给彩虹绿世界公司创造巨额利润,进而给彩虹精化公司间接创造巨额利润这一重大事件。(2)未及时披露其子公司彩虹绿世界公司与深圳绿世界公司商谈变更合同主体事项。2011年2月18日至23日，彩虹绿世界公司与深圳绿世界公司就合同销售主体变更事宜进行商谈。2011年2月18日，深圳绿世界公司与彩虹绿世界公司召开会议，会上提出变更合同主体一事，陈某某、刘某等人参会。2011年2月21日，陈某某告诉李某某18日会议的内容，并要求李某某上报深交所并询问是否需要停牌。2011年2月18日至22日，彩虹精化股票价格发生异常波动，2011年2月23日彩虹精化公司发布《股票交易异常波动公告》，称公司不存在应披露而未披露信息，故未披露彩虹绿世界公司正在筹划上述重大事项。2011年2月24日，彩虹精化公司因拟披露重大事项，向深交所提交了停牌申请，由深交所在其网站发布《关于彩虹精化股票临时停牌的公告》，公司股票于该日开市起临时停牌。证监会认为，彩虹精化公司未及时披露深圳绿世界公司与嘉星国际公司签订总金额共计192,000万元的产品销售协议可能给公司生产经营带来重大影响的事件，违反了2005年《证券法》第67条的规定，构成2005年《证券法》第193条所述上市公司“未按照规定披露信息”的行为；彩虹精化公司2011年2月23日披露的《股票交易异常波动公告》内容与事实不符，违反了2005年《证券法》第63条、第67条的规定，构成《证券法》第193条所述上市公司“所披露的信息有虚假记载”的行为；彩虹精化公司董事长陈某某是彩虹精化公司上述两项违法行为直接负责的主管人员。陈某某通过刘科知晓深圳绿世界公司与嘉星国际公司签订产品销售协议并安排生产，但未督促彩虹精化公司公告该信息；陈某某主导彩虹绿世界公司与深圳绿世界公司商谈合同销售主体变更事项，并审批了彩虹精化公司2011年2月23日披露的《股票交易异常波动公告》，但未指出该公告所称公司不存在应披露而未披露信息的内容与其子公司彩虹绿世界公司正在筹划对外直接签订销售合同的事实不符。依据前述事实，证监会对彩虹精化公司和陈某某等相关责任人员作出了相应的处罚。

2011年4月21日，彩虹精化公司发布了《关于被证监会立案调查的公告》，主要内容有：其于2011年4月19日收到证监会2011深稽立通字001号《立案调查通知书》，因涉嫌违反证券法律法规，证监会深圳稽查局决定对公司及相关人员立案调查。在公司就证监会深圳稽查局立案调查事项进行自查和对公司2011年3月2日公告的控股子公司签订的意向性协议进行核查工作完成之前，公司股票继续停牌。

2011 年 8 月 4 日,彩虹精化公司发布了《控股子公司重大意向性协议自查结果暨股票复牌公告》,针对公共传媒出现的对彩虹绿世界公司签署的意向性协议的质疑、公司股票于 2011 年 3 月 8 日开市起临时停牌进行了回应,并再次通报了之前已经公告过的意向性协议已经于 2011 年 7 月 20 日、2011 年 7 月 31 日陆续解除等事项。该公告发布之日,彩虹精化股票复牌。

2012 年 6 月 30 日,彩虹精化公司发布《关于收到中国证券监督管理委员会〈行政处罚决定书〉及相关当事人收到中国证券监督管理委员会〈行政处罚决定书〉和〈市场禁入决定书〉的公告》,称彩虹精化公司及相关当事人接受处罚,不申请行政复议和提起行政诉讼,并就违法行为造成的不良影响致歉。

王某诉称:王某在阅读甲公司的信息披露文件后,购买了甲公司公开发行的股票。王某在甲公司虚假陈述实施日之后、揭露日或更正日之前购买了彩虹精化公司的股票,之后卖出或持有而产生亏损,导致损失。王某起诉请求:依法判令彩虹精化公司赔偿投资差额损失人民币(以下均为人民币)53,536 元,佣金损失 160.61 元,印花税损失 53.54 元;上述所涉资金利息损失 131.06 元。以上损失合计 53,881.21 元。并由甲公司负担本案的全部诉讼费用。

法院裁判

一审深圳市中级人民法院认为,虚假陈述行为表现为证券市场信息披露义务人违反法律规定,通过积极或消极地实施虚假记载、误导性陈述、重大遗漏和不正当披露等行为,对市场走向和投资者判断产生重大性影响。从虚假陈述行为对市场走向和投资者判断的影响模式,可以分为诱多型虚假陈述和诱空型虚假陈述。诱多型虚假陈述表现为信息披露义务人故意违背事实真相发布虚假的利多内容信息,或者隐瞒遗漏重大利空内容信息,诱使投资者看多并买入或持续持股;诱空型虚假陈述则表现为信息披露义务人披露虚假的消极利空内容信息,或者隐瞒遗漏重大利多内容信息,诱使投资者在股价相对低位时卖出而遭受损失。根据 20 号处罚决定书认定,彩虹精化公司未及时披露深圳绿世界公司与嘉星国际公司签订的产品销售协议这一可能给公司生产经营带来重大影响的事件，2011年2月23日披露的《股票交易异常波动公告》内容与事实不符，违反了《证券法》的规定，构成虚假陈述。从产品销售协议的内容看，该行为可能使彩虹精化公司利润大幅增长，对王某等投资者而言系利好消息，而彩虹精化公司未能及时披露该信息，应当属于隐瞒重大利多内容信息的诱空型虚假陈述行为。一审法院按照证监会2007年《上市公司信息披露管理办法》第31条关于及时披露信息的规定，认为彩虹精化公司应当在自起算日起或者触及披露时点的两个交易日内，即最迟于2010年12月23日披露上述信息而未披露，故认定该案虚假陈述实施日应为2010年12月23日。一审法院还进一步认定2011年3月2日，彩虹精化公司发布《重大意向性合同公告》，详细披露前述《合作经营协议书》签署情况、合同主要内容及合同主体变更的情况，并就该合同给上市公司的影响、风险提示等问题予以说明之日为揭露日。

一审法院认为，排除证券市场系统风险、内幕交易、操纵市场等其他因素，在没有隐瞒重大利多内容信息的诱空型虚假陈述行为情形下，利好消息的披露一般会带来信息红利，引起上市公司股价的上涨。这会使利好事件依法应当被披露之前就买入股票且持有至披露日的投资者受益，而在披露日后再行投资该股票的投资者，则无此利益。如果该利好事件发生时，信息披露义务人隐瞒和遗漏该重大利多内容信息，由于利好消息公布的时点后移，会直接影响到市场走向和投资者判断，使上述投资者的利益受到相应的影响。一审法院将这期间投资者可能发生的投资行为以及该行为与虚假陈述行为之间的因果关系作以归纳：

1. 在虚假陈述行为实施日前即持有、并在虚假陈述行为实施日前卖出股票的投资者，其投资行为显然没有受到虚假陈述行为的影响，即使有损失，与虚假陈述行为之间没有因果关系。

2. 在虚假陈述行为实施日前即持有、并在虚假陈述行为实施日后、揭示日（揭露日或更正日，下同）前卖出股票而发生亏损的投资者，将因没有享受到本应享有的信息红利而受到利益损害，故该部分投资者的前述损失与虚假陈述行为有因果关系，可以要求行为人赔偿。

3. 在虚假陈述行为实施日前即持有、并在虚假陈述行为揭示日后卖出或继续持有股票的投资者，因利好消息披露的时间点（虽然是迟延披露）处于其持股期间,其已经可以享受到消息红利,即使发生亏损,也失去了可以索赔的前提。

4. 在实施日后揭示日前买入,又在该时段内卖出股票受到损失的投资者,虽然从买入时间上看,晚于应当披露的时间,但其损失亦由利好消息未能在其持股期间公布,系因虚假陈述行为人补救措施不及时所致,投资者亦没有享受到本应享有的信息红利而受到利益损害,故该部分投资者可以要求行为人赔偿。

5. 股票是在实施日后揭示日前买入、在揭示日后卖出或继续持有,或至基准日后或继续持有,因其已经享受到信息红利,即使发生亏损,也与该虚假陈述行为本身没有因果关系。

6. 在揭示日后买入股票,因该虚假陈述行为已经为公众所知晓,投资者应该了解该揭示行为的警示和提醒作用,意识到自己下一步投资行为可能存在的机遇和风险,在此情况下其仍然作出投资决定,即使发生亏损,亦属于自身判断和决策的失误,与虚假陈述行为没有因果关系,无权就所发生的损失主张赔偿。

根据王某提供的交易记录和索赔清单,按照“先入先出”的原则计算,其诉请的损失不属于前述第 2 种和第 4 种情况造成,王某诉请的投资损失与彩虹精化公司虚假陈述行为之间不存在因果关系,王某诉请彩虹精化公司赔偿其损失没有事实和法律依据,故一审判决驳回王某诉讼请求。

一审判决后,王某不服,上诉至广东省高级人民法院。

广东省高级人民法院认为,根据虚假陈述对证券市场以及投资行为作用的影响不同,虚假陈述划分为诱多型虚假陈述和诱空型虚假陈述两大类。原审法院详述的关于诱多型虚假陈述和诱空型虚假陈述的构成要素,予以认可。从彩虹精化公司未及时披露的产品销售协议的内容看,该协议可能使彩虹精化公司利润大幅增长,对王某投资者而言系利好消息,故彩虹精化公司未能及时披露该信息,属于隐瞒披露重大利多信息。因此,原审法院认定彩虹精化公司的虚假陈述为诱空型虚假陈述行为,并以投资者买卖股票时是否有享受到本应享有的信息红利为界限,界定出投资者与本案虚假陈述行为之间是否存在因果关系的若干情形,综合本案情况,并无不当,予以认可。本案中,根据王某提供的交易记录,其在卖出股票时已知悉该信息,故王某所主张的损失,属于证券市场系统风险及其自身判断和决策的失误所造成。因此,原审法院认定王某所主张的损失与彩虹精化公司的虚假陈述行为之间没有因果关系，对王某的诉讼请求不予支持，亦无不当。依照2012年《民事诉讼法》第170条第1款第1项之规定，判决：驳回上诉，维持原判。

评析

本案对从虚假陈述的内容和对市场的影响出发对诱空型虚假陈述进行了认定，并在当时司法解释尚未有明确规定的情况下，创造性地根据实施日到揭露日各个阶段投资者受到信息影响的情形分类，探索归纳出投资者损失与虚假陈述行为的因果关系类别，有较强的前瞻性和实践意义，为2022年《虚假陈述司法解释》施行后人民法院审理诱空型虚假陈述案件厘清了思路。

拓展研究

诱空型虚假陈述与诱多型虚假陈述虽然在利用信息优势对证券市场造成影响的机理相同，但在损失赔偿方面的原理却有不同。因此，受诱空型虚假陈述影响的投资者是否可以获得赔偿一直以来都存在理论争议，同样都是使股票价格脱离实际真实价格，由于诱空型虚假陈述与诱多型虚假陈述对股票价格的影响方向不同，二者对投资者所造成的损失也各不相同。信息披露义务人实施诱多型虚假陈述，一方面使股价高于实际价格；另一方面因放出的是利好消息，会使投资者高价买入股票。而当诱多型虚假陈述行为被揭示后，真实的利好消息不复存在，股票价格也会相应回落，此时投资者要么“割肉”卖出股票，要么选择“被套牢”继续持有股票。诱多型虚假陈述行为会导致投资者“高买低卖”或者“高买而低价持有”，其给投资者造成的损失是买入证券价格与实际卖出证券价格之差，系投资者实际损失。而诱空型虚假陈述与之相反，当公司实施诱空型虚假陈述时，证券价格低于实际价格。这将导致在诱空型虚假陈述的实施日至揭露日期间卖出了股票的投资者“少赚了钱”或者“赔了更多钱”，因投资者之前购买该证券时并未发生虚假陈述，所以投资者的买入价无须被考虑，此时投资者的损失为其卖出股票价格与股票真实价格之间的差额。因此，从学理上讲，与诱多型虚假陈述给投资者造成的是实际发生的损失不同，诱空型虚假陈述造成的损失是可得利益损失。诱空型虚假陈述损害赔偿是在诱空型虚假陈述行为发生前,投资人已持有了未来虚假陈述行为所欲指向的证券,在诱空型虚假陈述发生后,投资者于更正日前以低于真实价格的实际价格将证券卖出,从而丧失了其本可以获得的利益。

学界有观点认为,[①]对于虚假陈述侵权所导致的损失的赔偿应当仅限于直接损失,即虚假陈述行为人仅需就投资者购买股票和卖出股票时的投资差额进行赔偿。从我国的立法、司法来看,无论是1998年《证券法》第63条中(现行《证券法》第85条)的措辞"……致使投资者在证券交易中遭受损失的",还是《虚假陈述司法解释》中所采用的"投资差额损失"概念,均表明只有当投资者在证券交易中遭受直接的财产损失后,才能追究虚假陈述行为人的民事责任。据这一观点,虚假陈述行为人的赔偿范围仅包括直接损失及以直接损失为本金所产生的利息,而不包括可得利益损失。

所谓可得利益损失,是指"新财产之取得因损害事实之发生而受妨害",[②]为消极的损害。可得利益的概念起初诞生于合同法。我国在合同法中将损失分为实际损失与可得利益损失。当合同双方遵守合同指引,履行合同项下的义务时,一方当事人的财产应当增加,但因合同未履行,导致实际应增加的利益未增加,其中未增加的部分即为可得利益损失。与确定事件发生后所造成的实际损失不同,可得利益损失建立在假设的基础之上,即通过假设某一实际已发生的违约事件未发生,预判损害的后果。之后,可得利益损失的概念被引入侵权法。侵权法下的可得利益损失具有以下特征:(1)在侵权行为发生后,这种利益尚未能够被确定地取得,仅仅是被可能地取得;(2)可得利益并不是虚构的、假设的,而是在侵权行为发生当时侵权行为人可以预见到的。在诱空型虚假陈述中,在诱空型虚假陈述行为实施日到揭露日或更正日之间,因投资者以低于实际应有的股价卖出股票而丧失的"少赚取的资金"在没有发生虚假陈述的情况下是可能被取得的;并且,作为信息披露义务人的上市公司,其应当意识到作为公众公司,其对

① 参见郭锋:《虚假陈述侵权的认定及赔偿》,载《中国法学》2003年第2期。

② 王泽鉴:《民法学说与判例研究》(第6册),中国政法大学出版社1998年版,第34页。

外公布的信息会对市场和股票价格产生影响。因此，诱空型虚假陈述中投资者遭受的损失类型可以确定为可得利益损失。在积极诱空型虚假陈述中，若虚假陈述行为人当初并未制造虚假的利空消息，则投资者本应当按照比其实际卖出价格高的价格卖出股票；同样地，在消极诱空型虚假陈述下，若虚假陈述行为人按照法律的要求，及时、完整地披露利好消息，则投资者当时的卖出价格也应当高于其实际卖出价格。因此，诱空型虚假陈述下的可得利益损失具有确定性，即为投资者实际卖出价格与假设不存在虚假陈述情形下的股票真实价格间的差额。根据“客观预见性标准”，作为信息披露义务人的上市公司，应当意识到其作为公众公司，对外公布的信息会对投资者造成误导，可能给投资者带来损失。因此，投资者损失并没有超过虚假陈述人的可预见范围。

四、推翻交易因果关系的认定标准

诉讼争点

交易因果关系抗辩的本质在于“切断信赖”，即相关责任主体可以抗辩主张个案投资者并非合理信赖虚假陈述行为而做出交易决策。2022 年《虚假陈述司法解释》第 12 条针对交易因果关系的抗辩事由进行了列举，其中一项为“原告的交易行为是受到虚假陈述实施后发生的上市公司的收购、重大资产重组等其他重大事件的影响”。该规定背后的原理应当是认为，如果有证据证明被告的虚假陈述并未实际诱使投资者进行交易，投资者的投资决策主要是因为受到虚假陈述实施后的其他因素影响而作出，则对因基础事实存在（重大性要件成立、虚假陈述实施后交易方向与诱导方向一致）而推定成立的交易因果关系应当予以否定。该论断在逻辑上自然成立，但是具体运用至司法实践时，对于虚假陈述行为实施后至被揭露期间，如果还同时存在可能影响投资者交易决策的重大事件的，如何判断原告的交易决策其实是受到该等重大事件影响所致而非受虚假陈述所诱导，进而切断其交易行为与虚假陈述之间的交易因果关系，司法实践中争议较大,主要存在以下不同观点。

第一种观点认为,以介入事件的重大程度以及重大事件与虚假陈述行为发生时间的远近,即客观要素作为判断标准。

该种观点认为,根据欺诈市场理论,推定信赖并不要投资者明确知悉虚假陈述行为的存在,是通过推定投资者信赖股票价格认定交易因果关系存在。但如果虚假陈述实施后,出现了可能显著影响投资者决策的重大事件,其显著程度超过虚假陈述对交易价量的影响,且两者间距时间不长,在上述两个条件同时满足的情况下,就可据此推断该介入事件才是在投资者作出投资决策过程中起主导性或支配性作用的原因,进而认定交易行为与虚假陈述之间不具有交易因果关系。

第二种观点认为,以介入事件发生前后投资者的交易情况,即行为要素作为判断标准。

该种观点认为,投资者的客观交易行为往往能够反映投资者的主观投资心态。通过对比介入事件发生后以及虚假陈述发生后投资者的交易情况,可以判断投资者的投资心态。如果投资者的交易情况显示虚假陈述行为实施后投资者的同向交易并不活跃,而在介入事件出现后,投资者的相关交易明显增多,则可据此认定是该介入事件影响了投资者的交易决策,虚假陈述交易因果关系因此得以否定。

第三种观点认为,根据介入事件的重大程度、发生时间以及投资者的具体交易情况等进行综合判断,即客观要素与行为要素相结合。

该种观点认为,投资者的投资决策往往会受到多种因素的影响。介入事件的重大程度明显,固然会影响投资者的交易决策,即便该介入事件的发生时间距虚假陈述实施很相近,也不意味着投资者的投资决策不是受虚假陈述和该重大介入事件的双重影响而作出。同样地,即便投资者在虚假陈述行为发生后虽有交易但交易量不大,是在介入的重大事件出现后交易量才显著增加,也仅能证明后者的出现可能更加坚定了投资者此前受虚假陈述影响作出相关投资决策,虚假陈述与介入事件产生叠加效应,故不能据此排除多因一果情况的存在进而切断投资行为与虚假陈述之间的交易因果关系。因此,必须在个案中根据介入事件的重大程度、发生时间以及投资者的具体交易情况等进行综合分析判断。

除上述诉讼争点外,司法实践中,对于虚假陈述被揭露后,投资者仍然做出与虚假陈述所诱导的同向交易行为的,能否以此推导出该投资者的投资决策并不受到虚假陈述行为存在与否的影响,进而认定其在虚假陈述行为实施后至揭露日期间的投资行为与被告的虚假陈述行为之间不存在交易因果关系,认识和做法也并不完全一致,主要有以下两种观点。

第一种观点认为,投资者在虚假陈述被揭露后仍进行同向交易的,表明被告的虚假陈述行为客观上没有影响原告的投资决策,亦不会使原告产生投资股票的信赖利益。

该种观点认为,如果在虚假陈述实施日后,投资者既买入股票,又卖出股票,尤其是在揭露日后仍然买入股票,则应认为投资者的投资决策并未受虚假陈述行为的影响,即投资者的这一行为构成投资者并未信赖虚假陈述行为的"反证",因此,虚假陈述行为与投资者的投资决策之间没有因果关系。

第二种观点认为,投资者在虚假陈述被揭露后仍进行同向交易的,仅能认定该部分交易与虚假陈述行为之间不具有交易因果关系,但不能仅以此为由切断投资者在虚假陈述影响时间段内交易行为与虚假陈述之间的因果关系。

该种观点认为,对于投资者在虚假陈述被揭露后仍进行同向交易的部分,立法已经有所考量,规定该部分交易不能纳入损失计算。但仅仅以虚假陈述行为被揭露前后皆有同向交易为由,推翻投资者在虚假陈述影响时间段内交易行为与虚假陈述之间的因果关系,在法律上依据不足。

裁判指引

对上述两个争议问题,本书均同意最后一种观点。本书认为,对交易因果关系的否定将导致被告赔偿责任的全部免除,故在认定时应当尤为慎重,相应的证明标准需要达到较高的程度。具体应把握以下几个认定原则:

第一,投资者在虚假陈述行为被揭露前的交易行为可能基于各种动机所作出,对于交易因果关系采用推定的原则决定了这种推定的信赖可能与投资者真实的投资心态不完全一致。除非有明确的证据可以证明投资者的投资决策是基于收购、重组等与虚假陈述无关的其他因素的考虑而作出,否则不应推翻已被推定存在的交易因果关系。

第二,否定交易因果关系与交易因果关系推定成立的内在逻辑不同。交易因果关系推定原则的适用不仅使个案项下投资者的举证责任得以减轻,更为直接的是建立起了众多投资者索赔请求之间的共通性,故只要重大性要件成立、虚假陈述实施后交易方向与诱导方向一致等基础性事实存在,法院无须再个别判断每名投资者的交易动机。而否定交易因果关系则更多地面临着必须进行个案甄别的情况,笔者认为,具体甄别的标准包括但不限于介入事件的重大程度、影响区间、介入事件影响时间与虚假陈述行为实施日的时间间隔、投资者在虚假陈述实施日后以及介入事件影响区间内的具体交易情况等。例如,当介入事件重大程度显著,对投资者交易决策的影响明显大于被告虚假陈述行为对交易价量所产生影响,而投资者仅在该介入的重大事件出现后才开始相关交易,或此前虽也有交易但重大事件出现后交易量存在显著增加,此种情况下被告主张应推翻原告交易行为与其虚假陈述之间已被推定存在的交易因果关系,笔者认为是具有说服力的。当然,在错综复杂的证券市场上,情况是多种多样的,个案中需考量的因素以及每个因素所占的比重也会各有差异,故无法不经论证就给出“一刀切”的认定标准,仍有待在今后的司法实践中逐步类型化。

第三,投资者在虚假陈述被揭露后的交易动机未必会与此前的交易动机一致,故不宜仅以虚假陈述被揭露后投资者的交易行为作为认定投资者此前是否受虚假陈述行为诱导的判断标准。以诱多型虚假陈述为例:一方面,投资者在虚假陈述被揭露后因股价下跌而产生损失,但投资者同时可能出于拉平成本或者仍看好该公司经营前景等因素的考虑,继续买入该公司股票,因此,投资者在虚假陈述被揭露后仍进行同向交易的,不代表此前虚假陈述实施后至被揭露期间的交易决策未受到虚假陈述行为的影响,不能据此否定投资者在虚假陈述影响时间段内对虚假陈述行为的“推定信赖”。同理,在诱空型虚假陈述中,虚假陈述被揭露后,投资者固可以将此前因诱空卖出的股票重新买回,但也可能出于对该上市公司的信赖坍塌等原因将所持股票出清,不能据此得出其在虚假陈述行为揭露前的卖出行为与被告虚假陈述行为之间不具有交易因果关系的结论。

相关规定

2022 年《虚假陈述司法解释》

第十二条　被告能够证明下列情形之一的，人民法院应当认定交易因果关系不成立：

（一）原告的交易行为发生在虚假陈述实施前，或者是在揭露或更正之后；

（二）原告在交易时知道或者应当知道存在虚假陈述，或者虚假陈述已经被证券市场广泛知悉；

（三）原告的交易行为是受到虚假陈述实施后发生的上市公司的收购、重大资产重组等其他重大事件的影响；

（四）原告的交易行为构成内幕交易、操纵证券市场等证券违法行为的；

（五）原告的交易行为与虚假陈述不具有交易因果关系的其他情形。

典型案例

喀什中汇联银创业投资有限公司诉中兵红箭股份有限公司证券虚假陈述责任纠纷案

一审：长沙市中级人民法院（2020）湘 01 民初 1781 号

二审：湖南省高级人民法院（2021）湘民终 867 号

案情介绍

1993 年 10 月 8 日，中兵红箭股份有限公司（以下简称中兵红箭公司）在深圳证券交易所主板上市，证券代码 000519. SZ。2015 年 7 月 1 日至 2017 年 7 月 3 日，中兵红箭公司所属行业板块为非金属新材料板块。2017 年 7 月 3 日至今，中兵红箭公司所属申万一级行业板块为国防军工板块，所属申万二级、三级行业板块为地面兵装板块。

2015 年 4 月 14 日、2016 年 3 月 15 日、2017 年 4 月 26 日，中兵红箭公司分别发布 2014 年、2015 年和 2016 年年度报告。2017 年 8 月 1 日，中兵红箭公司收到《中国证券监督管理委员会调查通知书》，并于次日予以公告。该公告披露因中兵红箭公司涉嫌信息披露违法违规，中国证券监督管理委员会决定对中兵红箭公司进行立案调查。2018年10月11日，中兵红箭公司公告收到中国证券监督管理委员会湖南监管局（以下简称湖南证监局）《行政处罚事先告知书》。2018年11月2日，中兵红箭公司公告收到湖南证监局《行政处罚决定书》。《行政处罚决定书》认定中兵红箭公司存在以下违法事实：（1）未按企业会计准则要求核算销售收入，虚增2015年度收入和利润。虚增收入1864.79万元，虚增利润1586.46万元。（2）未按企业会计准则核算应收账款坏账准备。2014～2015年中兵红箭公司的全资子公司少计提坏账准备93.7万元、1144.43万元，2016年多计提555.99万元，导致中兵红箭公司2014年至2015年虚增利润93.7万元、1144.43万元，2016年虚减利润555.99万元。综上，中兵红箭公司的全资子公司合并财务报表后导致中兵红箭公司2014年、2015年分别虚增利润93.7万元、2730.89万元；2016年虚减利润555.99万元。分别占当年度年报披露利润总额的比例为0.2%、8.95%、3.52%。中兵红箭公司上述年度的财务报告，存在虚假披露。湖南证监局据此对中兵红箭公司予以处罚。

喀什中汇联银创业投资有限公司（以下简称中汇创投公司）成立于2015年9月8日，系上市公司惠程科技公司（股票代码002168）的全资子公司，其在二级市场于2016年12月14日至2017年3月30日买入中兵红箭股票647,810股，平均买入价15.16元。因认为中兵红箭公司的虚假陈述行为给其投资造成了较大的经济损失，提起本案诉讼。

经查：（1）关于2015年年度报告公告前后一个月股票量、价波动情况。2016年2月15日至3月15日（2015年年度报告公告前一个月），中兵红箭股价累计上涨15.86%，成交量累计上涨141.29%；2016年3月15日至4月15日（2015年年度报告公告后一个月），中兵红箭股价累计下跌2.39%，成交量累计下跌59.61%。

（2）2017年8月2日至4日，中兵红箭收盘价分别为11.04元、10.95元、11.69元，涨跌幅分别为-9.95%、-0.82%、6.76%。同期，深证成指指数涨跌幅分别-0.53%、-0.32%、-0.72%；国防军工板块指数涨跌幅分别为 -1.79%、0.40%、5.74%，地面兵装板块指数涨跌幅分别为-2.89%、0.52%、6.08%。

2015年7月14日，中兵红箭公司发布《董事会关于重大资产重组停牌公告》，称中国兵器工业集团有限公司（以下简称兵器工业集团）正筹划与上市公司有关的重大资产重组事项（以下简称重组事项）；2015年12月12日，中兵红箭公司发布《发行股份及支付现金购买资产并募集配套资金暨关联交易预案》，披露中兵红箭公司拟通过发行股份及支付现金的方式向豫西工业集团有限公司等3名交易对方购买其持有的6家公司100%的股权；2015年12月28日，中兵红箭公司发布重组预案修订稿并复牌；2016年12月16日，中兵红箭公司发布重组交易报告书；2016年12月21日，中兵红箭公司发布《关于重大资产重组标的资产交割及过户完成情况公告》，披露重组事项的标的资产已全部过户至公司名下并已完成工商变更登记手续；2017年1月10日，中兵红箭公司证券简称由“江南红箭”变更为“中兵红箭”；2017年1月26日，中兵红箭公司重组事项中新发行的股份上市，重组事项完成。

2017年第一季度，中兵红箭股价由2016年12月30日的14.90元上涨至2017年3月31日的16.81元，上涨12.82%；同期，地面兵装指数上涨9.62%。深证综指上涨0.88%；深证成指上涨2.47%。自2015年6月30日至2017年3月31日，中兵红箭公司股东户数增加51,567户，增幅为139.01%。

法院裁判

一审法院认为，中兵红箭公司案涉信息披露违规行为构成虚假陈述。在认定了虚假陈述实施日、揭露日、基准日和基准价的基础上，针对双方争议的中兵红箭公司案涉证券虚假陈述行为与中汇创投公司主张的投资损失之间是否存在因果关系的问题，一审法院认为，中汇创投公司是在虚假陈述实施日及以后至虚假陈述揭露日之前买入中兵红箭股票，符合2003年《虚假陈述司法解释》第18条的规定，可推定中汇创投公司的损失与中兵红箭公司的行为存在交易上的因果关系。针对中兵红箭公司抗辩中汇创投公司系机构投资者，未尽审慎义务，不应获得赔偿的意见，一审法院认为，2003年《虚假陈述司法解释》第18条是关于认定成立“因果关系”的规定，从该规定的内容来看，“因果关系”是否成立仅与投资人的投资行为即“买入卖出”的行为及时间点存在关联，与投资人具备何种身份及技能无关。此外。2003 年《虚假陈述司法解释》第 19 条关于否定“因果关系”成立的 5 项事由中,同样与投资人的具备何种身份及技能无任何关联。故中汇创技公司具有超过一般投资人的专业技能同样不能作为否定“因果关系”成立的法定事由。据此,一审法院在扣除相关系统风险等因素后,判决:中兵红箭公司应赔偿中汇创投公司投资差额损失、佣金、印花税、利息共计 14,738,566.72 元。

一审判决后,双方均不服,均提起上诉。

二审湖南省高级人民法院认为,本案属于最高人民法院于 2022 年 1 月 21 日发布的 2022 年《虚假陈述司法解释》施行后尚未终审的案件,根据 2022 年《虚假陈述司法解释》第 35 条的规定,本案应适用 2022 年《虚假陈述司法解释》进行处理。根据 2022 年《虚假陈述司法解释》第 11 条的规定,在我国证券虚假陈述侵权赔偿案件中,采用的是信赖推定原则也即因果关系推定原则认定交易因果关系。投资者只需证明行为人实施了虚假陈述行为,其基于对虚假陈述产生的合理信赖,在虚假陈述实施日之后,揭露日或更正日之前买入了与虚假陈述直接关联的证券,即可推定虚假陈述行为与投资者的损失之间存在交易因果关系。但 2022 年《虚假陈述司法解释》第 12 条同时规定了被告可以通过举证证明交易因果关系不成立的情形。可见,尽管因果关系推定原则大大减轻了投资者的举证责任,但并非将投资者的“合理信赖”这一连接虚假陈述行为与损害结果之间的要件完全取消,只是通过建立投资人信赖股票价格,进而信赖虚假陈述的一种推定,将举证负担由投资者转之于虚假陈述实施人。而这种推定因果关系是可以抗辩的,如果虚假陈述实施人能够提出相反的证据,证明虚假陈述没有对股票市场价格产生影响,或所隐瞒的信息即使披露也不会对股票价格产生影响,或投资人的交易是基于其他原因,或即使投资人知道信息虚假也仍然会进行交易等,只要虚假陈述实施人能够证明其一,即可推翻这种推定的信赖,从而认定投资人的交易行为与虚假陈述行为不具有交易因果关系。

本案中,中汇创投公司在二审明确表示其是依据安信证券研报以及其母公司惠程科技公司证券投资小组出具的《入池研究报告》作出购买中兵红箭股的交易决策。经审查,该两份报告均是基于中兵红箭公司重大资产收购以及公司未来国防军工业务发展的良好预期，并结合中兵红箭股票当时走势的技术面分析作出的买入建议，与中兵红箭公司年报公布的2014～2015年的财务数据并无直接关联。在中汇创投公司明确表示其是依据该两份报告作出交易决定的情形下，应认定中汇创投公司买入中兵红箭股票系是受到虚假陈述实施后发生的上市公司的收购、重大资产重组、未来盈利改变等其他重大事件的影响，以及股价即将迎来波段性上涨的技术面分析后作出的交易决策，与案涉虚假陈述行为无关。

虽然安信证券研报记载了中兵红箭公司2014～2018年（2016～2018年为预测）的财务数据，但推荐机构显然并非基于中兵红箭公司2014～2015年的利润和估值进行的买入建议，而是基于对公司2016～2018年的每股业绩和市盈率可能有较大改善的预测，以及未来6个月内股价将有较大幅度上涨提出的买入建议，与证券市场普遍认知的“买股票就是买未来预期”的基本规律和经验法则相吻合。故就本案而言，中兵红箭公司2015年的业绩并不足以左右中汇创投公司的投资决策，案涉虚假陈述行为并非中汇创投公司购买案涉股票的主要交易原因。何况涉及中兵红箭公司2015年的虚假陈述行为主要是全资子公司将不符合收入确认条件的相关经济业务确认为销售收入、未按企业会计准则要求核算销售退回以及未按企业会计准则核算应收账款坏账准备，导致合并报表后虚增利润2730.89万元，其每股收益更正前为0.24元/股，更正后为0.21元/股，并未对中兵红箭公司的基本面和业绩造成根本性改变，进而导致股价定位明显不合理，也不涉及资产收购重组事实改变和研报投资亮点分析对公司未来发展的预期。相反，从中汇创投公司的实际交易方式看，在安信证券研报以及《入池研究报告》分别于2016年12月上旬作出后，中汇创投公司随即于2016年12月14日首次买入中兵红箭股票，且随着股价的上涨，中汇创投公司逐步加大持仓，至2017年3月30日先后10余次买入并持有中兵红箭股票6,478,100股。而从2016年12月6日起至2017年4月11日，中兵红箭股价累计涨幅为41.32%，并在2017年4月11日收盘价达到最高位18.47元。同时，该期间国防军工行业板块指数上涨13.13%，地面兵装行业板块指数更是上涨41.18%，中兵红箭股价与地面兵装行业板块指数涨幅基本一致，亦与安信证券研报以及《入池研究报告》所预测、分析的走势基本相符，足以说明中汇创投公司完全系基于信赖安信证券研报、《入池研究报告》的分析与建议以及受到国防军工板块大热的影响所进行的交易。综上，中汇创投公司提交的证据足以证明案涉虚假陈述行为并非其作出交易决定的信赖基础，其买入中兵红箭股票与案涉虚假陈述行为不存在交易上的因果关系。湖南省高级人民法院认为，中兵红箭公司提出不应承担赔偿责任的上诉理由成立，并据此撤销了本案一审判决，改判驳回中汇创投公司的诉讼请求。

评析

本案系2022年《虚假陈述司法解释》施行后，法院适用新规阻断交易因果关系的典型案例。虽然该案涉及机构投资者，但法院并未要求原告就其交易决策是合理信赖被告虚假陈述行为进行举证，仍适用推定信赖原则推定交易因果关系成立。二审中，被告根据该机构投资者提交的投资决策文件，结合该机构投资者的交易行为和交易模式，提出了原告交易行为与其虚假陈述行为之间不具有交易因果关系的抗辩。二审法院经审查认定，根据相关证据，本案原告是基于上市公司重大资产重组以及公司未来国防军工业务发展的良好预期而作出买入决策，结合其并非在虚假陈述实施后立即买入股票，而是在上市公司发布重组报告书且军工板块大涨后，才同步买入案涉股票的交易行为，应认定符合2022年《虚假陈述司法解释》第12条第3项否定交易因果关系的情形，并据此作出改判。该案判决厘清了如下审理思路：(1)被告可以针对虚假陈述行为与投资者交易行为及损失之间因果关系的信赖推定进行抗辩；(2)如果有证据证明涉案虚假陈述行为未对投资者的投资决定产生实质影响，即不会引起投资者的交易行为的，则应当推翻这种推定的信赖，认定该虚假陈述行为与投资者的损失缺乏交易因果关系；(3)在审查投资者的交易决策时，相关交易决策文件以及投资者的交易行为等均可以作为衡量标准进行综合考量。本案判决对今后同类案件的审理具有借鉴和参考意义。

拓展研究

就"欺诈市场理论"本身而言，适用的逻辑前提是"市场价格能够反映信息”，其正当性基础在于“有效市场假说”（Efficient Markets Hypothesis，EMH）。但“有效市场假说”仅是一种理论假说，而非对证券市场客观情况的如实描述。在此背景下，直截了当的问题就在于，股票价格并不一定能够及时反映所有市场公开信息。在理论上，有效证券市场可分为三类：在弱式市场中，价格反映了被披露的所有历史信息；在半强式市场中，价格反映了被披露的所有公开信息，包括刚刚被披露的信息；在强式市场中，价格反映了所有相关信息，包括未公开信息。故而，只有证券市场中的股票价格变化与信息公开披露基本同步，即达到“半强势有效”状态，投资者才可声称“对披露信息的信赖”可直接体现为“对市场价格的信赖”，从而推定基于市场价格的买卖行为与影响市价的违法行为具有交易因果关系。因此，在“有效市场假说”这一理论前提可能不成立的情况下，依靠这一理论基础建立“推定因果关系原则”的正当性就被削弱了。虽然美国证券市场的发达程度冠绝全球，但对于“有效市场假说”是否应当在司法活动中适用，仍然存在较大的争议。① 而就“欺诈市场理论”发展脉络而言，美国法院挑选这一理论基础建立“推定因果关系原则”具有较为明确的制度目的。在美国法语境之下，集团诉讼开展的前提性要件系个案之间存在“共同之事实和法律问题”；在证券虚假陈述责任纠纷项下，因果关系的共同性显然系构建“共同之事实和法律问题”的关键一环。在此前提下，美国通过判例法确认了“欺诈市场理论”以推定交易因果关系存在，从而使各个投资者的索赔请求能够顺利聚合以开展集团诉讼，故在美国证券法中，确立“欺诈市场理论”并非着重于个案项下减轻投资者的举证责任，而是更为注重建立投资者索赔请求之间的共通性，从而推动集团诉讼得以顺利开展。然而事实上，证券集团诉讼并未如预期一般发挥赔偿、威慑的双重制度目的，反而带来了滥诉等问题。因此在美国，部分法官和学者开始重新审视“欺诈市场理论”和证券集团诉讼制度的合理性；在希望缩小证券集团诉讼适用范围的背景下，部分法院也为案涉被告提供了更多因果关系抗辩空间，以切断虚假陈述与损失之间的因果认定。②

---

① 相关分析可参见 Ronald J. Gilson & Reinier Kraakman，*The Mechanisms of Market Efficiency Twenty Years Later：The Hindsight Bias*，28 The Journal of Corporation Law 715（2003）。

② See Halliburton Co. v. Erica P. John Fund，Inc.，134 S. Ct. 2398（2014）.

上述趋势在我国的近几年的司法实践以及对2022年《虚假陈述司法解释》进行修订过程中也有明显体现。前文已述,虚假陈述因果关系中的"推定信赖"属于"可抗辩的信赖",即允许被告提出反证,以证明投资者的投资行为决策并非受其虚假陈述行为所诱导。但在很长一段时间内,被告提出的关于交易因果关系的抗辩问题并未得到司法机构的充分重视。自2016年最高人民法院在《当前商事审判工作中的若干具体问题》中提出"要在传统民事侵权责任的侵权行为、过错、损失、因果关系四个构成要件中研究证券侵权行为重大性、交易因果关系特殊的质的规定性"[①]之后,越来越多的审理法院在个案中更加审慎地对交易因果关系进行认定,对于在诱多型虚假陈述中于实施日至揭露日期间买入股票的投资者,不再不作区分地认为其交易决策都是受到了被告虚假陈述行为的诱导,而是通过对投资者交易行为的分析,深入剖析对其投资决策与虚假陈述之间是否具有交易因果关系作出认定。

2022年《虚假陈述司法解释》仍然延续了"可抗辩的推定信赖"的立场,规定被告可以就原告对基础事实的证明提出反证,以证明交易因果关系不成立,并在第12条明确列举了可以证明交易因果关系不成立的以下四种情形:(1)原告的交易行为发生在虚假陈述实施前,或者是在揭露或更正之后;(2)原告在交易时知道或者应当知道存在虚假陈述,或者虚假陈述已经被证券市场广泛知悉;(3)原告的交易行为是受到虚假陈述实施后发生的上市公司的收购、重大资产重组等其他重大事件的影响;(4)原告的交易行为构成内幕交易、操纵证券市场等证券违法行为。除上述列举情形之外,第12条还兜底性地规定了,被告可以举证证明存在原告的交易行为与虚假陈述不具有交易因果关系的其他情形。

笔者认为,在列举的四种情形中,第一种情形并未设定新的内容,实质上仅仅是对推定交易因果关系的反向重申。因为推定交易因果关系的成立要件之一就是要在实施日至揭露日期间实施与虚假陈述行为同向的交易,如果交易行为发生在虚假陈述实施之前或者被揭露之后,则当然不可能产生所谓的推定信赖。至于所列其他几种情形,笔者认为,均可归结为投资者的交易决定非基于信赖股

① 杨临萍:《当前商事审判工作中的若干具体问题》,载《人民司法(应用)》2016年第4期。

票价格作出。也就是说，即使虚假陈述已经在股票价格中得到了反映，投资者作出的交易决定也与虚假陈述类型相符，但如果有证据证明投资者并未信赖被告所作出的虚假陈述，而是基于之外的其他原因作出投资决策，也应当认定不存在交易因果关系。具体可以分为以下三类：

1. 投资者在交易时知道或者应当知道存在虚假陈述，或者虚假陈述已经被证券市场广泛知悉。首先，投资者明知虚假陈述存在，即意味着其知晓市场上的股票价格系受到虚假陈述影响的价格，或者说，投资者已经不可能对股票价格产生信赖。在这样的情况下投资者仍然愿意作出投资决定，足以说明其投资的原因并非信赖股票的价格。在各国的立法例中，对于原告明知被告有虚假陈述行为的情况，均规定可作为被告的抗辩事由。相较于2003年《虚假陈述司法解释》第19条第3项规定的“明知虚假陈述存在”这一情形，2022年《虚假陈述司法解释》在此基础上增加了“应当知道存在虚假陈述”和“虚假陈述已经被证券市场广泛知悉”的情形。可以说，“应当知道存在虚假陈述”的情形进一步拓宽了被告的抗辩空间，“虚假陈述已经被证券市场广泛知悉”的情形则为虚假陈述已经在一定程度上公开但尚未构成揭露的情况下的交易因果关系认定留下了更多的抗辩空间。

2. 投资者的投资行为存在内幕交易、操纵证券市场等违法行为。从交易因果关系的角度解释，投资者的投资行为如果属于内幕交易、操纵证券市场等违法行为的，已经可以据此推定其明知虚假陈述存在，或者其无论是否明知虚假陈述存在均会作出相关交易行为，故无法认定投资者系基于信赖股票价格而作出投资决定，因而投资行为与虚假陈述之间并不存在交易因果关系。例如，在“皇台酒业”案中，针对投资者袁某和陈某2人的投资行为，审理法院认为，袁某作为企事业单位工人，无法证明其用于购买案涉股票的1.45亿元巨额资金来源，且其集中优势资金连续买卖，数量巨大，同时与陈某二人存在一致操作行为，已具有操纵证券价格行为的特征，因此认定投资者的损失与虚假陈述之间不存在因果关系。该案虽未直接指出投资者存在操纵证券价格的行为可以推翻交易因果关系，但从解决思路而言，实际上已契合了因投资者恶意操纵市场而推翻交易因果关系的思路。事实上，如果允许该等存在内幕交易、操纵证券市场等违法行为的原告索赔,也有违任何人不得因为自己的违法行为而获利的基本法理。

3. 存在更可能对投资者交易决定产生影响的其他介入因素。在虚假陈述行为实施日后,投资者作出交易决定之前,如与虚假陈述行为相比,存在其他影响投资者作出交易决定的介入因素,可能导致因果关系的竞合、替代甚至中断的,则此介入因素可以作为推翻交易因果关系的理由之一。对这种介入因素我国目前是采取列举加上兜底的方法进行了规定,但如前所述,并非只要出现法条中所列举的重大事件,就能直接推翻已被推定成立的虚假陈述交易因果关系,应当在个案中结合该介入因素的重大程度和介入期间以及投资者的交易情况等因素进行综合判断分析。以"辽宁机械"案为例,该案中,虚假陈述行为发生于2013年至2014年;被投资股票的公司于2015年4月发布了涉及股权变动事项的公告;投资者的投资于2015年11月开始;2016年1月,虚假陈述被揭露。基于上述事件发生的时间先后,审理法院认为,投资者投资的行为与虚假陈述行为实施日的间隔时间较长,与公司发布股权变动事项的时间较近,投资者因股权变动而投资股票存在更大的可能性。又如"中基健康"案,在该案中,虚假陈述行为有两个:一是公司在2006年至2007年的年度报告中虚增利润;二是公司在2008年至2011年的年度报告中虚减利润。投资者购买股票的时间是2012年3月,法院认为,从虚假陈述行为对投资的影响力看,投资者买入股票的行为应当受发生时间在后的"虚减利润"这一虚假陈述行为的影响,但因为"虚减利润"的虚假陈述并不会诱导投资者买入股票,加上投资者在股票处于"巨亏"的状态下仍选择买入,因而认定虚假陈述行为不足以对投资者交易产生错误引导。

第七章

证券虚假陈述损失因果关系的认定

虚假陈述行为与投资损失之间存在因果关系是民事赔偿的必备条件。证券虚假陈述案件中的因果关系分为两重，一是交易因果关系，对应传统英美法的事实因果关系和德国法上责任成立的因果关系，考察的是重大事实的不实陈述或遗漏是否对投资者交易产生错误引导。该相关内容在前一部分已述及，此处不再赘述。二是损失因果关系，对应传统英美法的法律因果关系和德国法上责任范围的因果关系，考察的是投资者的损失是否为虚假陈述行为导致。只有当两重因果关系均得到充分证明，即投资者是基于对被告虚假陈述行为的信赖而作出投资决策并因此遭受损失的情形下，被告的赔偿责任才能最终成立。

区分两个层次的因果关系的意义在于将事实判断问题和法律价值考虑问题进行适度的区分。① 2003 年《虚假陈述司法解释》虽然在内容方面已对交易因果关系和损失因果关系二分法有所体现，但在条文设置上并未对二者作出明确区

① 参见彭冰：《证券虚假陈述民事赔偿中的因果关系——司法解释的新发展评析》，载《法律适用》2022 年第 5 期。

分。2022 年《虚假陈述司法解释》将 2003 年《虚假陈述司法解释》中的因果关系拆分成了两个部分,“重大性及交易因果关系”规定在第三节,“损失认定”规定在第六节,这是比较显著的一个变化。如前所述,交易因果关系需要考察信赖以推定因果关系成立,而损失因果关系则需要考察价格影响的各种因素,将二者放在不同的框架下予以讨论,更加有利于对重大性问题和损失计算问题进行分析。

与交易因果关系不同,关于损失因果关系的推定和证明问题并未受到广泛关注。多数观点认为,2003 年《虚假陈述司法解释》是对交易因果关系和损失因果关系的双重推定,投资者无须举证证明被告虚假陈述行为是造成其投资损失的根本原因或直接原因,而被告则可以针对损失因果关系提出反证。2022 年《虚假陈述司法解释》同样没有明确对损失因果关系是否采推定成立的立场,但是从第 27 条和第 28 条分别规定了诱空型虚假陈述和诱多型虚假陈述下的投资差额损失计算方法,后又在第 31 条第 2 款规定了被告的抗辩事由的法条设置逻辑上,似乎并不要求原告对损失因果关系进行举证,而是采用了类似于交易因果关系的推定损失存在的做法。虽然 2022 年《虚假陈述司法解释》第 31 条第 1 款规定“法院应当查明虚假陈述与原告损失之间的因果关系,以及导致原告损失的其他原因等案件基本事实,确定赔偿责任范围”,又似乎可以理解为并未直接采推定损失因果关系的立场,但综合上述所有条款以及此前的司法实践,笔者倾向于认为第 31 条第 1 款的立法目的主要在于强调并不是投资者依据第 27 条和第 28 条投资差额损失计算方法计算出的所有投资差额损失都要由被告负责赔偿。因为该损失只是原告的损失,未必是被告的虚假陈述行为导致的。这也是被告可以依据 2022 年《虚假陈述司法解释》第 31 条第 2 款的规定,提出原告主张的全部或部分损失不属于其赔偿范围的抗辩的基础。

关于被告可以提出的抗辩事由,2003 年《虚假陈述司法解释》第 19 条规定被告可以“证券市场系统风险等其他因素”作为主张责任减免的抗辩理由,但由于规定得过于原则,对于如何理解“证券市场系统风险”,“其他因素”包括哪些范围,当事人可以提交哪些材料证明存在“证券市场系统风险”和“其他因素”,法院如何对当事人提交的证据进行有效采信等操作层面的问题,均缺乏具体细化的规定,导致无论是理论界还是实务界对此均有不同的理解和做法。尤其是对“其他因素”，在2003年《虚假陈述司法解释》颁布实施后的相当长一段时间里，鲜有案件采纳被告的相关抗辩。人民法院否定该类抗辩的主要理由在于，案涉被告未能举证证明相关因素对股价产生了何种影响以及影响程度如何，其应自行承担举证不能的不利后果，这体现了此前人民法院从严认定“其他因素”、保护投资者利益的司法政策导向。但近年来，随着证券虚假陈述司法裁判向精细化审理的转变，人民法院认可存在非系统性风险的判决越来越多。

2022年《虚假陈述司法解释》对2003年《虚假陈述司法解释》作了修订，大幅度扩展了被告抗辩的理由，一方面，用“证券市场的风险”取代了之前的“证券市场系统风险”；另一方面，又以列举加兜底的方式对2003年《虚假陈述司法解释》中的“其他因素”进行了明确，具体化为“由他人操纵市场”“证券市场对特定事件的过度反应”“上市公司内外部经营环境等其他因素”，其中也蕴含着对此前司法实践的认可以及总结。当然，上述列举并不代表已穷尽证券市场上可能出现的应被扣减的事件或因素，兜底条款的存在也给了法院在今后的案件审理中继续总结并逐步类型化的空间。本章将围绕当前审判中易产生争议的损失扣除问题展开讨论。

一、证券市场风险因素扣除的司法认定标准

诉讼争点

虽然2022年《虚假陈述司法解释》中规定被告可以举证证明“证券市场的风险”因素导致了原告的部分或全部损失，据此主张减轻或者免除责任，但对于“证券市场的风险”的内涵和外延如何确定，何种情况下可以支持被告的相关抗辩主张，实践中仍存在较大争议，主要存在以下不同的观点。

第一种观点认为，对证券市场风险的认定仍应采用严格标准，除非有证据证明发生了特殊的足以影响全局性的事件，否则对被告以存在“证券市场的风险”为由提出的抗辩，不应予以支持。

该种观点认为，认定证券市场风险一定要慎重，除非有证据证明存在对整个市场都产生了灾难性影响的特殊重大事件，如金融体系危机或者同等影响程度足以导致系统崩盘的事件，否则不应支持被告的抗辩，对被告的抗辩责任予以减免。被告不仅要有大盘指数断崖式下跌的证据，而且应证明存在导致该指数极端异常波动的风险诱因。

第二种观点认为，对证券市场风险的认定标准应合理放宽，只要有证据证明存在影响全行业或者标的证券所在板块的股价波动，就可纳入证券市场风险的考量范围。

该种观点认为，投资者进入证券市场进行投资获取收益，必然是要承担一定的风险。被告的虚假陈述行为并不必然是影响股价变化的唯一因素，其往往是和证券市场上的系统风险因素以及包括行业风险、个股风险在内的非系统性风险因素共同作用影响股票价格。其中，系统风险对证券投资收益造成的影响，无法通过多元化的投资组合来规避。而非系统风险中的行业风险，如某些新兴科技行业，相较于传统的制造业行业而言，虽然具有高投入、高回报的属性，但不可否认，其固有的行业风险和不确定性也更为突出，投资者既选择投资该等行业，则无论投资其中哪一个具体的股票均会受到行业属性固有风险的影响，这通常也与被告的虚假陈述行为无关。如果将上述这些风险全部转嫁到上市公司身上，不仅不符合公平原则，而且不利于上市公司的发展。因此，在确定证券民事赔偿案件计算标准时，包括系统风险、行业风险在内的证券市场风险作为重要的参考变量，如果在案证据已足以证明该种风险真实客观存在，法院就应当将其作为损失扣减的考量因素。

裁判指引

本书同意第二种观点。在证券市场上，市场风险犹如空气一样，无处不在。股票作为一种有价证券，除具有流动性这一特征之外，还具有风险性、波动性。宏观经济层面的经济下行和中观层面的证券市场波动都可能导致投资者在虚假陈述之外产生额外的损失。2022 年《虚假陈述司法解释》使用了“证券市场的风险”这一提法，与 2003 年《虚假陈述司法解释》中“证券市场系统风险”的表述相比，在范围上应作更为宽泛的认定。本书认为，“证券市场的风险”可理解为包括证券市场系统风险以及标的上市公司所属行业的行业风险。审理中，在认定是否存在“证券市场的风险”时，可以从以下两个方面着手进行：

1. 分析对比大盘指数、行业指数、板块指数与涉讼上市公司股票走势是否呈现相同变化趋势。虽然大盘指数并未涵盖所有股票，与真正意义上的系统性风险尚有所出入，但是大盘指数的波动已能在相当程度上反映出系统性风险。同时，由于个股分属不同行业，不同行业在同一证券市场下也具有不同特点，而个股所处行业的整体形势、市场表现和经济效益，将对个股产生更为直接的影响，因此如果虚假陈述的企业系属某一特殊的行业并存在行业板块，那么该行业板块指数的波动情况可以作为考察是否存在行业风险的考虑因素。在综合考察大盘指数、行业指数、板块指数等后，如果发现被诉标的股票的股价与大盘指数、行业指数等因某种客观原因呈现相同的变化趋势，则该重合部分涨跌幅所导致的损失，在理论上均应属于可被排除或扣减的部分。

2. 证券虚假陈述民事赔偿案件中的关于证券市场风险认定问题往往会涉及一些专业性很强的金融知识、统计知识。被告囿于专业能力，其相关举证也未必能够达到证明其所主张的证券市场风险扣减因素占原告损失中的作用比例的程度。法院在必要时也可以依当事人申请或主动引入第三方专业机构，通过专业测算验证双方争议的证券市场风险是否存在，并对相关证券市场风险扣除因素在投资者损失中的具体比例进行量化分析，以提升证券虚假陈述民事赔偿案件裁判结果的合理性和公信力。

相关规定

2022 年《虚假陈述司法解释》

第二十五条　信息披露义务人在证券交易市场承担民事赔偿责任的范围，以原告因虚假陈述而实际发生的损失为限……

第三十一条　人民法院应当查明虚假陈述与原告损失之间的因果关系，以及导致原告损失的其他原因等案件基本事实，确定赔偿责任范围。

被告能够举证证明原告的损失部分或者全部是由他人操纵市场、证券市场的风险、证券市场对特定事件的过度反应、上市公司内外部经营环境等其他因素所导致的，对其关于相应减轻或者免除责任的抗辩，人民法院应当予以支持。

典型案例

丁某某等诉上海飞乐音响股份有限公司证券虚假陈述责任纠纷案

上海金融法院(2020)沪74民初2402号

案情介绍

被告上海飞乐音响股份有限公司(以下简称飞乐音响公司)系上市公司，其公开发行的A股股票代码为600651，股票简称原为"飞乐音响"，2020年5月7日起变更为"XST飞乐"。

2017年8月26日，被告飞乐音响公司发布2017年半年度报告。该公告发布后，飞乐音响公司股价连续3个交易日(2017年8月28日、8月29日、8月30日)上涨，涨幅分别为3.58%、1.08%、2.03%。

2018年4月13日，飞乐音响公司发布《2017年年度业绩预减及股票复牌的提示性公告》，载明：经公司自查，发现2017年半年报和第三季报存在收入确认方面的会计差错，初步预计该等差错将导致2017年1~9月营业收入减少17.4亿元，导致2017年1~6月营业收入减少7.5亿元。该公告发布后，飞乐音响公司股价连续3个交易日(2018年4月13日、4月16日、4月17日)跌停。

证监会上海证监局行政处罚决定书[编号：沪(2019)11号]认定，被告飞乐音响公司因"智慧沿河""智慧台江"项目确认收入不符合条件，导致2017年半年度报告合并财务报表虚增营业收入18,018万元，虚增利润总额3784万元；导致2017年第三季度报告合并财务报表虚增营业收入72,072万元，虚增利润总额15,135万元；导致2017年半年度、第三季度业绩预增公告不准确。上述行为违反了2014年《证券法》第63条"发行人、上市公司依法披露的信息，必须真实、准确、完整，不得有虚假记载、误导性陈述或者重大遗漏"的规定，构成了

2014 年《证券法》第 193 条第 1 款"发行人、上市公司或者其他信息披露义务人未按照规定披露信息，或者所披露的信息有虚假记载、误导性陈述或者重大遗漏"所述情形，因此，依据 2014 年《证券法》第 193 条第 1 款的规定，决定对被告责令改正，给予警告，并处以 60 万元罚款。被告于 2019 年 11 月 2 日发布收到该行政处罚决定书的公告。

原、被告一致确认，被告飞乐音响公司上述被处罚的信息披露行为构成证券虚假陈述行为，该虚假陈述行为的实施日为 2017 年 8 月 26 日，即被告发布 2017 年半年度报告之日；揭露日为 2018 年 4 月 13 日，即被告发布《2017 年年度业绩预减及股票复牌的提示性公告》之日；以自揭露日起至飞乐音响公司股票累计成交量达到其可流通部分 100% 之日为基准日，即 2018 年 7 月 30 日；以揭露日起至基准日期间每个交易日收盘价的平均价格为基准价，经计算为 4.826 元/股。

审理中，双方当事人均申请上海金融法院委托专业机构对投资损失数额、证券虚假陈述行为以外的其他风险因素导致的损失扣除比例等进行核定，但对委托机构意见不一。上海金融法院根据《代表人诉讼司法解释》第 24 条的规定，组织双方当事人当庭随机抽取，最终确定中证资本市场法律服务中心（以下简称中证法律服务中心）为本案损失核定机构。2021 年 3 月 11 日，中证法律服务中心出具了《证券投资者损失核定意见书》（以下简称《损失核定意见书》）。其中，对于系统风险的确定采用以下方式：首先，确立"3 + X"组合参考指标体系。在本案中，"3"代表综合指数（本案为上证综合指数 000001. SH）、申万一级行业指数（本案为电子行业指数 801080. SL）和三级行业指数（本案为 LED 行业指数 850832. SL）（统称行业指数），"X"代表热点比较突出的反映系争股票特点的概念指数，本案未选取。其次，证券市场系统风险的考察区间为第一笔有效买入日到基准日前最后一笔卖出日或基准日。再次，不同情况下组合指数参与系统风险扣除计算的判定方法为：（1）综合指数下跌，说明存在全局性系统风险，3 种参考指数均参与计算；（2）综合指数上涨，且一级行业指数下跌，说明存在行业性的系统风险，故仅一级行业指数、三级行业指数参与计算；（3）综合指数和一级行业指数均上涨，且三级行业指数下跌，说明存在局部性的系统风险，故仅三级行业指数参与计算。最后，采用同步指数对比法进行具体计算。

从投资者第一笔有效买入开始，将每个投资者持股期间的综合指数、行业指数的平均跌幅与个股跌幅进行对比，用相对比例法扣除证券市场系统风险的影响。

法院裁判

本案中，双方当事人对于被告飞乐音响公司被行政处罚的行为构成民事上的虚假陈述行为，以及虚假陈述行为的实施日、揭露日和基准日、基准价均无异议。本案的争议焦点主要集中在：被告虚假陈述行为与原告买入被告股票是否存在交易上的因果关系，即原告买入股票是否受虚假陈述行为诱导所致；被告虚假陈述行为与原告的损失是否存在因果关系，损失金额如何确定，其中包括原告的损失或部分损失是否由证券市场风险因素导致，如果存在证券市场风险因素的影响，应当如何确定其影响程度及相应的扣除比例。

关于交易因果关系的认定，上海金融法院认为，推定在虚假陈述对市场产生影响的时段内进行相关股票交易的投资者，是基于对虚假陈述的信赖而进行的交易。本案中，根据双方当事人均已认可的各原告证券持有变更记录，315 名原告均于涉案虚假陈述实施日（含）至揭露日（不含）期间买入飞乐音响公司股票，并在揭露日（含）后因卖出或继续持有产生亏损，应当推定其买入行为与虚假陈述行为之间存在交易因果关系。对于上述推定，被告飞乐音响公司提供了产业发展规划和收购公告，欲证明原告主要是受宏观利好政策和被告自身经营性利好消息吸引而买入股票，并主张部分原告在揭露日后仍多次买入，其交易行为并非出于对虚假信息的信赖。但被告提供的上述证据仅能证明在半导体照明行业曾存在利好政策以及被告存在收购事宜，而未能证明原告实际作出交易决策时，系基于前述因素的考虑买入飞乐音响公司股票。部分原告在揭露日后有买入行为，亦有可能是基于降低持仓成本等多种因素考虑，不能证明其此前的交易行为并非出于对涉案虚假陈述行为的信赖。故被告不能证明原告明知虚假陈述行为的存在仍买入股票，也不能证明原告的交易行为未受到虚假陈述行为的影响，其该项抗辩主张尚不足以推翻依据司法解释确立的推定因果关系。

关于损失因果关系的确定问题，上海金融法院认为，对于损失因果关系的认定,2003 年《虚假陈述司法解释》亦采纳推定信赖的立场,推定在虚假陈述对市场产生影响的时段内进行相关股票交易的投资者,因此产生的损失与该虚假陈述之间存在因果关系。同时,根据 2003 年《虚假陈述司法解释》第 19 条的规定,被告举证证明投资者的损失或部分损失是由证券市场系统风险等其他因素所导致的,则应认定虚假陈述与损害结果或部分损害结果之间不存在因果关系。本案中,被告飞乐音响公司提供了上证指数历史行情、同类企业历史行情等证据,以证明本案实施日到基准日期间 A 股市场存在整体波动,飞乐音响公司股价受此影响同步下跌。被告提供的证据能够初步证明原告损失受到了证券市场风险因素的影响,对于该等因素所造成的损失部分,应当认定与虚假陈述行为之间不存在因果关系。至于证券市场风险因素所造成的影响比例,应根据专业分析核定扣除。

《损失核定意见书》中选用的市场风险比例认定方法是以 2003 年《虚假陈述司法解释》中确定的损失计算公式为基础,结合每名投资者的具体持股期间,将个股跌幅与综合指数、行业指数的平均跌幅进行同步对比,用相对比例的方法确定每名投资者因市场风险因素对其股价跌幅的具体影响程度。上海金融法院认为,《损失核定意见书》确定的证券市场风险因素扣除方法准确界定了被告飞乐音响公司所属行业,并将综合指数、申万一级行业指数、申万三级行业指数作为组合参考指标体系,采用同步指数对比法扣除市场风险,涵盖了原告的整个持股区间,且针对每名原告的不同交易记录分别判断证券市场风险因素的影响,较为公平客观。因此,对于《损失核定意见书》所确定的证券市场风险因素扣除方法,应予以采信,上海金融法院据此确定各原告的投资差额损失。

评析

本案判决认可被告可以通过提交涉案上市公司股价和大盘指数的走势对比数据,举证证明投资者的损失中部分是由证券市场风险所致,并委托第三方损失核算机构出具专业的损失核算报告,以确定证券市场风险在各名投资者损失中所占的作用比例。

拓展研究

(一)虚假陈述损失赔偿扣减规则的法理基础

损失因果关系即法律上的因果关系。证明存在损失因果关系要求原告证明如果没有被告的行为,其损失不会发生,如果存在多个导致损失的原因,则必须证明被告的行为可能导致损失的发生。[①] 被告的虚假陈述行为虽然误导了原告,影响了其投资交易决定,但不能说明该交易就一定会给原告带来损失。证券市场中损失的表现形式和原因具有特殊性,证券投资者在证券市场中的损失表现为证券价格的上涨和下跌。从长期来看,股票的价格由其内在的价值决定,但就中、短期的价格而言,股票的价格由供求关系决定。无论是成熟股票市场还是新兴股票市场,都可以用供给曲线和需求曲线的变化来确定股价的变化轨迹。一般来说,虚假陈述导致投资者对虚假陈述所影响的证券的前景产生误解或错误判断,而作出投资决策,进行出售或购买,影响该证券供求关系的变化,因而出现该证券价格的上升或下降。当真相被揭露后,价格又大幅下降或上升。但不可否认的是,影响证券价格的上升或下降的因素,除虚假陈述之外,还有很多其他非可归因于虚假陈述的因素,标的证券的股价波动也可能是受到宏观经济形势、行业政策变化、证券品质本身下降、自然灾害、政治事件甚至是谣言等因素的影响。因此,损失因果关系的存在意义就是要在法律上判定是否存在其他不可归责于被告的其他因素,以致原告所受损害与被告的关系过于遥远,从而减轻或免除被告的赔偿责任。

将不可归责于被告虚假陈述行为的其他致损因素进行扣减有多方面的意义。第一,符合侵权责任法原理。关于侵权责任法的功能定位,虽然学界有单一功能说、双重功能说和多重功能说,但填补损害无疑是侵权责任法的基本功能,这也是侵权责任法与作为惩罚法的刑法以及其他部门法律制度的重要区别。[②]

---

① 在英美法系国家,一般来说,损失原因是损失发生的近因(proximate cause)或根本原因(ultimate cause)。

② 参见陈洁:《虚假陈述民事赔偿制度的新发展理念及其规范实现》,载《法律适用》2022 年第 3 期。

侵权损害赔偿制度以填补受害人损失为原则,即民事责任的范围与违反民事义务造成损失的范围相适应,民事损害赔偿只要填平受害人所受的损失,达到补偿目的即可。证券民事损害赔偿虽然有其特殊性,但亦应遵循一般侵权责任的原则。如果确有证据证明证券市场价格的波动系虚假陈述以外的其他原因所引起的,则这种波动所导致的投资者的损失不应由虚假陈述主体赔偿,否则就违背“自己责任”的侵权责任法基本原则。第二,尊重了证券市场风险与收益对等的原则。① 股票的特征决定其是一种高风险、高回报的投资方式。投资者购买证券的实质就是在购买风险,以此作为获取投资收益的对价。因此,投资者理应为市场可能存在的风险承担责任,而不能因为虚假陈述行为人存在不法行为就将所有风险和责任都转嫁到他身上。剔除虚假陈述行为之外的风险亦符合证券投资学理论。第三,维护市场各方权责配置中的利益平衡。我国证券法的立法宗旨在于保护投资者权益,同时兼顾市场各方主体的利益。在虚假陈述行为发生后,理应保护投资者合法权益,给予投资者合理补偿,但这并非意味着投资者的权益保护可以无限扩大。由于交易因果关系采用推定的原则成立,从政策平衡角度而言,推定的政策无疑有利于投资者,该种偏向投资者的司法政策可能导致滥诉,这不但无助于实现优化公司治理的制度目标,而且将使诉讼实质上沦为上市公司股东之间的财富再分配,并有损债权人利益。在这种情况下,继续让虚假陈述行为人对虚假陈述之外风险因素导致的股价波动造成的投资者损失承担赔偿责任,显然对虚假陈述行为人也是极不公平的。事实上,过分强调投资者的保护,可能危及市场整体利益,并最终损害投资者的权益。

(二)损失赔偿扣减规则在美国、日本相关立法以及司法实践中的具体体现

1. 美国。美国《1933 年证券法》第 11(e)条、第 12(b)条揭示了可排除和扣减的投资损失应当与虚假陈述之外的因素存在因果关系。其中,第 11(e)条规定了如果被告能够证明股票价格的下跌是由外部市场力量造成的,那么就不存

① 参见蔡伟真:《论系统风险对证券市场虚假陈述损害赔偿额确定的影响》,载《研究生法学》2014 年第 1 期。

在损害赔偿。① 第12(b)条规定只要被告能够证明证券价格下跌的部分或者全部与对重大事实的错误陈述或者遗漏无关时,原告就相应部分的损失将不能得到赔偿。② 此外,1942年,美国证券交易委员会根据授权综合《1934年证券交易法》第10(b)条和《1933年证券法》第17(a)条制定了著名规则10b-5,而根据美国1995年《私人证券诉讼改革法》的规定,损失因果关系的证明是原告依规则10b-5提起诉讼的另一个要件。原告应当举证证明被告被指控违反法律的行为或遗漏引起了原告所主张的损失。③被告则可以反证所有或部分证券价值贬值是由别的原因而不是不实陈述引起的。但如前所述,证券价格的波动往往是多种原因引起的,有时出现一种原因,又会导致连锁反应,最后多种原因共同作用。要准确确定哪一部分损失是由欺诈行为引起的,并非易事。有观点认为,原告须证明被告行为是损失的根本原因(ultimate cause)或近因(proximate cause)。也有观点认为,原告必须证明被告的欺诈行为对原告遭受的损失起到了实质性(substantial)的作用。事实上,美国法院对损失因果关系采取的标准并不完全一致,有的法院要求原告证明"他所遭受的损失正是被告虚假陈述的那个事实导致的"④。有的法院要求原告证明损失和不实陈述之间有适当的因果关系(causal nexus)。⑤但无论采取哪种标准,从美国的司法判例中可以看出,证券欺诈行为与损失发生的时间间隔、影响股价变动的其他因素及各自的作用力、欺诈行为的潜在作用、其连续性和作用范围等因素是法院在认定是否存在损失因果关系时重点关注的问题。⑥ 至于可排除和扣减因素的具体形态,则在各个案件中均有不同涉及。例如,1985年撒克逊公司虚假陈述案中,审理法院曾列举了数种被告可能援引的与虚假陈述无关、导致股价下跌的非可诉因素,如国民

---

① See Thomas Lee Hazen, *Principle of Securities Regulation*, 3rd ed., Thomson, West 2009, p. 159-160.

② Ibid., p. 159-170.

③ See David L. Ratner, *Securities Regulation*, West Group & Law Press, p. 91.

④ "That the plaintiff demonstrate that the loss was a result of the facts which were misrepresented by the defendant." See Bastian v. Petren, 892 F. 2d680(7th Cir. 1990).

⑤ See Abbey v. Control Data, 933F. 2d616(8th Cir. 1991).

⑥ See Arnold S. Jacobs, *The Measureo of Damages in Rule 10b-5 Cases*, The Georgrtown Law Journal, Vol. 65, No. 5, June 1977.

经济状况、通货膨胀、发行人提供产品服务的供需情况等。在 1990 年巴斯蒂安诉彼得伦资源有限公司案(Bastian v. Petren Resources Corp.)中,美国联邦第七巡回上诉法院认为,导致原告投资损失的原因是 20 世纪 80 年代的石油危机而非被告的虚假陈述,“如果被告的油气风险投资失败并非归咎于被告个人因素,而是一种全行业的现象,则原告的损失并不由被告的欺诈导致,也不能要求损害赔偿”。

除了上文提及的对损失因果关系的认定外,美国法院判决投资者因虚假陈述可获赔金额的过程也体现了同样的认定思路。由于美国《1934 年证券交易法》和规则 10b－5 对于投资者的损失赔偿计算并未作出规定,故实践中均由法院酌情决定适当的损害赔偿措施。美国判例法确立了投资者因虚假陈述可获赔金额应取如下 3 种计算方法所得金额的最小值:[①](1)直接损失(out-of-pocket damages),即按照股票价值与实际交易价格之间的差额(inflation)来确定原告的损失,其在直接交易市场或者公开证券市场中均可适用。[②] (2)由造假导致的损失(losses caused by the fraud)。美国联邦最高法院在杜拉制药公司一案[③]的决议中认为,“如果购买者在市场知道真相后再出售,那么最初抬高的购买价格可能意味着以后的损失,但这并非绝对的。当购买者随后以较低价格转售此类股票时,该较低价格可能反映的不只是早期的虚假陈述,而可能是反映了经济状况的变化,投资者期望的变化,特定于行业或公司的新事实、情形或其他事件”。这反映出法院认识到在虚假陈述损失认定时将其他因素剔除的必要性。(3)损失追索限额(statutory limit)。为了限制私人诉讼的泛滥,《私人证券诉讼改革法》经 1995 年美国国会修改增订了第 21D(e)条[④]的规定,对原告索赔规定了最高限额,规定“损害赔偿不得超过买入价与揭露日 90 日内的平均交易价格之差。此外,如果原告在 90 日期限前卖出,赔偿金不得超过购买价格与揭露日和出售

① See Feitzinger, Kristin, *Estimating Recoverable Damages in Rule 10b－5 Securities Class Actions*, *Cornerstone Research* (2014).

② See Robbins v. Koger Properties Inc., 116 F. 3d 1441 (11th Cir. 1997).

③ See Dura Pharmaceuticals Inc. v. Broudo, 544 U. S. 336 (2005).

④ See Private Securities Litigation Reform Act of 1995, Pub. L. No. 104－67, 202 Stat. 737 (1995).

日间平均收盘价的差额"。这样的立法政策被称为"股价反弹"法则(the bounce-back rule)。而这个法则,代表美国立法政策探索所谓"崩盘理论"(crash theories)的主张,认为被告因更正不实陈述后所形成之市价,其中一部分固然为被告不实陈述所导致,然而部分仍由投资者不理性的抛售行为所致,因此必须予以排除,否则有不当扩大原告损失之嫌疑。此种损失计算方法实际上包含了剔除虚假陈述之外致损因素的考虑。正如美国国会会议记录所指出的:"以纠正性信息披露日为基础计算损害赔偿额可以终止对投资者损害的过分高估。90日的'后续期间'矫正损害赔偿计算中的不确定性,由此将损害赔偿额限定在因虚假陈述行为所致损失,而非由其他市场原因造成的损失。"①

2. 日本。日本法院2006年之前用于计算损失的法律依据主要是日本1998年《证券交易法》第19条之一(修法后并未改动),即"根据前条规定应该支付的损害赔偿额应等于赔偿权利人获得有价证券的价格减去下列任一金额:(1)主张损害赔偿时有价证券的市场价格;(2)如该有价证券已经被处分,则为有价证券的处分价格"。这个法律条文的字面意思是,损害赔偿额等于受害股东买卖证券的差价。日本于2006年进行修法,将《证券交易法》更名为《金融商品交易法》,并在第21条之二增加了与证券虚假陈述有关的规定,即"虚假陈述揭露日前一年内买入有价证券,在揭露日后继续持有该有价证券的投资者,可以按照揭露日前一个月内的平均市价减去揭露日后一个月内的平均市价的差额作为损害金额,提出赔偿请求"。同时,根据日本《民事诉讼法》第248条的规定,法院在当事人举证确实困难的情况下,可行使独立的调查权进行调查,然后裁量决定虚假陈述所造成的损害。②

"西武铁道"虚假陈述案③作为涉及日本证券虚假陈述损害额认定的一起典型案例,能够反映日本立法和司法关于损失扣减的态度和思路。该案中,西武铁

① 程啸:《证券市场虚假陈述侵权损害赔偿责任》,人民法院出版社2004年版,第331页。

② 参见蔡伟真:《论系统风险对证券市场虚假陈述损害赔偿额确定的影响》,载《研究生法学》2014年第1期。

③ 参见柴珂楠:《日本"西武铁道"虚假陈述案对我国证券法改革的启示——以虚假陈述损害额认定为视角》,载《武汉金融》2015年第9期。

道公司的大股东国土计划公司(Kokudo),通过自身以及他人名义共同持股,违反了东交所规定,西武铁道公司在其财务报告中作了虚假陈述。这一虚假陈述在2004年率先被东京财务局发现,西武铁道公司在2004年10月13日作出公告,承认上述虚假陈述的事实,后其股价快速下跌。之后东交所调查确认西武铁道公司从1957年开始对持股比例就已经存有虚假陈述行为,于2004年11月16日决定西武铁道公司的股票在同年12月17日退市。停牌退市后,西武铁道公司分别于2006年和2007年实行了重组和股票回购。这两个时点的股价均较最终退市时有所回升。该案中,日本三审法院根据证券市场运行的基本逻辑,并结合因果关系、诚信公平等法理对法律规定进行了充分说明和演绎。关于损害的认定,日本三审法院的思路归纳如下:(1)地方裁判所提出两种思路:一是按照《证券交易法》第19条的规定,即损害额为买卖价差,称其为“损害说”;二是认为揭露日前投资者买入有价证券跌落部分为市场其他因素造成,不应计入损害额,故损害额为揭露前股价(前一日)与卖出价的差额,称其为“市场下落说”。(2)高等裁判所提出了两种思路:一是“修正后的市场下落说”,即损害额在揭露前股价和卖出价差额的基础上,扣除非因证券虚假陈述导致的股价下跌部分,并根据日本《民事诉讼法》第248条认定相当损害额为揭露日前股价的15%;二是“取得差额说”,认为如果有价证券陈述记载正确,这时本该形成的股价(称为真实价格)和投资者买入股价的差额就是损害额。但考虑到难以衡量真实价格,故提出该差额对买入股价的比例相当于事件揭露日所导致的股价下跌率,该股价下跌率可用“(揭露前股价-退市时股价)÷揭露前股价”加以衡量。(3)最高裁判所在“修正后的市场下落说”的基础上,统一判定损害额为买卖价差,并扣除非虚假陈述因素,一方面,将揭露前股价下跌也算入损害额;另一方面,将非虚假陈述因素具体化为经济形势、市场动向、公司业绩等与虚假陈述无关的因素,如确实无法量化,则以日本《民事诉讼法》第248条进行确定。对于继续持股的情况,以买入价和事实审口头辩论结束时的股票价格(退市后以非上市股票估值)之差为基础,做出同样扣除后作为损害额。在“西武铁道”虚假陈述案之后,由于日本《证券交易法》修改的缘故,虚假陈述案件的法律适用除了参考“西武铁道”虚假陈述案最高裁判所的判决,还需要遵守《金融商品交易法》第21条之二的规定。对《金融商品交易法》第 21 条之二最重要的一次运用是在该法颁布实施后的活力门(Livedoor)事件中。法院在直接援引了该条款并计算出损害后,同时认为"市场的价格因素有很多,这些因素完全由原告进行举证在现实中困难重重,从公平角度出发,法院利用职权进行调查,推定市场因素占股票价格下跌因素的比例为百分之十五"。以上基本确立了修法后虚假陈述案件在日本的判决思路。

由上可见,美国、日本的立法和司法均已表明了对虚假陈述行为和市场因素对股价的影响作出区分的立场,肯定了由这些因素造成的损失可以成为被告免责的理由,在原、被告双方间进行必要的平衡,并在损害赔偿额中加以剔除。笔者认为,无论各国证券的法律制度乃至具体的规定存在何种差异,基本的公平原则应当是共通的。这要求证券市场的各个参与者在法律上享有平等地位,受到公平对待,投资者在享受收益的同时也应当承担相应的风险。根据该原则,对于受虚假陈述诱导的交易,如果全部或部分损失是由虚假陈述无关的原因导致的,该部分损失应当从被告的赔偿责任中予以扣减。

二、其他扣除因素的司法认定标准

诉讼争点

根据 2022 年《虚假陈述司法解释》的规定,被告可以通过举证证明系他人操纵市场、证券市场对特定事件的过度反应、上市公司内外部经营环境等其他因素导致了原告的部分或全部损失,以减轻或免除自己的责任。其中,操纵证券市场作为在证券虚假陈述之外的另一证券侵权行为类型,因具有操纵行为人的隐蔽性和操纵手段的多样性等特征,使得被告针对其虚假陈述期间同时还存在他人操纵市场的举证,往往要依赖证券监督管理部门的处罚决定或者刑事判决书的认定,审理难点多集中于如何区分虚假陈述和他人操纵证券市场对投资者损失的影响力,即损失的计算方面,此处不展开讨论。但对于证券市场固有风险之外的其他可扣除因素，在具体适用的过程中应采用何种标准进行考量，仍有较大争议，主要存在以下观点。

第一种观点认为，非重大因素不应作为损失赔偿扣减因素予以考虑。

该种观点认为，证券虚假陈述是资本市场违法行为的典型形式，依法追究证券虚假陈述相关责任主体的民事责任，是投资者权利救济的主要途径。保护受虚假陈述误导的投资者的合法利益，也因此成为证券虚假陈述民事赔偿制度的重要价值实现目标。在交易因果关系要件满足的情况下，虽然目前已达成共识，并非投资者的所有损失都与被告的虚假陈述行为存在损失因果关系，但不可否认，除了投资证券不可避免的大盘和行业固有风险，如果投资者不是受被告虚假陈述诱导而交易标的证券，其原不必遭受证券市场风险之外的损失。鉴于此，在被告主张其他扣减因素时，不应将审查标准放得过宽，除非是重大且不进行扣减将导致双方利益严重失衡的情况，否则均不应作为损失赔偿扣减因素予以考虑。

第二种观点认为，如果被告举证证明存在与虚假陈述行为无关的其他影响因素，且该影响因素与投资者主张的部分损失之间存在相关性并可以量化计算，则应认定被告对该部分损失不承担赔偿责任。

该种观点认为，根据侵权责任法基本原理和公平原则，虚假陈述行为人承担损失赔偿责任的范围应当仅限于投资者因虚假陈述行为虚增或者压低了证券交易价格所直接导致的交易损失。考虑到股价的形成和波动是综合宏观环境、行业发展、公司业绩、市场供求关系等多种因素的结果，除证券市场的全局性波动和标的证券所处行业的整体性波动外，仍有与被告虚假陈述行为无关的诸多其他因素可能会影响股价并导致投资者产生损失。如果根据被告的举证可以认定在虚假陈述之外，客观上同时存在引发标的证券股价变动的其他因素，且该影响因素与投资者的部分损失之间具有相关性并能够证明其致损的作用力以及致损金额，则对被告要求进行损失扣减的抗辩主张应当予以支持。

裁判指引

本书倾向于第二种观点。虚假陈述证券侵权作为一种特殊侵权，应当遵循侵权责任法的基本原理。根据侵权损害赔偿制度中填补受害人损失这一基本原则,侵权行为人的民事责任范围应与其违反民事义务造成损失的范围相适应。与银行储蓄、国债、固收类理财产品等不同,股票相对而言具有更高的风险,投资者不能因为虚假陈述行为人存在不法行为就将本应由自己承担风险和责任都转嫁至虚假陈述行为人身上,故对于有证据证明与虚假陈述无关的因素导致的投资者损失,均应当排除在被告的赔偿范围之外。

对于何种情况下可以认定为“应当扣除”,在具体案件审理中,可做如下考量:

1. 被告提出的因素应该与投资者损失具有相关性。一段时间内股价的上涨和下跌往往是多种因素共同促成的结果,但是并非任何因素都会造成股价的波动。因此,被告如欲主张扣除某些因素对股价的影响以降低其因虚假陈述造成投资者损失的金额,则首先应当证明其提出的因素与股价的上涨或者下跌具有相关性。在此过程中,法院可以从几个维度进行审查:第一,被告主张的扣减因素是否对股价变动不产生影响或者影响程度几乎可以忽略。其中,既包括对股价不产生影响的中性因素,如不影响公司经营活动的工商变更,也涉及对股价影响不大的经营因素,如对公司利润贡献度非常小的投资进展。第二,标的证券实际股价变动方向是否与被告主张影响股价的走势方向相反。例如,某些事件的发生在通常情况下会对公司股价产生不利影响,但该因素结合被告公司的实际情况,却反方向推动了股价上涨。第三,被告主张的扣减因素是否是其虚假陈述行为引发的次生因素。一些上市公司的重大变故有时也是其虚假陈述行为的消极后果之一,因此不宜不作区分地将这些重大变故作为扣减因素予以考虑。例如,上市公司的一项对外重大收购计划被叫停,而并购中止的原因又与该公司因涉嫌虚假陈述被监管部门立案调查有关,此时则不能将公司经营中的该项重大变故作为损失扣除项考虑。这种情况下并购失败引发的股价下跌也是由被告虚假陈述行为所导致,故被告对这部分损失不能主张免责。

2. 被告应举证证明该因素造成了相应的损失。如前所述,股价的变动同时受到市场因素、行业因素和企业因素相关信息的影响,故被告如何将其主张的其他因素导致的投资者损失从其虚假陈述行为以及证券市场因素导致的损失中剥离出来,就成为被告举证的难点。根据目前的司法实践,委托中立的第三方评估机构是可行的方法之一，由后者借助金融市场数据，通过“事件分析法”或建立模型等方法进行测算。当然，对于被告举证的第三方核算结果，法院并非不做任何审查一概采纳，仍要在对核算的方法以及结论进行综合评定后作出判决，当然，在此过程中，原告也同样可以提出相反的证据以推翻被告的扣减主张。

相关规定

2022 年《虚假陈述司法解释》

第二十五条　信息披露义务人在证券交易市场承担民事赔偿责任的范围，以原告因虚假陈述而实际发生的损失为限……

第三十一条　人民法院应当查明虚假陈述与原告损失之间的因果关系，以及导致原告损失的其他原因等案件基本事实，确定赔偿责任范围。

被告能够举证证明原告的损失部分或者全部是由他人操纵市场、证券市场的风险、证券市场对特定事件的过度反应、上市公司内外部经营环境等其他因素所导致的，对其关于相应减轻或者免除责任的抗辩，人民法院应当予以支持。

典型案例

许某某等诉上海普天邮通科技股份有限公司证券虚假陈述责任纠纷案

一审：上海金融法院（2018）沪 74 民初 1399 号

二审：上海市高级人民法院（2020）沪民终 294 号

案情介绍

1993 年 10 月 18 日至 2019 年 5 月 23 日，上海普天邮通科技股份有限公司（以下简称普天公司）在上海证券交易所上市，其公开发行的 A 股股票代码为 600680，B 股股票代码为 900930。

2015 年 3 月 21 日，普天公司发布 2014 年年度报告，公布了公司的基本情况、会计数据和财务指标、股本及股东情况等事项。

2017 年 1 月 19 日，普天公司发布《关于收到中国证券监督管理委员会立案调查通知的公告》。该公告称："普天公司于 2017 年 1 月 17 日收到中国证券监督管理委员会（以下简称'中国证监会'）《调查通知书》，因涉嫌违反证券期货相关法律法规，中国证监会根据《证券法》的有关规定，决定对普天公司立案调查。"

2018 年 1 月 10 日，普天公司发布关于收到中国证监会上海监管局（以下简称上海监管局）《行政处罚事先告知书》的公告。公告称，普天公司于 2018 年 1 月 9 日收到上海监管局《行政处罚事先告知书》。告知书称，普天公司涉嫌信息披露违法违规案已由上海监管局调查完毕，上海监管局依法拟对普天公司作出行政处罚。拟作出行政处罚所根据的违法事实如下：普天公司为弥补 2014 年利润缺口，完成利润指标，2014 年 9 月至 11 月，与上海晟飞商贸有限公司、深圳巴斯巴科技发展有限公司进行了 2 笔三方贸易，虚增营业收入人民币 1783.12 万元，虚增利润总额人民币 134.73 万元；2014 年 11 月，与上海成雨能源科技有限公司、上海中瀚企业发展有限公司进行一笔三方贸易，虚增营业收入人民币 2478.63 万元，虚增利润总额人民币 863.67 万元。上述 3 笔三方贸易共导致普天公司 2014 年虚增营业收入人民币 4261.75 万元，虚增利润总额人民币 998.4 万元，占普天公司 2014 年合并财务报表利润总额人民币 1354.96 万元的 73.68%。经查，在上述三方贸易中，贸易合同的标的货物相同，签订合同以及支付款项的时间相同或相近，在流程上均是由普天公司对外销售，最后又由普天公司购回，贸易流程与资金划转形成闭环，且所涉及的货物均以虚拟库的形式出入库，不发生实物流转，属于虚假贸易。普天公司披露的 2014 年年度报告存在虚假记载的行为，违反了 2014 年《证券法》第 63 条"发行人、上市公司依法披露的信息，必须真实、准确、完整，不得有虚假记载、误导性陈述或者重大遗漏"的规定，构成 2014 年《证券法》第 193 条所述"发行人、上市公司或者其他信息披露义务人未按照规定披露信息，或者披露的信息有虚假记载、误导性陈述或者重大遗漏"的行为。上海监管局据此拟决定对普天公司责令改正、给予警告，并处以人民币 40 万元罚款。

2018 年 3 月 15 日，上海监管局作出沪〔2018〕4 号《行政处罚决定书》。该决定书认定的普天公司违法事实与前述《行政处罚事先告知书》的认定一致。上海监管局根据普天公司违法行为的事实、性质、情节与社会危害程度，依据2014年《证券法》第193条第1款的规定，决定：普天公司责令改正、给予警告，并处以40万元人民币罚款。

经查，2017年1月19日，普天公司A股股价跌幅达到10.01%，B股股价跌幅为7.46%，A股股价10日累计跌幅达13.89%，B股股价10日累计跌幅为16.39%。

2017年1月26日、2月25日、4月15日，普天公司连续3次发布《关于公司股票可能被实施退市风险警示的提示性公告》。2017年3月28日，普天公司股票被冠以ST。2017年4月22日，普天公司发布《关于公司股票实施退市风险警示暨停牌的公告》，提示投资者，如公司2017年经审计的净利润继续为负值，公司股票可能被暂停上市。敬请广大投资者注意投资风险。2017年4月25日，普天公司股票被冠以*ST。

2018年1月31日、3月3日、3月20日、4月26日、4月27日，普天公司多次发布股票暂停上市风险提示公告。2018年4月28日至5月1日为非交易日，普天公司股票于2018年5月2日起开始停牌。

2019年5月17日，上海证券交易所作出决定，对普天公司股票予以终止上市，根据上海证券交易所的安排，于2019年5月23日对普天公司A股和B股予以摘牌，普天公司股票终止上市。

另查明，2015年9月29日，国务院办公厅发布《关于加快电动汽车充电基础设施建设的指导意见》（国办发〔2015〕73号）；2016年1月11日，财政部等五部门联合发布《关于“十三五”新能源汽车充电基础设施奖励政策及加强新能源汽车推广应用的通知》（财建〔2016〕7号）。上述文件发布期间，与新能源汽车和充电桩概念相关的市场热度上升。普天公司A股股价在2015年9月上旬为人民币15元左右，至2015年10月上旬上升至人民币32元左右。之后股价仍持续上涨，至2015年11月13日达到高点人民币61.72元，之后直至2015年12月31日，股价始终处于人民币50元左右的高位。2016年开始，普天公司股价震荡下行，直至2017年1月19日普天公司被中国证监会立案调查前，股价再次回到人民币30元至35元。

许某某等4名投资者于2015年3月21日后买入普天公司股票，其根据《行政处罚决定书》认定的相关事实起诉普天公司，要求其赔偿因信息披露违规行为所造成的损失。

本案审理过程中，上海交通大学中国金融研究院接受委托，于2020年2月19日出具《损失核定意见书》，对投资者因普天公司虚假陈述产生的投资差额损失进行了核定。

法院裁判

关于双方争议的原告投资者的损失或部分损失是否系证券市场系统风险或其他因素所导致的问题，上海金融法院认为，虚假陈述责任纠纷案件本质而言是一种特殊的侵权损害赔偿纠纷案件。虽然原告投资者在虚假陈述对市场产生影响的时段内进行相关股票交易，但由于在证券市场上，个股的股价不可避免会受到多重因素的影响，除上述虚假陈述外，还有包括市场风险因素在内的其他因素的影响，对于该些虚假陈述之外其他因素导致的股价涨跌所引起的投资者损失，如果均由虚假陈述行为人承担，既不合理也不公平。因此，2003年《虚假陈述司法解释》第19条也明确规定，被告举证证明损失或者部分损失是由证券市场系统风险等其他因素所导致的，应当认定虚假陈述与损害结果之间不存在因果关系。根据该条规定，虚假陈述行为的责任人仅对虚假陈述这一证券侵权行为造成的投资者损失承担赔偿责任，如果有证据证明投资者损失的形成存在其他致损因素，而且这些因素对股价的波动具有相当的影响程度，并且与虚假陈述行为无关，则应当认定该些因素导致的损失不属于虚假陈述行为人的赔偿责任范围。原告投资者关于2003年《虚假陈述司法解释》第19条中使用“等”字是表示列举穷尽收尾，并认为可以扣除的因素仅限于经有权机关认定后范围有限的“证券市场系统风险”的主张，因违背侵权损害赔偿的法理，不予采信。

上海金融法院认为，上市公司股票的价格受到诸如大盘走势、所处行业板块以及公司规模、价值、盈利等多种因素的持续影响，即便没有虚假陈述，股票价格也存在正常的波动。现被告普天公司已举证证明，本案实施日到基准日期间，证券市场大盘指数、行业指数出现了整体性波动的情况，以及普天公司股价在受大盘、行业和个股经营巨亏的多重影响下整体呈现下跌走势，其间伴随充电桩概念股热度上升和消退，股价发生大幅上升又回落的情况。据此应认定上述该等风险因素，与虚假陈述并无关联，投资者因受此影响所造成的损失部分，应认定与虚假陈述行为没有因果关系，故不在赔偿范围之列。鉴于原告投资者的损失系多种因素共同叠加作用而形成，如何将这些与虚假陈述无关的因素所产生的影响与虚假陈述因素合理剥离，并确定具体的赔付比例，应通过专业分析进行核定。

评析

本案中，被告虚假陈述行为实施后至被揭露期间，除了虚假陈述的诸多因素，还叠加有国家大力发展新能源汽车，投资者认为属于对充电桩业务重大利好，被告公司股票因此被归于“充电桩”概念股的情况。被告虽然多次发布公告作出澄清，但一段期间内被告股价仍强势走高，之后随着市场热度的消退，股价又快速回落。法院认定，原告购买被告股票是基于虚假陈述行为诱多以及充电桩利好的多重影响，但对于投资者因充电桩拉高股价期间买入后又在股价回落期间卖出所产生的损失，与被告虚假陈述行为之间不具有损失因果关系。通过第三方专业机构的建模核算，对这部分股价明显异常波动导致的损失，从被告的赔偿责任中进行了扣减。本案判决明确了如下审理原则：如果被告提交证据证明投资者损失的形成存在其他致损因素，投资者的损失系多种因素共同叠加作用而形成的，则对于虚假陈述行为之外的因素导致的损失，应认定为不属于虚假陈述行为人的赔偿责任范围。

拓展研究

关于虚假陈述和损失之间的因果关系认定，美国法律将损失因果关系的举证责任分配给了原告。之所以要求原告证明损失因果关系，是因为根据联邦高等法院的观点，“不论这样的要求被称作损失因果关系还是普通法上的最近原因，或者法律上之原因，它基本的作用就是避免投资人在诉讼上主张那些与被告不当陈述或不当行为之间没有可预见关联性之损失。因此，即使被告的不当行为已经促使原告从事交易行为，但只要原告所主张的损失，事实上是由与被告不当行为无关的其他市场力量或因素所导致，原告就不在规则 10b－5 损失赔偿诉讼所要填补的范围之内"[①]。联邦最高法院 2005 年在审理美国杜拉制药公司诉布罗多案（Dura Pharmaceuticals v. Broudo）时也同意这种看法。在该案中，联邦最高法院认为，证券法为了维持投资人信心，所以允许私人借由欺诈诉讼请求损害赔偿，以遏制证券欺诈行为，不过这些诉讼也仅止于赔偿投资人因为不当表述所确实遭受的经济损失，而不是泛滥地为所有投资损失买保险。在私人证券诉讼中，原告必须像在欺诈或不当表述侵权诉讼中一样，举证其所受之经济损失与损失因果关系。

原告既负有证明损失因果关系存在的举证责任，那么原告如何证明以及法院如何审查被告行为是引起原告损失的原因就成为亟待解决的问题。在美国的判例中存在如下的标准：第一，宽松的审查标准——证明原告买入证券时价格遭到哄抬。例如，早期石里克案（Schlick）[②]曾认为，原告仅须证明该不实陈述使证券价格遭到灌水哄抬以及使原告依该价格买入证券即可，这样宽松的检验标准一度受到广泛援用，也有学者称此为价格哄抬理论（price inflation theory）。第二，严格的审查标准——证明被告行为系造成原告损失之直接原因。联邦高等法院第二巡回法院在布洛尔诉卡洛、斯潘博克、朗迪、罗德曼和诺斯案（Bloor v. Carro，Spanbock，Londin，Rodman & Fass）[③]中提及，损失必须为欺诈行为的直接或可合理预见的结果，单纯证明原告受有损失及被告违反义务，并不会建立两者间的关联性。1996 年，第五巡回法院在加斯纳诉监事会案（Gasner v. Board of Supervisors）[④]中主张，若原告仅证明证券价格遭受灌水哄抬，尚不足以支持原告请求损害赔偿，原告必须进一步证明被告之欺骗行为是造成原告损失之直接原因。何谓直接原因，2003 年，第五巡回法院于雇员联合委员会养老金信托基金

---

① Loss & Seligman, Fundamentals of Securities Regulation(3rd ed.), at 1285.

② See Schlick v. Penn-Dixie Cement Corp., 507 F. 2d 374 (2d Cir. 1974).

③ See Bloor v. Carro, Spanbock, Londin, Rodman & Fass, 754 F. 2d 57, 61 (2d Cir. 1985).

④ See Gasner v. Board of Supervisors, 103 F. 3d 351 (4th Cir. 1996).

诉美国西部控股有限公司案（Employee Teamster Joint Council Pension Trust Fund v. America West Holding Corp）①中表示，如原告证明被告之欺骗行为被揭穿或更正后，股价明显下跌，可以满足直接原因之要求。对此学理上有批评意见，认为虽然该案利用价格是否明显下跌，提出一个认定被告行为乃原告损失直接原因的方法，但股价明显下跌不应是证明损失因果关系的唯一方法，否则容易造成损失因果关系要素之滥用。

作为联邦最高法院对于损失因果关系作出直接明确肯定见解的重要参考案例，前文提及的杜拉制药公司一案也引起了广泛关注。该案的主要事实为，原告于 1997 年 4 月至 1998 年 2 月买进被告杜拉药厂股票，原告起诉主张在购买股票之前，杜拉药厂对于旗下气喘喷雾作了虚假陈述，在陈述中提到该产品将获得美国食品药物管理局（Food and Drug Administration，FDA）批准，杜拉药厂同时也发布一连串虚假的乐观财务预测，指出其获利将高于过往。在原告基于这些良好预期购买证券后，杜拉药厂于 1998 年 2 月 24 日宣称该公司因旗下产品销售状况欠佳，获利将不如预期，导致次日股价大幅下跌，同年 11 月，杜拉药厂又宣称 FDA 将不会批准该气喘喷雾剂，导致该公司股票又于次日下跌，一周后股价方始回稳。该案原告特别强调其所受的经济损失原因是被告对气喘喷剂产品的不当陈述，并主张其等因为信赖市场之公正性，方才以遭到灌水哄抬的价格购入杜拉药厂的股票，并因而受到损失。该案法官认为，遭到哄抬的证券价格本身并不构成原告的经济损失，也不能直接认定为损失的最近原因。因为纯就逻辑而言，原告买进灌水股的那一刻，该股票价格被灌水的部分，会投入公司并转换为等值的持股，所以单纯就买进灌水股的当时，根本没有损失可言。纵使之后投资人跌价卖出股票时，因为还有很多可能介入影响股价的因素，所以价格与损失之间彼此的逻辑关联也并不十分清晰。因此，顶多只能说灌水价格暗示着被告不当表述的行为可能涉及其后的经济损失，但如果仅是涉及，就不足以认定该行为是引起损失的原因。对于杜拉制药公司一案中联邦最高法院是否提出更明确

---

① See Employee Teamster Joint Council Pension Trust Fund v. America West Holding Corp., 320 F. 3d 920 (9th Cir. 2003).

的标准,大家众说纷纭。虽然该案中联邦最高法院提及一个审查标准,认为联邦民事诉讼规则仅要求原告简单明确地主张被告有何赔偿责任,但在证券诈欺诉讼中,所谓简单明确的主张所指的至少应该要简明到被告可以明了原告主张何种请求及其论据为何的程度。而该案原告在相关论述中并未达到上述最简单的审查标准,联邦最高法院据此认定原告并未满足证明损失因果关系的要求。但除了这个标准外,法院并未提出其他较具体的认定标准。因为该案固然驳斥价格哄抬理论,但也没有明确要求原告必须依据第五巡回法院的雇员联合委员会养老金信托基金诉美国西部控股有限公司案标准,证明被告的虚假陈述行为被揭穿或更正后股价明显下跌。有观点认为,当被告虚假陈述行为被揭露或更正后,如果原告还没卖出股票股价就立刻下跌,可放宽被告行为与原告损失间之认定。但如果原告在被告虚假陈述行为被揭露或更正前就低价售出股票,则原告恐怕也无法以股价下跌佐证损失因果关系存在。同时,当被告虚假陈述行为被揭露或更正后股票价格并未立即明显下跌且原告还持有股票,根据严格标准似乎无法认定原告受有损害,但此时如果原告可以反向证明当初虚假陈述实施时价格发生飙涨,也可认定原告已经举证证明损失因果关系。

从虚假陈述实施到揭露前后可能有很长的时间间隔,在此期间,不排除会有其他很多因素影响价格,这就需要法院对于是否存在导致原告损失的其他原因等案件基本事实进行认定。按照一般的"谁主张,谁举证"原则,当然是原告负有证明其损失与虚假陈述有损失因果关系的责任,被告有抗辩的权利。根据2022年《虚假陈述司法解释》第31条第2款的规定,被告有权就原告全部或部分损失与其虚假陈述之间不具有损失因果关系进行抗辩。其中,证券市场全局性、整体性波动以及行业整体性波动所产生的风险往往通过指数体现,无须多言。但除此之外,导致案涉证券价格波动而又与虚假陈述行为无关的其他因素的类型可能非常多样,虽然在确定原因力和核定由此导致的可被扣除的损失时难度亦很大,但随着认识的逐步深化,通过引入专业第三方以建模的方式进行精细化计算投资者的损失赔偿金额的方法,也越来越多地被运用于审判实践中。

第八章

证券虚假陈述案件的损失计算

证券虚假陈述责任纠纷案件审理过程中,损失计算是其中技术性较强的环节,涉及计算规则、数据选取、期间确定等诸多环节。与虚假陈述行为重大性、因果关系等问题相比,损失计算问题在学术界引发的关注较少,更多体现为司法实务上的争议,理论支撑相对薄弱,裁判标准不统一的现象较为突出。自 2003 年《虚假陈述司法解释》发布以来,投资者损失计算方法在各地司法实践中不断发展,演变出不同的计算路径,每种路径又演化为不同的分支和变形,其背后也反映了证券市场的变化发展、人们对虚假陈述认识的不断深化以及技术手段进步对损失计算的深刻影响。

2022 年《虚假陈述司法解释》第 24 条至第 31 条确定了证券虚假陈述损失计算的基本规则,总体继承了 2003 年《虚假陈述司法解释》的原则和精神,同时也不乏创新之处。其一,原告的实际损失范围包括投资者差额损失以及投资差额损失部分的佣金和印花税。与 2003 年《虚假陈述司法解释》相比,2022 年《虚假陈述司法解释》剔除了投资者差额的利息损失赔偿。其二,关于基准价的确定,2003 年《虚假陈述司法解释》规定一般以证券累计成交量达到其可流通部分 100%

之日为基准日；而2022年《虚假陈述司法解释》则设定了10日和30日两个时间点，作为一般情况下确定基准日的最短和最长期限。其三，关于投资损失差额的具体计算，2022年《虚假陈述司法解释》区分诱多型虚假陈述（因买入证券发生损失）与诱空型虚假陈述（因卖出证券发生损失），分别规定了投资差额损失的计算方式。对于符合交易因果关系的投资者，分别以其买入或卖出的股票的平均价格，与卖出或买回股票的平均价格（或基准价）相减，乘以相应的股票数量，算得投资差额损失。其四，关于投资者开立多个账户的问题，2022年《虚假陈述司法解释》确定了合并计算的原则。其五，关于非虚假陈述因素扣除的问题，2022年《虚假陈述司法解释》对扣除事项作了列举，扩大了扣除因素的范围。

尽管2022年《虚假陈述司法解释》对证券虚假陈述损失计算面临的问题作出了一定回应，但审判实践中的争议远未解决，仍需进一步深入研究。例如，关于证券买入均价应如何认定，实务中存在实际成本法、加权平均法、移动加权平均法等多种不同计算方法；关于实施日前余股的处理，存在允许冲抵与不予冲抵两种思路；关于诱空型虚假陈述中投资差额损失，还欠缺成熟的算法；关于市场风险因素的扣除，应当选择哪些参照指数，如何确定风险考察期间等，存在不同意见；关于市场风险之外的其他扣除因素应如何考量，相关实践经验和理论研究还较为欠缺；关于交易佣金和印花税，有的法院采用实际发生标准进行计算，有的则采用酌定方式等。本章将对审判实践争议较大的买入均价计算、非虚假陈述因素考察期间、证券市场风险因素的量化及特定事件等因素的量化等问题进行讨论。

一、买入均价的计算

诉讼争点

我国司法实践中采用的虚假陈述投资者损失的认定计算方法可以称为“交易价差计算法”，体现了贴近投资者实际损失的原则，排除了撤销交易法、非法利益返还法、交易利益返还法等计算方式。2022年《虚假陈述司法解释》第27条、第28条分别对诱多型和诱空型虚假陈述的损失计算作出了规定。鉴于目前实际发生的投资者获得赔偿的案件绝大多数为诱多型虚假陈述案件，相关争议也集中在该类案件中，以下相关讨论也将以诱多型虚假陈述为基本模型，诱空型虚假陈述案件亦可参照。

前述规定的损失计算方法涉及两个关键数据的获取，即买入证券平均价格与实际卖出证券平均价格。实务中的主要争议集中在买入均价的确定。如果投资者仅在虚假陈述实施日与揭露日或更正日之间买入，且并未卖出，则其计算相对简单，仅需将每次买入的价格乘以每次买入的股数后加总，除以更正日或揭露日持有的股数即可。但对于在虚假陈述实施日与揭露日或更正日之间既有买入又有卖出的情况，则证券买入均价的计算逻辑相对复杂，存在不同算法。

第一种是算术平均法，即将投资者在实施日和更正日/揭露日期间，每次交易的股票价格简单相加后除以交易次数，得到平均价格。如果将算术平均法与先进先出法结合，则通过先进先出法排除了先卖出的股票次数，直接将交易次数锁定在投资人最后持有的股票数量上，减少可用于计算的交易次数。此种计算方法最大的优点就是计算简单，但由于不考虑每次交易数量，导致此种计算方法不能真实反映投资者损失，实践中较少采用此种方法。

第二种是实际成本法，又称普通加权平均法，是指在投资人在实施日及以后至揭露日之前多次买进卖出股票的情况下，通过揭露日之前每次买入价格和数量计算出投资人证券买入总成本，再减去投资人在此期间所有已经卖出的证券所收回资金的余额，除以投资人尚持有的股票数量，计算投资人的买入平均价格。实际成本法的具体公式为：买入均价=（买入总成本－卖出总金额）÷（买入数－卖出数）。尽管实际成本法被各地法院广泛采用，但这种计算方法变相地将揭露日前交易股票所发生的损益纳入了投资差额损失之中，而揭露日前卖出股票所产生的损失与证券虚假陈述不存在因果关系，依据法律规定本不应计算在内，故实际成本法在司法实践也逐渐被其他计算方法所替代。

为便于说明，以下列表格中的交易记录为例：实施日前无余股，实施日至揭露日/更正日期间交易记录如表1所示。

表1　交易记录示例

序号	交易方向	交易数量/股	交易价格/元	持股数量/股
①	买入	200	5	200
②	卖出	-100	3	100
③	买入	500	4	600
④	卖出	-300	2	300
⑤	买入	200	3	500
⑥	卖出	-400	4	100

按照实际成本法计算，证券买入均价 $=(200\times5+500\times4+200\times3-100\times3-300\times2-400\times4)\div100=11$ 元，即实施日与揭露日或更正日期间，该投资者的证券平均买入价格为11元。

第三种是先进先出加权平均法，是将实施日至揭露日期间买入但被卖出的证券进行剔除，先以先进先出的原则确定可索赔的证券范围，再按照可索赔证券的实际买入价格以加权平均的方法计算平均买入价。部分虚假陈述案件曾采用先进先出加权平均法确定投资差额损失，但由于先进先出加权平均法是建立在"以先买入的股票推定也先被卖出"的假定之上，计算得出的证券买入均价接近于后期的实际价格，部分法院在司法实践中不认同此种假定。

前例中，按照先进先出加权平均法，投资者在更正日/揭露日所持有的100股证券，均为第五笔交易买入（此前买入的证券均已卖出抵销），因此其证券买入均价为该笔交易的交易价格，即3元。

第四种是后进先出加权平均法，与先进先出加权平均法的原理相反，后进先出加权平均法是以后进先出的原则将实施日至揭露日期间买入但被卖出的证券进行剔除，从而确定可索赔的证券范围，再按照加权平均的方法计算平均买入价。从计算效果看，多笔买入卖出的情况下，按照后进先出加权平均法计算的投资者买入价格将更加接近于前期的实际价格。

前例中，按照后进先出加权平均法，投资者在更正日/揭露日所持有的100股证券，均为第一笔交易买入（此后买入的证券均已卖出抵销），因此其证券买入均价为该笔交易的交易价格，即5元。

第五种是综合加权平均法，是指不考虑实施日至揭露日期间卖出数量，直接通过加权法将前述期间买入证券的总金额与买入证券的总数量相除得出买入平均价，采用该种方法排除了先进先出加权平均法或后进先出加权平均法的假定。支持此种计算方法的理由是，投资人在实施日至揭露日期间多次买进卖出股票，且买进卖出股票性质和数量难以区分，无法确定卖出股票与所买入股票的对应性，采用“先进先出”或“后进先出”的推定并无事实和法律依据。综合加权平均法对于投资人在揭露日前卖出的股数，无论亏损还是获益，均属于正常的商业风险，更加符合投资证券买入平均价格的客观情况。

依据综合加权平均法，前例中的证券买入均价计算应为：(200×5+500×4+200×3)÷900=4元，即证券买入均价为4元。

第六种是移动加权平均法，是指每次购买股票后，用本次购买成本加上库存股票成本，除以本次购买数量加上库存数量，重新计算得出所持有的全部股票的加权成本。具体计算公式为：本次买入平均价=(原有库存成本+本次购进价格×本次购进数量)÷(原有库存数量+本次购进数量)。以该方法，每次新买入的交易影响并形成新的买入成本，每次卖出的交易只影响并减少持有数量，对持有的成本单价不产生影响，持有成本客观上不受期内卖出股票的影响。支持此种计算方法的观点认为，移动加权平均法考虑了从实施日至揭露日整个期间内投资者每次买入证券的价格和数量，同时剔除了因卖出证券导致的盈亏问题，能够较为客观、公允地反映投资者持股成本，避免畸高畸低的计算结果，易于为市场各方接受。相对而言，移动加权平均法是计算过程较为复杂的一种方法。需注意的是，在实施日前有余股的情况，应用移动加权平均法计算买入均价之前仍然需要考虑余股的冲抵问题。如果实施日前持有余股以“先进先出法”予以冲抵，则此种计算方法可被称为“先进先出移动加权平均法”(这里的“先进先出”仅针对实施日前余股而言，与加权平均法中的“先进先出”的指向不同)。如果实施日前持有的余股不进行冲抵，则可称为“不计余股移动加权平均法”。

前例中，按照移动加权平均法，其证券买入均价的计算过程如下：

第一笔交易：买入价格为5元，持股数量为200；

第二笔交易：卖出100股后，买入价格仍为5元，持股数量为100；

第三笔交易：买入均价 $=(100\times5+500\times4)\div(100+500)=4.17$（元）（保留两位小数），持股数量为600；

第四笔交易：卖出300股后，买入均价仍为4.17元，持股数量为300；

第五笔交易：买入均价 $=(300\times4.17+200\times3)\div(300+200)=3.70$（元）（保留两位小数），持股数量为500；

第六笔交易：卖出400股后，买入均价仍为3.70元，持股数量为100。

综上，该案例中投资者的证券买入均价为3.70元。

裁判指引

衡量以上各种计算方法，本书认为“移动加权平均法”较为可取。

第一，与算术平均法相比，用加权平均法计算买入均价考虑了投资者购买股票的成本和持股数量，相对更科学，更接近投资者的实际损失。“实际成本法”（普通加权平均法）的最大优点是简便易行，但由于“实际成本法”将投资者在实施日到基准日之间买进卖出的整体盈亏进行核算，其中扣除或叠加了投资者在揭露日前卖出的盈利或亏损，其计算结果与投资者操作水平密切相关，也容易受到价格走势的影响，难以客观反映投资者的实际持股成本。换言之，以“实际成本法”计算买入均价，计算过程不仅受到了买入价格的影响，也受到证券卖出价格的影响，不符合买入均价的应有之义。从计算结果看，应用“实际成本法”可能导致畸高或畸低的买入均价，即买入均价可能远高于该期间的最高价或低于该期间证券的最低价，对于投资者或虚假陈述行为人而言均有失公平。

第二，“先进先出加权平均法”与“后进先出加权平均法”均将证券买进卖出做一一对应的假设。“先进先出”“后进先出”均是会计上的一种假设，且该计算方法分别导致持股成本的计算更接近实施日或揭露日的证券价格，无法客观反映投资者在整个期间的投资成本。从司法解释关于证券买入均价的规定来看，其考虑的应是从实施日到揭露日整个期间投资者的买入成本，而根据“先进先出”或“后进先出”的计算方法，投资者在此期间多次买卖该证券将导致买入均价仅由接近期间某一端的买入价格所决定，并不符合立法本意。

第三，“综合加权平均法”的明显弊端在于将实施日至揭露日期间所有买入的证券均作为确定买入均价的范围，未排除已经卖出的证券，其均价计算与投资者在揭露日的持股缺乏数量上的对应性，也与虚假陈述民事赔偿的因果关系逻辑有所不符。因此，实践中采用“综合加权平均法”计算买入平均价的法院较少。

第四，比较而言，“移动加权平均法”反映了投资者在虚假陈述实施日至虚假陈述揭露日买卖股票的整体情况，而不是像“先进先出法”或“后进先出法”等偏向于买入股票的某个区域。同时，“移动加权平均法”还在不影响买入平均价的情况下扣除揭露日之前卖出股票回收的成本，客观地反映了股票的平均价格。此外，“移动加权平均法”采用逐笔加权平均的方法，最后计算的平均价格所依据的持股数量正好等于可索赔股票数量，使买入平均价和卖出平均价所依据的股票数量对等，结果更为科学合理。因此，“移动加权平均法”能够较为客观、公允地反映投资者持股成本，符合立法原理与精神。从计算便利性而言，“移动加权平均法”的计算方式相对复杂，但随着技术进步，通过第三方专业机构运用计算机软件分析交易数据并计算结果，已经能够解决“移动加权平均法”带来的计算量问题，并不会给投资者救济增加困难。

第五，关于实施日前余股是否应当以“先进先出”的原则进行冲抵，无论哪种方案从理论上均可自圆其说，目前的司法实践中多予以冲抵。“先进先出”原则本意是指根据先入库先发出的原则，对于发出的存货以先入库存货的单价计算发出存货成本的方法。将该原则应用于虚假陈述案件假设投资者先买进的股票先卖出从而判别哪些股票在赔偿范围内，哪些股票不在赔偿范围内，只有在赔偿范围内的股票参与损失计算。具体而言：（1）对于揭露（更正）日前买入的股票，包括实施日前的库存股，如果投资者在实施日至基准日期间有卖出的，根据先进先出的原则，优先抵扣实施日前的库存股再抵扣实施日后买入的股票，被抵扣掉的股票交易数据不参与损失计算。（2）对于投资者交易记录中实施日至揭露（更正）日期间出现收盘时股票余额为零的情况，依据“先进先出”原则，判定该交易日及之前所有买进的股票已经全部卖出，该交易日及之前的股票交易数据不参与损失计算，而仅需将该交易日后的股票交易数据纳入损失计算。若上述期间交易记录中多次出现收盘时股票余额为零的情况，则以最后一次收盘时股票余额为零的交易日后的交易数据参与损失计算。按照上述原则判定后纳入损失计算的第一笔买入股票行为也被称为“第一笔有效买入”，以此作为损失计算的起点。

相关规定

2002年《虚假陈述司法解释》

第二十七条　在采用集中竞价的交易市场中，原告因虚假陈述买入相关股票所造成的投资差额损失，按照下列方法计算：

（一）原告在实施日之后、揭露日或更正日之前买入，在揭露日或更正日之后、基准日之前卖出的股票，按买入股票的平均价格与卖出股票的平均价格之间的差额，乘以已卖出的股票数量；

（二）原告在实施日之后、揭露日或更正日之前买入，基准日之前未卖出的股票，按买入股票的平均价格与基准价格之间的差额，乘以未卖出的股票数量。

第二十八条　在采用集中竞价的交易市场中，原告因虚假陈述卖出相关股票所造成的投资差额损失，按照下列方法计算：

（一）原告在实施日之后、揭露日或更正日之前卖出，在揭露日或更正日之后、基准日之前买回的股票，按买回股票的平均价格与卖出股票的平均价格之间的差额，乘以买回的股票数量；

（二）原告在实施日之后、揭露日或更正日之前卖出，基准日之前未买回的股票，按基准价格与卖出股票的平均价格之间的差额，乘以未买回的股票数量。

典型案例

卢某某等诉方正科技集团股份有限公司证券虚假陈述责任纠纷案

一审：上海金融法院（2018）沪74民初330号

二审：上海市高级人民法院（2019）沪民终263号

案情介绍

方正科技集团股份有限公司（以下简称方正科技公司）系在上海证券交易所上市的公司，其公开发行的股票代码为600601。

2017年5月5日，中国证监会〔2017〕43号《行政处罚决定书》对方正科技公司、方正集团、武汉国兴及其他相关责任人作出行政处罚，认为方正科技公司等具有信息披露违法行为。《行政处罚决定书》认定的违法事实有：（1）方正科技公司在2004年年报至2015年半年报中应当披露而未依法披露与经销商的重大关联交易事项。（2）方正集团、武汉国兴未披露持有方正科技公司股票事项。2005年3月19日，方正科技公司发布2004年年度报告。2015年11月20日，方正科技公司发布《关于收到中国证监会立案调查通知书的公告》。据此，双方当事人确认，如果认定方正科技公司构成证券侵权，本案虚假陈述实施日为2005年3月19日，揭露日为2015年11月20日，进一步根据2003年《虚假陈述司法解释》计算出的基准日为2016年1月5日，基准价格为6.42元。

关于平均买入价的确定，原告投资者认为，应以实际成本法计算差额损失，具体方法是：投资差额损失＝实施日到揭露日之间的买入总成本（每一笔实际买入金额之和）－实施日到基准日期间对应的卖出总金额（每一笔卖出金额之和），持有至基准日的股票，以基准价格卖出。原告认为该计算方法反映了投资者的实际损失，且计算方式简便易行。

被告方正科技公司认为，应以先进先出法＋普通加权平均法作为买入均价的计算方法。根据先进先出原则将投资者揭露日前卖出的股票全部予以冲抵，将剩余的股票以普通加权的方法计算均价，即买入平均价＝剩余股票买入总价÷揭露日持股数。被告认为，这种计算方法能够将在揭露日前卖出股票所产生的投资盈亏排除在外，符合2003年《虚假陈述司法解释》的规定，计算结果更为合理。

经双方当事人共同申请，法院委托投服中心对本案投资者的投资差额损失、是否存在证券市场系统风险及相应的扣除比例进行核定。投服中心于2019年2月14日出具《损失核定意见书》，认为："投资差额损失=（买入均价－卖出均价）×揭露日至基准日期间卖出股票数量+（买入均价－基准价）×基准日持有的股票数量。投资者被纳入损失核定的交易记录应从其第一笔有效买入起计，即以投资者在揭露日前最后一次证券余额为零（即账户卖空）后的第一笔买入作为第一笔有效买入。具体如下：1. 原告潘某某的普通证券账户在本案实施日2005年3月19日至揭露日2015年11月20日期间分别有一笔买入1000股的交易和一笔卖出1000股的交易，在本案揭露日前已清仓，该账户交易记录不参与损失计算。2. 原告潘某某信用账户自2015年4月15日起频繁买卖方正科技股票，并且分别于2015年4月30日和2015年6月3日出现了方正科技证券余额为0的情况，故认定潘某某2015年6月4日买入1000股方正科技股票的行为是其第一笔有效买入，2015年6月4日至2015年11月16日期间买卖方正科技股票的交易数据参与买入均价的计算，揭露日前证券余额为152,400股。3. 原告杨某某2015年5月14日买入1000股方正科技股票的行为是其第一笔有效买入，揭露日前证券余额为3800股。4. 原告卢某某2015年6月15日买入800股方正科技股票的行为是其第一笔有效买入，揭露日前证券余额为2100股。5. 原告蔡某某2015年7月21日买入600股方正科技股票的行为是其第一笔有效买入，揭露日前证券余额为50,000股。"

《损失核定意见书》以两种方法计算投资者买入均价：一是实际成本法，自"第一笔有效买入"开始，买入股票的总成本减去其在此期间卖出该股票收回的资金，除以买入股数与卖出股数之差，计算股票买入均价。实际成本法的具体公式为：买入均价=（买入股票总成本－卖出股票总金额）÷（买入股数－卖出股数）。以实际成本法计算的损失结果是：（1）原告潘某某买入均价为8.53元，卖出均价为7.34元，揭露日到基准日期间卖出10,000股，其余持有至基准日，基准价为 6.42 元，投资差额损失为 312,364 元。(2) 原告杨某某买入均价为 12.71 元，持有至基准日，投资差额损失 23,902 元。(3) 原告卢某某买入均价为 12.58 元，持有至基准日，投资差额损失 12,936 元。(4) 原告蔡某某买入均价为 8.08 元，持有至基准日，投资差额损失 83,000 元。二是移动加权平均法，自"第一笔有效买入"开始，每次买入股票后，以新买入的股票成本加上前次的持仓成本，除以本次买入的股票数量加上前次的持仓数。以该方法，每次新买入股票的交易影响并形成新的买入成本，每次卖出股票的交易只影响并减少持股数量，对持股的成本单价不产生影响，揭露日的持股成本客观上不受揭露日前卖出股票的影响。移动加权平均法的具体公式为：本次买入平均价 = (原有库存证券成本 + 本次购进价格 × 本次购进数量) ÷ (原有库存证券数量 + 本次购进数量)。以移动加权平均法计算的损失结果是：(1) 原告潘某某买入均价为 7.69 元，卖出均价为 7.34 元，揭露日到基准日期间卖出 10,000 股，其余持有至基准日，基准价为 6.42 元，投资差额损失 184,348 元。(2) 原告杨某某买入均价为 12.71 元，持有至基准日，投资差额损失 23,902 元。(3) 原告卢某某买入均价为 12.58 元，持有至基准日，投资差额损失 12,936 元。(4) 原告蔡某某买入均价为 8.08 元，持有至基准日，投资差额损失 83,000 元。《损失核定意见书》推荐在计算投资差额损失时采用移动加权平均法计算买入均价。

法院裁判

上海金融法院认为，损失计算方法的选择关系到损失认定是否公平合理。实际成本法将投资者在实施日到基准日之间买进卖出个股的整体盈亏进行核算，其中扣除或叠加了投资者在揭露日前卖出股票的盈利或亏损，其计算结果与投资者操作水平密切相关，也容易受到股价走势的影响，难以客观反映投资者的实际持股成本，实践中往往会计算出畸高或畸低的买入均价，导致上市公司承担的损失过高或过低。该种计算方法有失公平合理，也不符合 2003 年《虚假陈述司法解释》的精神，故不予采纳。

被告方正科技公司主张的"先进先出法 + 普通加权平均法"和《损失核定意见书》中采用的第一笔有效买入后的移动加权平均法，摒弃了实际成本法的上述缺点。两者的区别在于对揭露日前所持股票成本的认定。被告坚持以先进先出的方法将买进卖出股票做一一对应的假设,以揭露日前余股的实际价格计算买入成本,《损失核定意见书》认为除非账户内该股票卖空,否则股票无法一一对应,只要投资者不再清空该股票,账户内买入股票的价格均应作为持股成本予以考虑。对此,法院认为:第一,2003 年《虚假陈述司法解释》第 19 条规定,在虚假陈述揭露日之前已经卖出证券的,人民法院应当认定虚假陈述与损害结果之间不存在因果关系。从这一条文的立法原意来看,该条文推定认为揭露日前已经卖出股票的投资者没有受到虚假陈述行为的诱导而作出相反的决策,这里的“已经卖出”与《损失核定意见书》的账户卖空行为更为接近,只有投资者完全卖空个股,才能表明其决策没有受到虚假陈述的任何影响。第二,先进先出法是会计上的一种假设,实践中还存在后进先出法等其他不同的假设方法。第三,第一笔有效买入后的移动加权平均法对持股单价的计算更全面、客观,更能反映投资者真实的投资成本,被告主张的先进先出法往往导致持股成本的计算更接近揭露日前的股价,无法客观反映投资者的投资成本。

综上,本案以第一笔有效买入后的移动加权平均法作为投资者投资差额损失计算中买入均价的计算方法。

本案判决后,当事人提起上诉,上海市高级人民法院二审维持原判。

评析

本案探索确立了既符合现有法律规定又相对公平合理的投资差额损失计算方法。以往审判实践中采用较多的是实际成本法和先进先出法,然而实际成本法扣除或叠加了投资者在揭露日前卖出股票的盈利或亏损,往往会计算出畸高或畸低的买入均价,有失公平合理;先进先出法可能导致买入均价仅由接近揭露日的证券买入价格所决定,并不符合立法本意。本案引入专业机构参与损失计算,以“第一笔有效买入后的移动加权平均法”作为买入均价的计算方法,消除了实际成本法、先进先出法所带来的弊端,尽可能地剥离影响股价的其他因素,较为客观全面地计算投资者买入成本。

拓展研究

(一)投资差额损失计算的基本逻辑

从各国实践来看,证券虚假陈述的损失计算方法众多,除交易价差法外,还有补偿法、查森斯法、净损差额法(实际价值法)等。不同算法的差异在于计算参数选取的不同,而不同的计算参数体现了对虚假陈述损失赔偿法理和内在逻辑的不同理解,也呈现了对投资者、信息披露义务人及证券市场其他相关主体的不同利益衡量过程。[1]

其中,补偿法计算卖出价格和合理期间最高价格的差额;查森斯法计算买入价格与合理期间最低价格的差额。这两种算法中,合理期间的确定是难点。实践中往往以起诉之日的价格、审理期间的最低价(最高价)或揭露之日的最低价(最高价)等代替合理期间的最低价(最高价)。[2] 显然,这两种算法具有较强的拟制属性,偏离了投资者实际损失,令信息披露义务人承担了过重的赔偿责任。

净损差额法(实际价值法)是以买入价与买入时点还原的真实价值之间差额计算,即假设没有虚假陈述,投资者应当以真实价值购入该公司股票。净损差额法坚持只有虚假陈述行为导致的买入时点的价差才应由被告赔偿,买入时点之后的下跌与被告无关,故无须考虑卖出价。净损差额法要求确定股票的真实价值,理论上需要从揭露日倒推每一日的真实价值,画出真实价值曲线后,再比较买入价与真实价值的差额,每个个案都需要根据实践情况采用指数比较法、事件分析法等金融学计算模型分别建模,损失核定成本高昂。由于认定真实价值过于困难,美国法院有少数判决表面上虽采净损差额法,但却以揭露日后的价格作为股票在交易时点的真实价值。这种“简易的”净损差额法掺杂了买入时点后发生的损失。例如,有的判决认为,虚假陈述揭露后证券价格与证券价值已经合而为一,再度由市场供需所形成的价格,足以代表买入时点的股票价格。[3] 在

---

① 参见石一锋:《违反信息披露义务责任中损失计算的利益衡量》,载《法学评论》2017 年第 4 期。

② 同上。

③ Harris v. American Inv. Co. 523 F.2d 220, 226.

该种“简易的”净损差额法中,最具代表性的即所谓“真实价值不变法”,即虚假陈述行为被揭露或更正后,经过一段合理期间股票价值回归所达到的价格,即视为该股票的真实价值,并推定在整个虚假陈述期间真实价值都恒定在这一股价位置。这种简易的计算方法,除真实价值不变法之外,实践中还有恒比法(constant percentage method)、恒差法(constant ribbon method)、指数法(index method)等,均是以基准价为基础还原真实价值。其中,恒比法假设股价虚增幅度维持不变,恒差法假设股价虚增价差维持不变,指数法假设真实价值与所选取的指数涨跌幅相同。例如,投资者在实施日后以 50 元买进,虚假陈述揭露后股价从 20 元跌至 10 元,股价下跌 50%,则按照上述 3 种方法。恒比法下假设虚假陈述使真实价值虚增 50%,则损失为 50 × 50% = 25(元);恒差法下假设虚假陈述使得真实价值增加 10 元,则损失为 20 - 10 = 10(元);指数法下假设真实价值与指数作相同变动,若指数下跌 20%,则买入日真实价值应为 12.5 元,即 10 ÷ (1 - 20%),投资者损失为 50 - 12.5 = 37.5(元)。相比“真实价值不变法”,后 3 种方法考虑了买入日至揭露日之间的股价波动,更符合交易实际。

交易价差法是直接以买入价与卖出价之间的差额计算。我国司法解释采此种方法,同时允许在损失计算时剔除与虚假陈述无关的因素。在这种情况下,是按照净损差额法直接计算虚假陈述导致的损失,还是按照交易价差法先计算出损失总额再扣除市场风险等其他因素,实际效果上区别不大。有学者指出,我国司法解释采用的计算方法也存在若干缺陷:(1)从证券市场的实际运作过程来看,虚假陈述在被正式揭示之前,真实信息或多或少已在市场上传播,公司股价因此有所下跌。对于该部分,投资者无法获得赔偿。(2)在揭露日之后,如果有其他利好消息能够抵消虚假陈述被揭示所带来的股价下跌,虚假陈述行为人将少赔甚至不赔。(3)由于揭露日至投资者卖出股票或至基准日时间相对较长,可能有其他因素(市场风险、行业风险以及公司自身等)介入,致使公司股价发生变动。①

---

① 参见樊健:《论证券虚假陈述投资者损失计算的“事前观点”》,载《清华法学》2017 年第 3 期。

（二）一些国家虚假陈述差额损失计算方法

美国《1934 年证券法》第 11(e)条规定赔偿金额的计算系按照原告购买证券的价格与下列 3 种价格之间的差额，择一计算，但不得超过公开承销的价格：(1)原告起诉前已售出证券的，其实际出售价格；(2)原告迄今未出售证券的，以起诉时该证券的价格为准；(3)原告在起诉后、裁判前出售的，如卖出价高于起诉时该证券价值，以实际卖出价为准，如卖出价低于起诉时该证券价值，以起诉时的价值为准。美国 1995 年增设第 21D(e)条规定赔偿金额的上限，即不超过交易价格与揭露日后 90 日内每日收盘均价（未卖出）或揭露日至卖出日每日收盘均价(90 日内卖出）之差。

日本《证券交易法》第 19 条依以下方法计算损害金额：(1)按请求权人取得有效证券所支付的价格与提出请求时该证券市价之差额。(2)提出请求之前已处分证券的，按请求权人取得有价证券所支付的价格与卖出价格之差额。但发行人能证明请求权人受到损害金额之全部或一部分，非因有价证券申报说明书不实表示所致者，应扣除此部分的金额。2004 年修订第 21 条之一第 2 项——财务报告虚伪记载的事实公开后，于该事实公开日前一年内取得有价证券，且至公开日止持续持有该证券的，得以事实公开日前一个月内该有价证券市场价值的平均值扣除公开日后一个月内该证券市场价值的平均值之金额，作为其因虚假记载所产生的损害额。

加拿大《证券法》第 138.5 条第 1 项规定：(1)在发行人公开更正虚假陈述后的第 10 个交易日之前处分证券的，按取得证券的平均价格（包括手续费）与处分价格之间差额，计算赔偿金额，但应扣除进行避险交易所减少的损失。(2)在发行人公开更正虚假陈述后的第 10 个交易日之后处分证券的，按下列两种方式计算损害金额，以二者中较小金额为准：(i)按取得证券的平均价格（包括手续费）与处分价格间的差额，计算损害金额。(ii)取得每一证券的平均价格与下列价格之间的差额，乘以已处分的证券总数量：a. 发行人发行的证券在公开市场交易的，以其主要交易市场为准，在发行人公开更正虚假陈述后 10 个交易日的交易价格；b. 发行人发行的证券未在公开市场交易的，以法院认为公正的价格为准。(3)迄今未处分证券的,按取得每一证券的平均价格与下列价格之间的差额,乘以取得的证券总数量:(i)发行人发行的证券在公开市场交易的,以其主要交易市场为准,在发行人公开更正虚假陈述后10个交易日的交易价格;(ii)发行人发行的证券未在公开市场交易的,以法院认为公正的价格为准。加拿大《证券法》第138.5条第3项规定被告证明证券市场价格的变动与虚假陈述无关的,计算损害金额时应排除此部分金额。

二、非虚假陈述因素的考察期间

诉讼争点

2022年《虚假陈述司法解释》第31条规定:"人民法院应当查明虚假陈述与原告损失之间的因果关系,以及导致原告损失的其他原因等案件基本事实,确定赔偿责任范围。被告能够举证证明原告的损失部分或者全部是由他人操纵市场、证券市场的风险、证券市场对特定事件的过度反应、上市公司内外部经营环境等其他因素所导致的,对其关于相应减轻或者免除责任的抗辩,人民法院应当予以支持。"司法解释规定的上述非虚假陈述扣除因素应在哪个时间段内考察,系计算损失赔偿扣除比例的先决问题,对此存在不同观点。

第一种观点认为,应当以虚假陈述实施日至揭露日/更正日为考察期间。

此种观点的主要理由在于保持考察期间与符合交易因果关系的投资者买入证券的时间段一致。具体又可分为两种形式:一是概括的考察期间,即不区分投资者的具体情况,直接考察从实施日至揭露日/更正日这一整体区间。二是个性化的考察期间,即区分不同投资者,以其实施日后第一次买入证券的时间为起点,至虚假陈述揭露日/更正日,作为考察期间(如"南通科技案")。

第二种观点认为,应当考察虚假陈述揭露日至基准日(或卖出日)期间的风险。

采用此种观点的司法案件包括"紫鑫药业案""保千里案""金亚科技案"等。

此种观点认为，虚假陈述被揭露后，价格逐步恢复正常，通过对比揭露日与基准日的价格，可以测算虚假陈述因素与非虚假陈述因素的影响比例。

第三种观点认为，应当按照具体市场风险发生的时间确定计算期间。

此种观点认为，一般的市场波动不作为风险因素对待，仅当特殊的市场风险因素介入时，以该因素的发生及效果持续期间作为风险因素的考察期间。如“大智慧案”中，法院认定2016年1月4日、1月7日沪深股市两次熔断，而且距离基准日较近，故认定“1月4日至基准日，上证综合指数和软件服务板块指数均发生异常的大幅下跌，该期间大智慧股票股价的涨跌幅部分系受到证券市场风险影响”。该案中，法院系以风险发生的时刻至基准日为市场风险的考察时间。

第四种观点认为，应当以虚假陈述实施日至基准日（或卖出日）为考察期间。

具体也可分为几种不同类型：一是概括的考察期间，即期间起算点不区分具体投资者，均以实施日为起算点。二是个性化的考察期间，即以不同原告各自买入日为起算点分别计算，如“欣泰电气案”。此种期间确定方法的主要理由在于，相对于第一种观点，其考察的区间更为全面，纳入了从揭露日至基准日的风险因素。

裁判指引

比较上述各种非虚假陈述因素的考察期间的意见，本书认为应当以从虚假陈述实施日至基准日/卖出日为整体考察期间，同时在个案中以投资者首次买入时点为期间起算点。

首先，如果仅以虚假陈述实施日至揭露日/更正日为考察期间，就忽略了揭露日/更正日之后发生的因素。由于符合交易因果关系的投资者均系在揭露日/更正日之后卖出或继续持有股票，投资差额损失也以投资者实际卖出价或基准价为准进行计算，故此种观点考察的非虚假陈述因素显然并不全面。

其次，仅考察虚假陈述揭露日至基准日（或卖出日）期间的非虚假陈述因素也不太合理。此种逻辑的前提在于揭露日前的虚假陈述行为“密不透风”，不存在虚假陈述信息泄露对股票价格的任何影响，故可以仅考虑揭露日后的非虚假陈述因素。该观点尽管在逻辑上可自圆其说，但从市场的实际情况而言，虚假陈述被揭露往往是一个渐进的过程，对股票交易价格的影响也逐步显现。同时，由于“靴子落地”“利空出尽”等因素的影响，在虚假陈述被揭露之后，股票价格可能并不如预设的那样发生显著下跌，按照虚假陈述揭露日至基准日（或卖出日）期间来考察非虚假陈述因素期间也就失去了相应的现实基础。

再次，如果以非虚假陈述因素实际发生的时间段作为风险考察期间，则适用此种方法的前提是法院仅考察特殊的风险因素，但从目前的司法实践来看，对市场风险因素的考察已经不限于异常波动，而是主要通过对比同期大盘指数、行业/板块指数与个股价格变化等衡量整体市场风险的影响。

最后，综合衡量上述各种考察期间的观点，以虚假陈述实施日至基准日（或卖出日）为非虚假陈述因素考察期间，与投资差额损失计算方式相契合，考虑的因素更为全面，符合证券市场的实际运行情况。同时，对于每一个投资者应作个性化考量，应当以其买入证券时作为其考察期间的起算点。从司法实践来，此种方法也得到了各方当事人的普遍认可，结合相应的计算方法，非虚假陈述因素的扣除比例相对公允合理。

相关规定

2022年《虚假陈述司法解释》

第三十一条　人民法院应当查明虚假陈述与原告损失之间的因果关系，以及导致原告损失的其他原因等案件基本事实，确定赔偿责任范围。

被告能够举证证明原告的损失部分或者全部是由他人操纵市场、证券市场的风险、证券市场对特定事件的过度反应、上市公司内外部经营环境等其他因素所导致的，对其关于相应减轻或者免除责任的抗辩，人民法院应当予以支持。

典型案例

卢某某等诉方正科技集团股份有限公司证券虚假陈述责任纠纷案

一审：上海金融法院(2018)沪74民初330号

二审：上海市高级人民法院(2019)沪民终263号

案情介绍

[基本案情见本书第224页案例]

关于本案非虚假陈述因素考察期间，被告方正科技公司认为，本案与2003年《虚假陈述司法解释》规定的股价走势模型有所不同。本案中，在虚假陈述揭露日之前，个股受到2015年股灾的影响，已有相当跌幅。因此，对证券市场风险的评判应当分段进行。具体方法是：第一，由于虚假陈述行为尚未被揭露，投资者在揭露日之前的损失100%由市场风险造成，被告方正科技公司对这部分损失不承担赔偿责任。第二，揭露日之后，投资者的损失系由方正科技公司虚假陈述行为以及证券市场风险和其他行业、个股经营风险叠加造成，应当扣除不属于虚假陈述行为影响的部分。第三，以如下方法确定揭露日以后受证券市场风险的比例：在本案揭露日至基准日期间，上证指数下跌9.11%，申万一级行业指数下跌10.89%，申万三级行业指数下跌11.65%，方正科技公司下跌25.20%，因此本案揭露日至基准日期间市场风险对原告投资损失的影响比例为(9.11%+10.89%+11.65%)÷3÷25.20%=41.87%。第四，以揭露日为基点分段扣除市场风险后投资差额损失的计算公式如下：扣除市场风险后投资差额损失=揭露日至基准日间卖出股票差额损失×揭露日至基准日期间的区间扣减权重×(1－揭露日到揭露日至基准日期间可索赔股数最后一笔卖出日期间的市场风险)+基准日之后卖出或持有股票差额损失×揭露日至基准日期间的区间扣减权重×(1－揭露日到基准日期间的市场风险)。具体而言，原告潘某某揭露日前未受市场风险影响，揭露日至基准日的市场风险影响比例为41.87%；原告杨某某受综合市场风险影响比例为84.40%；原告卢某某受综合市场风险影响比例为 84.11%；原告蔡某某受综合市场风险影响比例为 54.92%。以原告杨某某的交易记录为例，先进先出法+普通加权平均法计算杨某某的平均买入价为 12.72 元，高于该案揭露日前一交易日方正科技公司的收盘价 7.54 元，揭露日前市场风险区间的扣减权重为(12.72－7.54)÷(12.72－5.64)×100%＝73.16%，揭露日后市场风险区间的扣减权重为(7.54－5.64)÷(12.72－5.64)×100%＝26.84%。揭露日前一交易日至基准日的市场风险占比为41.87%，故杨某某的综合市场风险为 73.16%×100%＋26.84%×41.87%＝84.40%。原告投资者则认为，本案不存在证券市场系统风险，不应当予以扣除，如果必须要扣除相应的风险因素，应当统一酌情扣除不超过 10% 的比例。

法院裁判

关于本案中证券市场风险的考察期间，被告方正科技公司提出分段扣除法，主张揭露日前投资者的损失均与方正科技公司的虚假陈述行为无关，法院对该主张不予采纳。首先，该方法人为地将投资者损失的形成进行分段考察，与2003 年《虚假陈述司法解释》的规定不符。2003 年《虚假陈述司法解释》认定的投资者损失产生的过程是投资者在虚假陈述揭露日前高价买入股票，又在虚假陈述行为被揭露后股价泡沫破灭、投资者卖出股票或一直持有而形成的亏损。法律认定的投资者损失是揭露日前后的投资差额损失，并未将投资者的损失切割成揭露日前的损失和揭露日后的损失。按照被告的观点，只要投资者买入均价高于揭露日前一天的收盘价，所有投资者的损失均是从揭露日起算，根本不需要运用买入均价，等于改变了 2003 年《虚假陈述司法解释》规定的计算原则，投资者因为虚假陈述行为高价买入股票的损失无法体现在赔偿中。其次，被告所称投资者在揭露日前产生的损失与虚假陈述行为完全没有因果关系的说法也是不成立的。揭露日之前，虚假陈述行为人诱导投资者高价买入股票，使其存在于风险之中。同时，由于方正科技公司的虚假陈述行为持续进行，投资者基于对该公司良好状况的信赖，一直持有股票，在此期间尽管股价受市场影响已经出现下跌，但由于虚假陈述的诱导效应依然存在，投资者有理由选择不卖出股票。最后,2003 年《虚假陈述司法解释》认定投资者在揭露日之前已经卖出股票的,其买卖股票的投资差价损失与虚假陈述行为没有因果关系。可见,法律已经考虑了投资者在揭露日前产生实际交易损失的情况,并已将这种情形列为与虚假陈述行为无关的损失,从而排除在索赔范围之外。而对于实际差价损失最终产生在揭露日以后的,仍应全盘考虑损失因果关系。综上所述,法院不予采纳被告方正科技公司提出的分段计算市场风险的方法,证券市场风险的考察区间应当覆盖投资者的整个持股期间,揭露日前所受市场风险的影响应与揭露日后所受的影响一并考虑。

评析

在证券虚假陈述纠纷中,非虚假陈述因素的考察期间是一个在实践中意见分歧很大的问题。本案中,法院对于证券市场风险的考察区间作了细致分析,从体系化的视角论证了“全期间说”的合理性,结论符合证券市场运行的实际情况,有力维护了投资者的合法权益。

拓展研究

以虚假陈述实施日至基准日(或卖出日)为非虚假陈述因素的考察期间,具体考察区间的判定包括期间起始日和期间终止日。期间开始日一般为第一笔有效买入日。考察区间终止日应根据每个投资者在揭露(更正)日至基准日期间的持仓情况来确定,存在以下两种情况:(1)揭露(更正)日至基准日期间,投资者在揭露(更正)日持有的有效证券余额被全部卖出的,根据先进先出原则,考察区间终止日为该投资者累计卖出全部有效证券之日。(2)揭露(更正)日至基准日期间,投资者在揭露(更正)日持有的有效证券被部分卖出的,考察区间终止日有两个:第一个终止日为基准日前最后一个卖出证券之日;第二个终止日即为基准日。在此种情形下,因存在两个考察区间终止日,故存在两个系统性风险考察区间,应分别计算扣除比例。[①]

三、证券市场风险因素的量化

诉讼争点

在虚假陈述行为成立的前提下,尽管投资者受到损失与虚假陈述行为相关,但在投资者后续交易或持有的过程中,金融产品价格不可避免会受到多种因素的影响,其中既包括虚假陈述的影响,也包括证券市场风险、上市公司个体因素等其他因素的影响,后者所导致的投资者损失与虚假陈述行为之间不具有因果关系,不属于虚假陈述行为人的赔偿责任范围。关于如何认定和衡量证券市场风险等因素,进而扣减相应的赔偿金额,学界和司法实务中存在不同做法。

第一种是采用酌定统一比例法。在证券虚假陈述案件中,扣除市场风险及其他因素比例时,早期法院多采用酌定统一比例法,且通常以存在特殊风险和市场异动为前提(如发生股灾、熔断等重大事件)。支持该种算法的观点认为,由于证券市场本身的复杂性,在证券虚假陈述损失赔偿案件中,原、被告双方及法院在客观上几乎不可能证明虚假陈述与市场风险及其他因素所造成的损失之间明确的数量关系。因此,应当由法官综合考虑各方面因素,在确认存在市场风险及其他因素的前提下,酌情认定扣除金额。如在“安硕信息案”中,法院认为,股票价格的波动受上市公司经营情况、行业景气程度等多种因素影响,综合考虑涉案虚假陈述发生期间证券市场的总体运行情况,特别是实施熔断机制期间,其他风险因素对股票下跌的影响,酌情认定该市场风险所致投资者损失占投资者投资差额损失的30%。在上海顺灏新材料科技股份有限公司虚假陈述责任纠纷案中,法院认为,由于A股市场实施熔断等因素,整体市场及相关板块指数均发生大幅下跌的现象,所造成的投资损失系由市场风险所致,与该公司的虚假陈述

---

① 参见中证中小投资者服务中心有限责任公司:《证券虚假陈述案投资者损失计算软件的运行逻辑》,载《证券日报》2018年11月21日,B4版。

行为之间不存在因果关系，理应在计算投资差额损失赔偿数额时予以扣除，并酌情认定扣除的比例为投资差额损失的 20%。

第二种是采用参考指数的统一比例法，即有的法院采用直接扣除参考指数的下跌幅度的方法确定扣除比例。例如，在东方电子虚假陈述民事赔偿案中，以大盘指数为参照，将该指数的跌幅等同于市场风险。具体而言，若投资者在参考指数 3000 点的情况下，以 10 元一股的价格购进股票，如指数跌到 2700 点，投资者以 5 元一股的价格抛出，则每股的损失赔偿额需要扣除 10% 的市场风险。

第三种是采用概括的同步指数对比法，即以投资者在考察区间内通过对比交易品种跌幅与参照指数跌幅的方式确定市场风险的扣除比例。考察区间是投资者第一笔有效买入日到基准日前最后一笔卖出日或基准日。市场风险扣除比例 = 参考指数涨跌幅 ÷ 交易品种涨跌幅。概括的同步指数对比法又可细分为仅考虑单一指数与同时考虑多种参考指数两种方法。关于仅考虑单一指数的同步指数对比法，如"金亚科技案"中，以大盘指数的涨跌幅度与个股的涨跌幅度相比得出相应的比例，如参考指数下跌 10%，个股下跌 20%，则对市场风险的影响为 50%。关于同时考虑多种参考指数的同步指数对比法，以"紫鑫药业案"为例，法院在计算市场风险的扣除比例时，选取了深证综指、深证成指、中小板指及医药板指进行综合计算。虚假陈述揭露日至基准日期间，深证综指跌幅为 8.18%，深证成指跌幅为 8.28%，中小板指跌幅为 9.17%，医药板指跌幅为 8.58%，紫鑫药业跌幅为 24.77%。可计算得出市场风险在紫鑫药业股价下跌中所占影响比例为(8.18% +8.28% +9.17% +8.58%) ÷4 ÷24.77% =34.53%。

第四种是采用考虑交易量因素的同步指数对比法，即从投资者第一笔有效买入日起，以与买入均价、卖出均价及基准价格相同的计算方式，同步计算相应买入期间的指数均值、卖出期间的指数均值。指数均值的计算对应投资者交易记录，取投资者每笔交易当天的对应指数和交易数量，以均价计算方式进行移动加权或加权。通过各交易期间的指数均值可以得出参考指数跌幅，再将指数平均跌幅与系争交易品种跌幅进行对比。计算过程和公式如下：(1)交易品种跌幅 =(买入均价 - 卖出均价或基准价) ÷ 买入均价；(2)参考指数跌幅 =(买入期间的指数均值 - 卖出期间的指数均值或到基准日期间的指数均值) ÷ 买入期间的指数均值;(3)市场风险扣除的比例 = 指数平均跌幅 ÷ 个股跌幅。

第五种是采用损失量化计算模型。在证券虚假陈述损失赔偿中,法律规定应当扣除的因素既包括市场风险因素,又包括其他因素。但在司法实践中,较少对市场风险之外的因素进行扣除,其主要原因在于计算的困难。近年来,法院与投资者保护组织和专业金融研究机构开展合作,通过运用金融专业模型进行投资者损失的计算。例如,上海金融法院在“中毅达”“普天邮通”等案件中使用“收益率曲线同步对比法”和“多因子模型法”相结合的损失量化计算模型。该损失量化计算模型采用“收益率曲线同步对比法”来计算投资者由敏感因素(敏感因素即所需计算的应由责任人承担损失赔偿的因素)导致的投资差额损失。其基本逻辑是对影响股价的各种因素加以定量分析,在不考虑敏感因素的前提下,以其他各因素所形成的收益率曲线计算得出投资者的模拟损益比例,将其与含敏感因素在内的各因素共同影响下形成的投资者损益比例(名义损益比例)进行对比,从而得出投资者因受敏感因素影响而产生的投资差额损失。除敏感因素外,影响其价格的因素还包括大盘因素、行业因素、风格因素以及事件因素。故“收益率曲线同步对比法”基于大盘因素、行业因素、风格因素以及事件因素的量化计算构建模型,模拟出除虚假陈述因素外,其他因素影响形成的日收益率,根据模型计算的日收益率模拟出每日价格。

在计算出模拟价格后,通过以下 3 个步骤计算出投资者由敏感因素导致的投资差额损失:

1. 计算名义损益比例:(1)根据移动加权成本法计算买入均价[买入均价 = (Σ本次购入金额 + 本次购入持有成本) ÷ (Σ本次购入数量 + 本次购入前数量)],并代入以下公式计算名义买入成本、名义回收成本以及名义损益比例;(2)名义买入成本 = 买入均价 × 期间的净买入数量,名义回收成本 = 信息公开后每笔卖出数量 × 实际卖出价格 + 基准日后仍持有数量 × 基准价;(3)名义损益比例 = (名义买入成本 - 名义回收成本) ÷ 名义买入成本 ×100%。

2. 计算模拟损益比例:基于上述运算逻辑,分别计算模拟买入成本、模拟回收成本以及除敏感因素外其他因素影响下所产生的模拟损益比例。(1)模拟买入成本 = 模拟买入均价 × 期间的净买入数量;(2)模拟回收成本 = 揭露日后每笔卖出数量×卖出模拟价格＋基准日后仍持有数量×模拟基准价；(3)模拟损益比例＝(模拟买入成本－模拟回收成本)÷模拟买入成本×100%。

3. 计算投资差额损失：投资差额损失金额＝名义买入成本×(名义损益比例－模拟损益比例)。

裁判指引

比较上述各种市场风险及其他因素的排除方式，纳入交易量因素的同步指数对比法以及损失量化计算模型是相对公平、精确的计算方法，可在审判中根据具体情况采用。

第一，比较"统一比例法"与"同步对比法"，统一扣除比例的方法(无论是法院酌定还是参考指数)无法反映整体市场风险与单一交易品种价格变化的相对关系，不能真实反映不同投资者经历的市场风险，会导致形式公平而实质不公平的结果，故同时考察指数变化与价格变化的"同步对比法"更具合理性。

第二，在同一虚假陈述行为引发的案件中，每个投资者的交易时间、交易量等均不相同，价格变动中包含的市场风险也完全不同。因此，在同步指数对比法的适用中，应当根据个别投资者的情况对市场风险进行个性化计算。个性化的同步对比法采用的计算方法考察了整个区间，能够客观反映投资者经历的所有市场风险，且根据每一个投资者的交易记录进行具体测算，反映了不同投资者在交易时间和交易量上的差异，计算结果更符合公平原则。关于市场风险的考察区间，应从投资者第一笔有效买入(以投资者在虚假陈述敏感期内最后一次余额为0后的第一笔买入作为第一笔有效买入)计算至卖出日(全部或部分卖出的情形)或基准日(全部或部分继续持有的情形)。具体计算时，应从投资者第一笔有效买入日起计算。假设投资者买卖证券时，同时买入卖出相同数量的参考指数，每一笔交易都同步对应指数的买入卖出，参考指数的价格取交易当日的收盘指数。更正日或揭露日信息公开后卖出或持有的，假设也同步卖出或持有相应的参考指数。将每个投资者买卖期间的跌幅与参考指数的跌幅进行对比，用相对比例法扣除市场风险的影响。

第三，在参考指数选择方面，有些学者认为，证券市场的各项指数能够反映市场风险的存在与否，故可依据指数的跌幅来确定市场风险对投资者损失的影响比例，但也有学者认为，我国证券市场尚不符合“有效市场”的定义，故不能将各种指数作为市场风险的判断依据。随着证券市场的进一步开放，即便以市场波动指数来认定市场风险的影响比例尚缺乏一定的精确度，也不能否认它的确能够部分反映市场风险等客观因素对证券市场造成的影响，故在审判实务中，通过对比指数波动来认定市场风险是合理可行的。关于选择哪些指数作为市场风险的参考指数，没有唯一正确的方案。个股分属不同行业，不同行业在同一证券市场下也具有不同特点。个股所处行业的整体形势、市场表现和经济效益，将对个股产生更大的影响，个股所处行业板块的涨跌情况能够更为全面地反映大盘趋势和行业特点。因此，结合行业数据作为计算标准确定市场风险对投资者损失的影响比例，更为合理。在司法实践中，多数法院判决在计算市场风险时，也重点考察了行业板块的指数变动情况。此外，根据市场风险的内涵，相关的以政策变动、经济周期性波动、利率变化和购买力等因素为证据证明存在市场风险事实的，也可以纳入司法上判断市场风险的参考因素。因此，应综合考察大盘指数、行业指数、板块指数以及概念指数等，衡量各指数变化与价格波动的相关性等因素进行选择，可以采用多种指数的均值作为参考指数或者采用数学方法测算出与股价变化相关性最强的指数，将其作为市场风险的参考指数。

第四，在“同步指数对比法”的适用过程中，有时会出现投资者经历了市场波动的风险阶段，但计算后风险指数却为零或者负数的情况。究其原因，主要是投资者的操作手法所致，其在价格低位时大量建仓，在价格较高时平仓，导致其并未受到市场波动的不利影响。但此种情况并不能否定前述计算市场风险的科学性：首先，确定投资者应获赔偿的损失数额，包括投资差额损失核定与扣除市场风险比例两个阶段。在核定投资差额损失时，如果采用“移动加权平均法”计算投资者的买入均价，则已经将投资者在交易期间因价格涨跌产生的投资亏损剔除在差额损失之外。例如，就此类投资者而言，尽管其市场风险扣除比例为零，但其按照“移动加权平均法”计算所得的买入均价相对于其他投资者也会明显偏低，导致其投资损失差额也相对较低，计算结果相对公平。其次，在计算投资差额损失与市场风险扣除比例时，均采用“移动加权平均法”测算股价变化及指数变化，其计算方法前后一致，具有逻辑上的统一性。如果在“同步指数对比法”与“统一比例法”两者之间“就高扣除”市场风险比例，则欠缺逻辑上的一致性。最后，关于市场风险比例为零的具体原因，从交易过程来看，其多是因为建仓期间在市场有关指数位于相对低点时。在买入后价格整体平稳或上扬的情形下，市场风险扣除比例为零系该计算方法所得出的自然结果。

第五，证券虚假陈述民事赔偿案件中的非虚假陈述因素认定往往会涉及一些专业性很强的金融知识、统计知识，这就对司法的专业化审判提出了挑战。在司法实务中可以借助专业机构，提升证券虚假陈述民事赔偿案件裁判结果的合理性和公信力。具体而言，可以构建由法院作出法律判断，第三方专业机构提供量化分析的常态化非虚假陈述因素认定机制。即先由人民法院来认定个案中是否存在非虚假陈述因素，再委托第三方专业机构来具体测算非虚假陈述因素对投资者损失的具体影响比例。法院还可以委托相关专业机构开发专门用于量化非虚假陈述因素影响力的智能软件，建立精准量化市场风险的智能模型。

相关规定

2022 年《虚假陈述司法解释》

第三十一条　人民法院应当查明虚假陈述与原告损失之间的因果关系，以及导致原告损失的其他原因等案件基本事实，确定赔偿责任范围。

被告能够举证证明原告的损失部分或者全部是由他人操纵市场、证券市场的风险、证券市场对特定事件的过度反应、上市公司内外部经营环境等其他因素所导致的，对其关于相应减轻或者免除责任的抗辩，人民法院应当予以支持。

典型案例

丁某某等诉上海飞乐音响股份有限公司证券虚假陈述责任纠纷案

上海金融法院(2020)沪74民初2402号

案情介绍

[基本案情见本书第195页案例]

本案审理中,双方当事人均申请法院委托专业机构对投资损失数额、证券虚假陈述行为以外的其他风险因素导致的损失扣除比例等进行核定,但对委托机构意见不一。根据《代表人诉讼司法解释》第24条的规定,法院组织双方当事人当庭随机抽取,最终确定中证法律服务中心为本案损失核定机构。2021年3月11日,中证法律服务中心出具了《证券投资者损失核定意见书》(以下简称《损失核定意见书》)。《损失核定意见书》载明如下内容:

投资者最终应获赔投资差额损失为投资差额损失扣除证券市场风险。对于市场风险的确定,首先,确立"3+X"组合参考指标体系。在本案中,"3"代表综合指数(本案为上证综合指数000001.SH)、申万一级行业指数(本案为电子行业指数801080.SL)和三级行业指数(本案为LED行业指数850832.SL)(统称行业指数),"X"代表热点比较突出的反映系争股票特点的概念指数,本案未选取。其次,证券市场风险的考察区间为第一笔有效买入日到基准日前最后一笔卖出日或基准日。再次,不同情况下组合指数参与市场风险扣除计算的判定方法为:(1)综合指数下跌,说明存在全局性市场风险,三种参考指数均参与计算;(2)综合指数上涨,且一级行业指数下跌,说明存在行业性的市场风险,故仅一级行业指数、三级行业指数参与计算;(3)综合指数和一级行业指数均上涨,且三级行业指数下跌,说明存在局部性的市场风险,故仅三级行业指数参与计算。最后,采用同步指数对比法进行具体计算。从投资者第一笔有效买入开始,将每个投资者持股期间的综合指数、行业指数的平均跌幅与个股跌幅进行对比,用相对比例法扣除证券市场风险的影响。证券市场风险扣除比例=组合指数平均跌幅/个股跌幅。其中，组合指数平均跌幅是将案件选取的参考指数分别计算出涨跌幅后，按照前文组合指数的判定规则判定纳入证券市场风险比例计算的指数涨跌幅数值，计算出参考指数的平均跌幅。即组合指数平均跌幅＝（参考指数1跌幅＋参考指数2跌幅＋……参考指数N跌幅）/N，N代表参与计算的指数的数量。

对于《损失核定意见书》，原告提出异议认为：（1）按照证监会行业分类，被告飞乐音响公司属于电气机械及器材制造业，在证券市场中，飞乐音响公司股票被细分为电器仪表行业的股票，被告不属于LED行业，故对《损失核定意见书》选取的行业指数不认可。从电器仪表行业指数的走势看，跌幅不大，本案不存在市场风险。（2）应由被告证明存在市场风险，才涉及市场风险如何计算的问题，由于被告未能提交相应证据予以证明，应承担举证不能的后果，即不对市场风险进行核定。

被告飞乐音响公司提出异议认为：（1）《损失核定意见书》未对非市场风险导致的投资者损失进行核定。非市场风险主要是指个股风险，即个股自身经营导致的投资者损失。被告在2018年全年度亏损，而且发布的内控报告显示内控存在缺陷，这些都会对股价产生影响。客观上中证法律服务中心的计算软件也不具备核定非市场风险的能力。（2）《损失核定意见书》采用同步指数对比法计算市场风险造成的损失，假定投资者买卖飞乐音响公司股票时，同时买卖相同数量的指数，明显不合常理。（3）《损失核定意见书》采用的组合指数判定方法不合理。同步指数对比法计算指数平均跌幅时采用简单算术平均的计算方法，与组合指数的判定方法（综合指数影响＞申万一级行业指数影响＞申万三级行业指数影响）存在矛盾，而且，如果不同指数的涨跌趋势存在背离，那么指数相加就会导致其涨跌幅相互抵销，从而不当地降低市场风险扣减比例。上涨的指数不会导致个股下跌，不应将其纳入计算。（4）个别投资者交易损失的计算存在错误。《损失核定意见书》将投资者普通账户和信用账户交易数据合并后计算投资差额损失，导致实施日前余股数量计算错误，正确的算法应该是所有原告均分账户计算。

中证法律服务中心述称：（1）关于参照指数，核定过程中采用的指数机构是上海申银万国证券研究所有限公司,该机构是目前资本市场中知名的专业指数发布机构,它的行业分类标准和证监会的分类标准一样,根据上市公司的主营业务收入、营业利润构成来确定。被告是集绿色照明产业、IC 卡产业、电子部件产业、计算机系统集成和软件开发于一体的多元化产业集团。从主营业务收入上看,自 2017 年到 2019 年所有的定期报告都显示,光源、电器及灯具类产品的生产和销售每年的收入占比都超过了 50%,其中 LED 产品的销售在 2018 年至 2019 年都超过了 50%。基于上述理由,本案选取的参考指数是上证综合指数、申万电子行业指数和申万 LED 行业指数。(2)关于非市场风险因素,从证券市场运行特点来看,股票的价格围绕着公司价值波动是常态,简单地将经营亏损与股价下跌画等号是违背市场规律的,也是违背投资常识的。从飞乐音响公司自身的经营情况来看,自 2017 年 8 月 26 日到 2018 年 7 月 30 日,未发现可能对公司股价造成显著波动的其他重大信息。(3)关于同步指数对比法,该核定方法充分考虑投资者买入股票数量和指数波动因素,将投资者每笔买入股票的数量与参考指数当日收盘数值相对应,买入股票数量的权重能够在指数上得到反映,并且充分考虑不同投资者的交易实况,计算结果更客观公正。(4)关于指数涨跌幅不同的问题,中证法律服务中心是选取一个组合指数来考察其波动情况。在选定的指数中,无论上涨还是下跌,对它里面的成分股都会产生一个叠加的影响,故在计算时应综合考虑。如果仅考虑下跌指数的影响,就忽视了上涨的指数可能会降低涉案股票下跌幅度的情形。因此对于选定的指数,无论上涨还是下跌,用简单的算术平均法来计算平均跌幅,是对双方都更加公平合理的一种方法。(5)关于账户合并计算问题,每个投资者的交易情况不同,合并计算和分开计算对结果的影响也不同,很难说哪种对投资者有利,哪种对投资者不利。而且即便投资者持有多账户交易,也是基于一个投资策略的行为。从中证法律服务中心接受委托的情况来看,绝大多数案件中法院都是采用合并账户的方法计算的。

法院裁判

上海金融法院认为,《损失核定意见书》中选用的市场风险比例认定方法是以2003年《虚假陈述司法解释》规定的损失计算公式为基础，结合每名投资者的具体持股期间，将个股跌幅与综合指数、行业指数的平均跌幅进行同步对比，用相对比例的方法确定市场风险因素对每名投资者股价跌幅的具体影响程度。

关于行业指数的选取，原告认为被告飞乐音响公司属于电气机械及器材制造业，进一步细分为电器仪表行业。法院认为，证监会制定的《上市公司行业分类指引》规定，应以上市公司营业收入等财务数据为主要分类标准和依据，当某类业务的营业收入比重大于或等于50%，则将其划入该业务相对应的行业。被告2017年至2019年经会计师事务所审计并已公开披露的合并报表数据显示，光源电器及灯具类产品生产及销售占其年度营业总收入的50%以上，其中，LED产品所占比重在2018年至2019年亦在50%以上，因此，中证法律服务中心选取申万电子行业指数和申万LED行业指数作为本案考察市场风险的参考指标并无不妥。原告提出的该项异议与事实不符，法院不予支持。

关于组合指数判定方法，被告飞乐音响公司认为该判定方法与计算组合指数平均跌幅时的算术平均法矛盾，且相关指数走势不同时可能导致涨跌幅抵销，降低市场风险扣减比例。法院认为，鉴于证券市场的复杂性和不确定性，难以精准地计算和还原证券市场风险因素对股价影响的绝对值，在判断《损失核定意见书》所确立的组合参考指标体系是否合理时，应从其纳入考量因素的全面性、计算方法的合理性、逻辑体系的自洽性等方面综合考察，从而判定该算法对上市公司和投资者双方是否相对公平、合理。《损失核定意见书》采用综合指数、申万一级行业指数、申万三级行业指数作为证券市场风险因素的参考指标，从不同范围、不同维度反映了市场整体与个股价格变化的相对关系，考量因素较为全面。由于综合指数与判断证券市场风险因素具有较强的对应关系，《损失核定意见书》先行判定综合指数并无不当，在综合指数上涨的情况下，难谓存在市场整体性的风险。而在计算平均跌幅时，不同指数之间互相影响，其对个股亦产生共同影响，因此，《损失核定意见书》对于选定的指数，无论是上涨还是下跌，均采用算术平均法计算平均跌幅，该种处理方式符合指数与指数、指数与个股之间相互影响的逻辑，对双方较为公平。被告所主张的仅考虑下跌指数，可能导致市场风险因素扣除比例不当扩大，相较而言，中证法律服务中心的解释更具有合理性,法院予以采信。

关于同步指数对比法,该算法是将个股跌幅与同期指数平均跌幅作对比。在确定指数涨跌幅时,并非简单地将投资者首次有效买入日和最后一次卖出日或基准日两端区间的综合指数、行业指数相减,而是将投资者具体的买卖情况与同期指数变动做紧密贴合的比对,取个股第一笔有效买入日后的买入期间内、卖出期间内以及揭露日至基准日期间与各笔交易时点相对应的指数,并以不同交易时点的股票交易数量作为权重系数,以加权计算的方法计算均值,然后根据对应期间指数均值之间的差值,得出相关指数的平均跌幅程度。该指数平均跌幅的计算方法,与个股跌幅中买入均价、卖出均价及基准价的计算完全同步,充分考虑了投资者每笔交易的权重,从而更加客观、精准地反映在不同持股期间市场风险因素对每个投资者股价的具体影响程度。在计算投资差额损失与市场风险因素扣除比例时,均采用加权计算法测算股价变化及指数变化,在计算方法上也具有逻辑上的统一性。被告飞乐音响公司主张指数跌幅应按照实施日至揭露日期间最高点与基准日之间的指数差值统一计算,无法反映原告各时点交易受到市场风险的影响程度,法院不予采信。

综上,对于《损失核定意见书》所确定的证券市场风险因素扣除方法,法院予以采信,并据此确定各原告所应获赔的投资差额损失。

评析

在证券市场风险因素扣除问题上,本案采用同步指数对比法,相对精确地认定每个投资者受证券市场风险影响的程度。从投资者第一笔有效买入日起,以与个股买入均价、卖出均价及基准价格相同的计算方式,同步计算相应买入期间的指数均值、卖出期间的指数均值和揭露日到基准日期间的指数均值。指数均值的计算对应投资者交易记录,取投资者每笔交易当天的收盘指数和交易数量,以与个股买入均价相同的计算方式进行移动加权计算指数均值。通过各交易期间的指数均值得出指数跌幅,将上证综合指数、申万一级行业指数和申万三级行业指数的跌幅一一计算后,获取指数平均跌幅,再将指数平均跌幅与个股跌幅进行对比。上述方法通过严谨的数学方法反映虚假陈述损失原理,在风险考察期间、参考指数选择、组合指数处理等方面均具有典型意义。

许某某等诉上海普天邮通科技股份有限公司证券虚假陈述责任纠纷案

一审：上海金融法院(2018)沪74民初1399号

二审：上海市高级人民法院(2020)沪民终294号

案情介绍

[基本案情见本书第208页案例]

本案审理过程中，上海交通大学中国金融研究院接受委托，于2020年2月19日出具《损失核定意见书》，对投资者因普天公司虚假陈述产生的投资差额损失进行了核定。《损失核定意见书》采用“收益率曲线同步对比法”来计算投资者因虚假陈述导致的投资差额损失。该方法的基本逻辑是对影响股价的各种因素加以定量分析，在不考虑虚假陈述因素的前提下，以其他各因素所形成的普天公司收益率曲线计算得出投资者的模拟损益比例，从而计算市场风险等其他因素导致的模拟投资损失，将其与含虚假陈述因素在内的各因素共同影响下形成的名义投资损失进行比较，进而得出投资者因受虚假陈述影响而产生的可获赔的投资差额损失。《损失核定意见书》认为，就普天公司而言，影响其股价的因素除大盘因素、行业因素、个股风格因素外，其因2015年至2016年充电桩概念而产生的股价波动，以及2017年因经营业绩持续亏损而被列入ST后产生的股价波动，亦非其实施虚假陈述行为对股价造成的影响。故《损失核定意见书》基于大盘因素、行业因素、个股风格因素(包括充电桩以及ST概念因素)的量化计算构建模型，模拟计算出除虚假陈述因素外，其他因素影响形成的普天公司股票日收益率$\widetilde{r_t}$(t代表不同日期)，再以实施日的前一交易日2015年3月20日的普天公司股票实际收盘价为模拟初始价格P0，根据模型计算的日收益率模拟出普天公司每日股票价格$Pt = P0 \times (1 + \widetilde{r_1}) \times (1 + \widetilde{r_2}) \times \cdots \times (1 + \widetilde{r_t})$(以下简称普天公司股票模拟价格)。此外，由于B股市场中股票数量有限，而前述多因子模型法需要大量的样本以估算各种因素带来的收益（降低估算误差），所以在B股中无法适用，故损失量化计算模型采用A股B股关联法计算普天公司B股的模拟日收益率及股票模拟价格。

在计算出普天公司模拟价格的基础上，通过以下3个步骤计算出投资者因虚假陈述导致的投资差额损失：

1. 计算名义损益比例。名义损益比例 = 名义投资损失/名义买入成本 × 100%。其中，名义投资损失 = 名义买入成本（买入均价 × 实施日至揭露日期间的净买入股数）- 名义回收成本（揭露日后每笔卖出股数 × 实际卖出股票价格 + 基准日后仍持有股数 × 基准价），买入均价从"第一笔有效买入"开始，根据移动加权平均法计算[买入均价 =（∑本次购入股票金额 + 本次购入前持股成本）÷（∑本次购入股票数量 + 本次购入前持股数量）]。

2. 计算模拟损益比例。模拟损益比例 = 模拟投资损失/模拟买入成本 × 100%。其中，模拟投资损失 = 模拟买入成本（模拟买入均价 × 实施日至揭露日期间的净买入股数）- 模拟回收成本（揭露日后每笔卖出股数 × 卖出股票模拟价格 + 基准日后仍持有股数 × 模拟基准价）。此处，模拟基准价等于揭露日至基准日期间每日模拟股价的平均值。

3. 计算投资者因虚假陈述导致的投资差额损失。可获赔的损失金额 = 名义买入成本 ×（名义损益比例 - 模拟损益比例）。

原告投资者对《损失核定意见书》发表意见认为：对《损失核定意见书》中的计算逻辑与计算方法不予认可。理由如下：《损失核定意见书》中设定的扣除证券市场风险因素的方法不符合司法解释的规定。《损失核定意见书》中纳入损失量化计算模型并采用"收益率曲线同步对比法"，对证券市场风险等其他因素加以扣除。但对证券市场风险因素，原告投资者仍坚持认为，必须是范围有限的事件，只有相关指数出现了大幅度的波动且有监管部门结论的情况下，才能认定为证券市场风险。而《损失核定意见书》中扣除证券市场风险因素采用的是以"收益率曲线"为基础的"收益率曲线同步对比法"，由于"收益率曲线"在金融学中基本上只适用于债券收益，很少使用在股票收益上，因此"收益率曲线同步对比法"并非扣除证券市场风险因素的优选方法。原告投资者认为，采用先进先出法加上算术加权平均法后，再扣除证券市场风险因素（真正的全局性事件）是简单可行且便于原告投资者推导求证的损失计算方法。

被告普天公司总体认可《损失核定意见书》所采用的计算逻辑和方法，但对B股的测算比例有异议。第一，《损失核定意见书》未将暂停上市因素作为普天公司B股额外考虑的扣除因素不具备合理性。暂停上市事件并不属于ST股票所必然发生的事件，在公司业绩连续两年亏损的情况下，第三年是会发生业绩逆转或是业绩持续亏损进而导致股票暂停上市，对投资者而言属于不可预见的或有事项。而从普天公司发布首次暂停上市风险提示公告后连续8个交易日股价跌停可以看出，市场对于普天公司股票暂停上市的风险预警反应十分强烈。鉴于暂停上市事件是与虚假陈述行为无关的经营风险，因此，应在计算B股模拟收益率时予以考虑。第二，《损失核定意见书》中B股模拟价没有准确反映出2017年3月21日A股基准日之后ST、*ST因素对普天公司B股价格的持续性影响。《损失核定意见书》的附件2所列明的普天公司B股模拟股价显示，普天公司*ST的正式实施日2017年4月25日的模拟价，与之前两个交易日的模拟价相比分别下跌0.4%和1.9%，这与普天公司真实的股价跌幅情况不符。综上，考虑到普天A股和B股基准日不同，B股基准日在后且持续受到了ST、*ST因素，暂停上市因素等经营风险因素的影响，应将暂停上市因素作为额外的因素加入模型以计算模拟收益率，并使普天B股模拟价走势反映出ST、*ST因素的持续性影响，防止出现对B股投资者的损失赔付率过高的情况。庭审后，普天公司针对上海交通大学中国金融研究院提交的ST因素成分股，发表补充意见认为，ST因素的成分股中与普天公司具有相同情况的股票占比不足10%，由此计算出的数据不能准确反映暂停上市因素对普天公司股价的影响。普天公司认为，选取样本时应选择数量相同的ST、*ST因素及暂停上市因素的股票，并且在选择暂停上市因素股票时，剔除暂停上市后恢复上市的股票，保留暂停上市之后退市的股票。

法院裁判

法院认为，关于证券市场风险等其他因素导致的损失如何计算，2003年《虚假陈述司法解释》并无明确规定。《损失核定意见书》采用的计算方式为：市场风险等其他因素导致的损失＝投资者买入成本×模拟损益比例，即剔除虚假陈述因素，投资者投入相同的成本可以获得的损益金额。关于模拟损益比例的计算，《损失核定意见书》采用了多因子模型法计算大盘、行业以及各种风格因素所导致的普天公司A股股票日收益，在此基础上，通过A股和B股关联关系计算普天公司B股股票日收益率，由此得出普天公司A股、B股的模拟价格，进而计算无虚假陈述影响下普天公司股票的模拟损益比例。该计算方法全面考量了各种会对股价持续性造成影响的共性因素，不仅包括大盘因素、行业因素，还涵盖了公司规模因素、价值因素、beta因素、盈利因素、杠杆因素、成长因素、动量因素、波动率因素、流动性因素，以及因普天公司经历ST、*ST和充电桩概念热度而加入的ST因素和充电桩因素，相比仅选取一段时间内个股与行业股价波动幅度进行对比的方法，实现了量化计算各种对股价产生影响作用的因素，克服了无法将虚假陈述因素与其他股价变动因素予以有效分离的弊端，更具有科学性和精确性，也更加符合虚假陈述案件中损失计算的立法本义与司法实践需求。

因此，法院认为，《损失核定意见书》采用多因子模型法以及A股B股关联的方法核算普天公司的模拟收益比例，并据此扣除非虚假陈述因素导致的投资者损失，得出普天公司应赔付的投资差额损失金额，该方法相对科学精确、覆盖面广、现实可行，法院予以采纳。故对本案原告投资者因虚假陈述导致的投资差额损失金额以《损失核定意见书》核定的金额为准。

评析

在全球范围内，审理证券虚假陈述案件的难点之一就是计算投资者损失大小以及违法者所需承担的赔偿金额。根据金融市场理论和相关领域的研究，可以对由于欺诈所产生的损害进行相对准确的定量分析，在控制市场风险、个股风险、流动性风险和投资者行为选择的基础上，获得相应比较准确的投资者损失和相关违法者所应当承担的责任范围。本案审理不但开辟了一个利用金融学研究和模型对证券欺诈信息披露造成的投资者损失进行计算的先例，而且对于鼓励司法审判和资本市场实践更加紧密结合，做出了非常重要的尝试和示范。

相关规定

2022年《虚假陈述司法解释》

第三十一条　人民法院应当查明虚假陈述与原告损失之间的因果关系，以及导致原告损失的其他原因等案件基本事实，确定赔偿责任范围。

被告能够举证证明原告的损失部分或者全部是由他人操纵市场、证券市场的风险、证券市场对特定事件的过度反应、上市公司内外部经营环境等其他因素所导致的，对其关于相应减轻或者免除责任的抗辩，人民法院应当予以支持。

拓展研究

（一）确定投资者损失的“精算”与“酌定”之争

对于市场风险及其他因素的衡量，“精算”与“酌定”之争是贯穿始终的核心问题。有学者指出，精算的进路尽量追求精确计算，包括导入各种复杂数学分析工具；酌定的进路允许运用司法裁量权，综合灵活认定市场风险，不展开复杂计算，而是酌定整数比例。对市场风险之认定采用数学模型时，需要预先考虑的事项过多，若计算结果建立在过多的前提假设上，看似精准的数据其实未必能精准地反映市场中的真正风险和相关行为人应负的责任。[①] 在证券虚假陈述损失计算日益技术化、精细化的今天，法官的裁量权仍值得高度重视。虚假陈述损失计算方法并非单纯的数字计算，法律价值衡量仍是确定损失的重要前提和基础。例如，关于扣除因素的选择应采用何种原则、市场风险及其他因素的扣除比例是否应有一定限制、是否应当考虑虚假陈述行为的主观恶性程度等问题，法院仍可合理酌定裁量，令损失计算结果更符合人们的正义观念，更有利于实现虚假陈述

---

① 参见缪因知：《精算抑或斟酌：证券虚假陈述赔偿责任中的系统风险因素适用》，载《东南大学学报（哲学社会科学版）》2020年第5期。

民事赔偿的制度目的。

(二)市场指数能否反映市场风险因素

在虚假陈述纠纷司法实践中,通常以证券市场指数作为衡量市场风险因素的主要手段,但关于市场指数能否有效反映市场风险因素,仍然存在争论。一般认为,市场指数确实是估量市场风险的必备且有效的工具。证券价格的形成机制高度复杂且有诸多不确定性,不同的投资者拥有不同的决策思路。将某一种因素对证券市场价格的影响从诸多影响因素中准确地剥离出来无论是对原告、被告还是法院都几乎是不可能完成的任务。市场整体的实际运行状况比所有人为解读都更加客观地反映了所有市场风险经过传导机制后的综合影响,而市场指数就是专门用来反映市场整体运行状况的工具。利用市场指数,可以把不确定的 N 个市场风险看成由市场指数反映出来的一个市场风险集合体,而且可以由数字把它们经过传导机制转化出来的客观结果准确表示出来,克服了风险种类多、价格传导机制复杂这两个难解之题,所以是比较理想的选择。①

也有观点认为,在我国引入股指期货后,除股票现货交易外还存在期货交易,意即存在卖空机制,股指期货指数本身也在一定程度上反映了市场的市场风险状况,也应作为市场风险的考量因素。尤其是在综合指数和行业板块指数失灵时,股指期货指数可作为独立的市场风险考量因素。②

(三)组合参考指数的运用方法

选取大盘指数、行业指数、板块指数等组合指数作为计算市场风险因素的参考指数,扣除市场风险的损失计算公式可以表述为:投资者可获赔投资差额损失 = 投资差额损失 × [1 - min(D,0)/G]。在上述公式中,D 表示选定组合指数在考察区间的平均值,G 表示系争股票在考察区间的涨跌幅函数 min(D,0)表示在 D 值和 0 之间选择数值较小者参与计算。如果 D≥0,则表明系争股票未受

① 参见甘培忠、彭运朋:《论证券虚假陈述民事赔偿中系统风险所致损失数额的认定》,载《甘肃社会科学》2014 年第 1 期。

② 参见石一锋:《违反信息披露义务责任中损失计算的利益衡量》,载《法学评论》2017 年第 4 期。

市场风险影响；如果 $D<0$，则表明系争股票受到市场风险的影响并需要扣除；如果 $D<0$，且 $|D|>|G|$，则表明系争股票不仅受到市场风险影响，而且投资者的损失完全由市场风险造成。组合指数平均值 D =（参考指数 1 涨跌幅 + 参考指数 2 涨跌幅 + ……参考指数 N 涨跌幅）÷N，N 代表参与计算的指数的数量。

例如，某投资者投资差额损失为 10,000 元，在考察期间系争股票涨跌幅为 -30%，选定的综合指数涨跌幅为 -2%，一级行业指数涨跌幅为 -4%，三级行业指数涨跌幅为 -10%，概念指数涨跌幅为 12%。根据上述公式，组合指数平均值 $D=[(-2\%)+(-4\%)+(-10\%)+(12\%)]\div 4=-1\%$。投资者可获赔投资差额损失 $=10,000\times[1-\min(-1\%,0)\div(-30\%)]=9667$ 元。投资者在揭露（更正）日后有卖出部分股票而基准日仍持有部分余股的情况，会涉及 2 个考察区间，每个考察区间应单独计算投资差额损失和市场风险扣除比例值。对此，上述公式可以扩展为：投资者可获赔投资差额损失 = 投资差额损失 $1\times[1-\min(D1,0)\div G1]$ + 投资差额损失 $2\times[1-\min(D2,0)\div G2]$。[①]

（四）关于“收益率曲线同步对比法”的若干争议

“收益率曲线同步对比法”已为司法实践所采用，但其计算方法是否妥当仍存在一些争议，值得进一步研究。具体包括：(1)部分投资者模拟损益比例为负数，是否合理；(2)部分投资者在同一天存在多笔买入、卖出，“收益率曲线同步对比法”计算的模拟价格均相同，是否妥当；(3)“收益率曲线同步对比法”采用的相关参数是否欠缺可核验性，导致其结论不准确、不客观。

1. 关于部分投资者模拟损益比例为负数的问题

部分投资者经核定计算得出的模拟损益比例为负数，根据“收益率曲线同步对比法”的计算方法及原理，该结果可理解为若不存在上市公司的虚假陈述行为，该部分投资者因投资股票不仅不会产生投资损失，还会获得投资收益。将

① 参见中证中小投资者服务中心有限责任公司：《证券虚假陈述案投资者损失计算软件的运行逻辑》，载《证券日报》2018 年 11 月 21 日，B4 版。

该部分可得投资收益一并作为投资者的损失予以核定,符合其计算逻辑的一致性。关于该部分可得收益损失是否属于上市公司的赔偿范围,除了考虑"收益率曲线同步对比法"的计算结果,还应根据相关法律及司法解释的规定予以认定。依据2022年《虚假陈述司法解释》的规定,虚假陈述行为人在证券交易市场承担民事赔偿责任的范围,以投资者因虚假陈述而实际发生的损失为限。投资者因虚假陈述而丧失的可得收益不属于虚假陈述行为人的赔偿责任范围。因此,"收益率曲线同步对比法"中部分投资者模拟损益比例为负数的事实,不能否定《损失核定意见书》所采用计算方法的合理性。

2. 关于部分投资者在同一天存在多笔买入、卖出,"收益率曲线同步对比法"计算采用同一模拟价格的问题

部分投资者在同一天存在多笔买入、卖出情况,其价格均不相同,但"收益率曲线同步对比法"计算的模拟价格均相同。证券市场中,影响证券价格因素众多,对于证券市场风险及其他因素对证券价格造成的影响,难以进行绝对客观、精确的计算,只能以相对合理、可行的方法予以评估。"收益率曲线同步对比法"关于模拟价格的计算,已具体到投资者发生交易行为的当日价格,具有相对的精确性,通过该模拟价格与实际成交价格的比较,已经能够相对准确地反映证券市场风险及其他因素对证券价格造成的影响。按照每日模拟价格相同的计算方法,其模拟价格可能高于或低于当日某个时点的价格,故其结果不会单纯偏向某一方当事人,具有公平性。

3. 关于"收益率曲线同步对比法"采用的相关参数是否欠缺可核验性的问题

"收益率曲线同步对比法"所采用的计算方式在衡量证券市场风险等其他因素时,既包括对股价有长期持续影响的大盘因素、行业因素、个股风格因素等共性因素,也包括重大资产重组事件公司经营中的短期事件性因素,相对全面科学、客观准确。由于"收益率曲线同步对比法"采用了相对复杂的金融模型,故其计算方法和参数选择具有一定的专业性。但在明确计算方法以及投资者交易数据真实准确的前提下,通过专业机构计算所得的结果,具有较高的可信度。在当事人未举证证明核定人员存在公正性、科学性、权威性瑕疵的情况下,"收益

率曲线同步对比法”对损失的认定，已经达到民事诉讼程序所要求的高度盖然性标准，故可作为法院认定损失的参考依据。

四、特定事件等非市场风险因素的量化

诉讼争点

依据2022年《虚假陈述司法解释》第31条的规定，证券虚假陈述赔偿责任扣减因素不仅包括影响整体证券市场的风险因素，也包括与特定上市公司有关的特殊事件等非市场风险因素。对于证券市场风险，一般可以通过前面所述的“同步指数对比法”等方法进行测算，而就其他与上市公司有关的特定事件等非市场风险因素如何进行衡量，则是一个更加复杂的问题。对此，实践中存在不同观点。

第一种观点认为，宜采取酌定方式认定非市场风险因素对证券价格变化及投资者损失的影响。

市场中影响证券价格的因素众多，哪些事件能够作为纳入计算范围的“特定事件”，该特定事件对投资者损失影响比例等，均是难以精确计算的问题。虚假陈述民事赔偿制度具有遏制信息披露违法行为的制度目的、保护投资者利益的价值取向以及降低司法救济成本的实际需求，无须对非市场风险因素作过于精细化的测算。

第二种观点认为，应适用相对精确的方法认定哪些事件可归为2022年《虚假陈述司法解释》第31条第2款规定的非市场风险因素，并测算该因素对投资者损失的影响比例。

只有建立起符合市场客观规律的测算方法，才能正确适用司法解释的相关规定，避免任意性的裁量，明确当事人预期，衡平保护市场各方主体权益。

裁判指引

本书倾向于第二种观点，即应通过建立合理的计算模型，采用事件分析法等方法，相对精确地测算非市场风险因素的扣减比例。

首先，从必要性来看，非市场风险因素往往是虚假陈述纠纷中被告的重要抗辩理由之一，是双方争议焦点和案件处理难点。从市场实际情况看，确有大量投资者的交易行为受到了与上市公司有关的重大重组、重大合同，以及他人的市场操纵行为等非市场风险因素的影响。同时，这些因素对证券价格和交易行为的影响又与时间因素密切相关。这些要素的判定和计量，显然超出了一般生活常识的范围。如果没有一套相对科学、权威的测算方法，将无法平息各方矛盾，有损法院裁判的严肃性和公信力。

其次，从可行性来看，当前金融市场中已经具备了测算特定事件对证券价格影响的成熟方法。事件分析法是一种实证研究方法，最早运用于金融领域，借助金融市场数据分析某一特定事件对该公司价值的影响。事件分析法具有研究理论严谨、逻辑清晰、计算过程简单等优点，已被学者运用到越来越多的领域来研究特定事件对组织行为的影响，①且早已有学者就事件分析法在虚假陈述损失计算中的应用提出了设想。② 上海金融法院在"中毅达案""普天邮通案"等虚假陈述案件中，通过与专业金融研究机构合作，已经就事件分析法的实践应用进行了探索。

最后，关于"事件分析法"的具体应用方法，从相关司法实践来看，"事件分析法"在虚假陈述非市场风险因素排除中的应用可以与"收益率曲线同步对比法"相结合。大致可分为以下步骤：(1)根据该事件的发生、终止时间等因素确定该事件对于上市公司影响的时间窗口长度；(2)确定发生该事件的公司样本空间；(3)计算样本中各上市公司因该事件发生或终止后相同时间长度内每个交易日的日收益率；(4)取各上市公司该事件发生或终止后每个交易日收益率的均值作为该事件对于标的股票日收益率的影响值；(5)将该收益率影响值纳

---

① 参见王玲、朱占红：《事件分析法的研究创新及其应用进展》，载《国外社会科学》2012年第1期。

② 参见樊健：《论证券虚假陈述投资者损失计算的"事前观点"》，载《清华法学》2017年第3期。

入模拟收益率曲线，采用收益率曲线同步对比法计算结果。

典型案例

许某等诉上海中毅达股份有限公司证券虚假陈述责任纠纷案

一审：上海金融法院(2018)沪74民初615号

二审：上海市高级人民法院(2020)沪民终302号

案情介绍

[基本案情见本书第134页案例]

2016年4月27日，中毅达公司发布《关于参股子公司股权被法院冻结的公告》《关于重大资产重组实施进展的公告》，称因拟购买的股权被司法冻结，无法办理过户手续，重大资产重组存在失败的可能。之后中毅达公司持续发布公告提示重大资产重组存在终止的风险。2016年11月12日，中毅达公司发布《重大事项停牌的公告》，称因转让方持有的立成景观公司股权仍被冻结，无法办理工商过户手续，其承诺的林权证争议和纠纷仍未解决，立成景观公司2015年实际业绩与承诺业绩有较大差距，实施本次重大资产重组的原有预期已难以实现，将召开董事会审议终止本次重大资产重组事项，鉴于该事项尚存在不确定性，公司股票于2016年11月14日开市起停牌。2016年11月15日，中毅达公司发布《关于终止重大资产重组事项的公告》，称中毅达公司于2016年11月14日召开第六届董事会第二十八次会议，审议通过《关于终止重大资产重组事项的议案》，决定终止本次重大资产重组事项。

一审法院依职权委托上海交通大学中国金融研究院对本案投资者因虚假陈述导致的投资差额损失进行核定。上海交通大学中国金融研究院于2020年1月17日出具《损失核定意见书》。《损失核定意见书》采用"收益率曲线同步对比法"，通过构建损失量化计算模型，运用多因子模型法、自选投资组合法以及事件分析法核定"证券市场风险等其他因素"对于投资者损失的影响，进而计算投资者因虚假陈述导致的投资差额损失。

法院裁判

关于本案中重大资产重组因素的计算,法院认为,在交易因果关系成立的前提下,认定投资者的损失与虚假陈述之间是否具有损失因果关系,应结合2003年《虚假陈述司法解释》第18条第3项以及第19条第4项进行分析。尽管投资者买入中毅达股票是受到虚假陈述诱导所致,但在投资者后续交易或持有股票的过程中,股价不可避免会受到多种因素的影响。其中,既包括虚假陈述的影响,也包括证券市场风险等其他因素的影响,后者所导致的投资者损失与虚假陈述之间不具有因果关系,不属于虚假陈述行为人的赔偿责任范围。

1. 重大资产重组作为特定事件的认定

重大资产重组属于可能对股票交易价格产生较大影响的重大事件,是《证券法》明确列举的法定披露事由。中毅达公司于虚假陈述实施日至揭露日期间发布重大资产重组利好信息,于揭露日后发布重大资产重组失败信息,均会对中毅达股价产生影响。根据中毅达公司提交的多份《关于股票交易异常波动公告》以及相关期间K线图等证据,中毅达股价在重大资产重组期间发生较大波动,不能完全归因于虚假陈述行为,投资者由此所受损失与中毅达公司虚假陈述之间没有因果关系,故重大资产重组事件应作为造成投资者损失的“其他因素”予以考虑。至于投资者损失或部分损失是否由“其他利空信息”所导致。上市公司在经营过程中履行披露义务会发布各种信息,该些信息能否作为导致投资者损失的“其他因素”予以考量,应结合信息的性质、信息是否具有确定性、信息对于股价的影响程度,以及对该信息影响力予以精确评估的可行性等因素综合认定。考察中毅达公司所主张的“其他利空信息”,首先,关于公司业绩的相关公告,其对股价的影响已为损失量化计算模型所涵盖,反映在模拟收益率曲线中,另行扣除则会产生重复扣除的问题。其次,从信息的性质而言,中毅达公司发布的有关信息并非必然为利空信息,应结合个案进行分析,但中毅达公司并未进一步举证证明信息的性质。最后,中毅达公司所称的有关信息,对于股价的影响并不明显,亦缺乏可以对其影响力进行准确评估的科学量化方法。据此,中毅达公司并未举证证明其所主张的“其他利空信息”对于中毅达公司股价产生了相当的负面影响从而导致了投资者的损失。

2. 重大资产重组因素的测算

上海交通大学中国金融研究院出具《损失核定意见书》，采用“收益率曲线同步对比法”计算投资者因虚假陈述导致的投资差额损失。具体计算过程如下：

(1)计算名义损益比例。自投资者“第一笔有效买入”开始，根据移动加权平均法计算买入均价。

(2)计算模拟损益比例。计算模拟损益比例具体包括以下3个步骤：

第一，基于对虚假陈述外其他因素的量化计算构建模型，模拟出除虚假陈述外，其他因素影响形成的中毅达股票日收益率。①采用多因子模型法计算中毅达A股中市场风险等因素(不包含重大资产重组事件因素)引发的股票日收益率。②采用自选投资组合法计算中毅达B股中市场风险等因素(不包含重大资产重组事件因素)引发的股票日收益率。③采用事件分析法计算重大资产重组事件引发的股票日收益率。

在上述采用事件分析法计算重大资产重组事件引发的股票日收益率环节，《损失核定意见书》认为，中毅达公司于2015年10月27日发布《重大资产购买报告书(草案)》，于2016年11月15日发布《关于终止重大资产重组事项的公告》，均会在一个事件窗口期内影响中毅达股票日收益率，故采用事件分析法分别计算重大资产重组信息发布与重大资产重组终止两个事件对于中毅达股票日收益率的影响。虽然中毅达公司在发布《关于终止重大资产重组事项的公告》之前，多次发布公告提示重大资产重组存在终止的风险，但其带来的具体影响并不明确，故仅对重大资产重组终止的影响进行评估。又因重大资产重组终止日晚于中毅达A股基准日，故仅核定该事件对于中毅达B股日收益率的影响。核定的具体步骤为：首先，根据中毅达公司扣除大盘因素后由重大资产重组信息发布和终止导致的日收益率值分别确定该事件对于中毅达公司影响的时间窗口长度。其次，确定发生重大资产重组事件的公司样本空间。根据万得公司(wind)提供的中国股票市场重大资产重组信息发布与终止案例，为了兼顾市场情况的可比性以及样本的充分性，分别选取中毅达公司重大资产重组信息发布日与重大资产重组终止日前后各一个月时间段内，与中毅达公司资产重组目的(横向整合)以及资产重组影响方向(重大资产重组信息发布为正面影响,重大资产重组终止为负面影响)一致的案例为样本。再次,用与步骤1相同的方式计算样本中各上市公司重大资产重组信息发布或终止后相同时间长度内每个交易日的日收益率。最后,取各上市公司重大资产重组信息发布或终止后每个交易日收益率的均值作为该事件对于中毅达股票日收益率的影响值。当投资者的第一笔有效买入日早于或者处于重大资产重组信息发布的影响区间时,投资者的损失会受到重大资产重组信息发布的影响;当投资者的有效卖出日期晚于或者处于重大资产重组终止的影响区间时,投资者的损失会受到重大资产重组终止的影响。投资者中,陈某某受到重大资产重组信息发布和终止的影响;叶某、葛某、何某某受到重大资产重组终止的影响。

《损失核定意见书》认为,中毅达股票模拟日收益率由大盘、行业以及个股风格因素引发的日收益率和重大资产重组事件引发的日收益率叠加而得,处于重大资产重组事件影响区间内的中毅达股票模拟日收益率=大盘、行业以及个股风格因素引发的日收益率+重大资产重组事件引发的日收益率。

第二,以虚假陈述实施日的前一交易日中毅达股票实际收盘价为模拟初始价格 P_0,根据中毅达股票模拟日收益率模拟出中毅达公司每日股票价格 Pt。

第三,根据模型计算得出的中毅达股票模拟价格,自投资者"第一笔有效买入"开始,根据移动加权平均法计算模拟买入均价,并进而计算:模拟买入成本=模拟买入均价×实施日至揭露日期间的净买入股数,模拟回收成本=揭露日后每笔卖出股数×卖出股票模拟价格+基准日后仍持有股数×模拟基准价(模拟基准价等于揭露日至基准日期间每日模拟收盘价的平均值),模拟损益比例=(模拟买入成本-模拟回收成本)÷模拟买入成本×100%。

(3)计算由虚假陈述导致的投资差额损失。通过将包含虚假陈述在内的各种因素作用下形成的中毅达股票名义损益比例,与虚假陈述外其他因素作用下形成的中毅达股票模拟损益比例相比较,计算得出投资者因虚假陈述导致的投资差额损失,虚假陈述导致的投资差额损失=名义买入成本×(名义损益比例-模拟损益比例)。

《损失核定意见书》按照上述方法对投资者损失进行了核定。例如,投资者许某名义买入成本为137,060元,名义回收成本为119,422元,名义损益比例为12.87%,模拟买入成本为83,314元,模拟回收成本为81,966元,模拟损益比例为1.62%,故因虚假陈述导致的投资差额损失为15,419.25元。

评析

随着我国证券纠纷案件审判专业化水平的不断提升,对投资者损失进行个性化、精细化的计算是一个趋势。本案中,法院委托第三方专业金融研究机构出具专业意见,并就投资者损失核定构建了专业的量化计算模型,根据A股与B股不同的市场环境,采用多因子模型法、自选投资组合法等不同计算模型,同时运用事件分析法考虑个股特殊因素,在证券纠纷的裁判方法上作出了重要突破,体现了金融法律适用与金融专业知识的深度融合,对健全完善金融审判诉讼机制,提升金融审判的专业化水平具有积极的探索意义。本判决结果在依法维护投资者权益、遏制证券市场欺诈行为的同时,避免对上市公司和中介机构施加过重的法律责任,使得赔偿责任与侵权行为的严重程度、过错程度以及投资者实际损失更加趋于一致,有利于平衡保护资本市场中投资者、上市公司以及中介机构等各方主体的合法权益,具有较强的示范意义。

相关规定

2022年《虚假陈述司法解释》

第三十一条　人民法院应当查明虚假陈述与原告损失之间的因果关系,以及导致原告损失的其他原因等案件基本事实,确定赔偿责任范围。

被告能够举证证明原告的损失部分或者全部是由他人操纵市场、证券市场的风险、证券市场对特定事件的过度反应、上市公司内外部经营环境等其他因素所导致的,对其关于相应减轻或者免除责任的抗辩,人民法院应当予以支持。

拓展研究

(一)关于事件分析法的步骤模型

多利(Dolley)于1933年发表的《普通股分拆的特征与程序》一文拉开了事件分析法的研究序幕。[①] 事件分析法的应用领域非常广泛,学者从不同视角对其进行了阐述。段瑞强认为,“事件研究”是根据某一事件发生前后的资料统计,采用特定技术测量该事件影响性的一种定量分析方法。[②] 何海江认为,在一个充满理性投资者的市场中,某一事件对经济的影响可迅速由资产价格的变化反映出来,因此事件分析法是指通过短期内可观测资产价格的变化来研究某一事件对经济影响程度的方法。[③]

事件分析法的关键点,在于探讨所关注事件在某个时段产生的影响效果。一个完整的事件分析法包括以下7个步骤:[④](1)事件定义(event definition),包括定义所关注的事件及事件窗口的长度,这是事件分析法最为核心和关键的步骤。(2)选样标准(selecting criteria)。(3)计算正常收益与超常收益(calculating normal and abnormal returns)。(4)参数估计(estimation procedure),即使用“估计窗口”的数据来估计正常收益模型的参数值。(5)检验程序(testing procedure)。其是设计和选择用于检验超常收益的程序,即设计原假设及备用假设,并根据样本量大小及总体标准差是否已知等选择合适的检验统计量。(6)实证结果的输出(empirical results),即由检验程序得出实证结果并提供相关结论。(7)解释与结论(interpretation and conclusions),即对实证结果进行合理的解释及调整。

(二)特定事件的历史样本采集及应用方法

应用事件分析法的原理,可以通过统计出我国市场上重大诉讼、重大担保等

---

① 参见王玲、朱占红:《事件分析法的研究创新及其应用进展》,载《国外社会科学》2012年第1期。

② 参见段瑞强:《金融市场的事件研究方法》,载《统计与决策》2004年第2期。

③ 参见何海江:《股权协议转让中出让公司的非正常收益分析》,东北财经大学2002年硕士学位论文,第3页。

④ 参见王玲、朱占红:《事件分析法的研究创新及其应用进展》,载《国外社会科学》2012年第1期。

每一类重大事件对个股股价影响的历史平均值,并以该数值作为参考依据应用于具体案件中。关于特定事件的历史样本采集及具体计算,有专业机构提出以下方法:(1)采集重大事件历史样本数据,即采集一定期限内证券市场上公告披露的所有符合条件的重大事件样本数据。(2)为确保重大事件历史样本数据的标准性和公正性,筛选历史样本数据时应只选取市场上正常上市交易的股票,排除 ST 股和*ST 股。(3)历史平均值数据包括股价波动周期平均值和股价每日波动平均值。其中,股价波动周期平均值是指市场每一类重大事件信息被披露之日至披露该重大事件的股票流通股换手率达 100%之日所经历的交易日天数的平均值。股价每日波动平均值是指市场每一类重大事件信息被披露之日至披露该重大事件的股票流通股换手率达 100%之日的股价波动数值除以该股所经历交易日天数的数值的平均值。(4)取得上述数据后,扣除计算的逻辑如下:首先,将案件中需要扣除的某个重大事件的公告日期加上该类重大事件的历史股价波动周期平均值,得出其对系争股票的影响期间;其次,将该影响期间与每个投资者的考察区间进行对比,期间相重合的天数即为该重大事件因素对投资者交易损失的影响期间,予以扣除计算;最后,其他风险扣除计算中投资者的考察区间与市场风险的考察区间一致。① 与收益率曲线同比对比法相比,此种计算方法的逻辑较为简单,但在计算的精确性上则相对有所不足。

---

① 参见中证中小投资者服务中心有限责任公司:《证券虚假陈述案投资者损失计算软件的运行逻辑》,载《证券日报》2018 年 11 月 21 日,B4 版。

第九章

证券虚假陈述案件的责任承担

2019 年修订《证券法》系统性地对我国资本市场的发行制度加以完善,规定证券发行将全面施行注册制。注册制在强化发行人信息披露义务的同时,更要求压实中介机构和其他相关主体的责任。由此,2019 年《证券法》在第 85 条拓展了证券虚假陈述责任纠纷案件中承担连带赔偿责任的主体范围,发行人的控股股东、实际控制人、董事、监事、高级管理人员及其他直接责任人员,保荐人、承销商及其直接责任人员,以及证券服务机构均有可能承担连带赔偿责任。2022 年,最高人民法院在修订的《虚假陈述司法解释》中将重大资产重组中的交易对手和帮助造假方纳入赔偿主体范围。据此,我国证券法在证券民事侵权责任的承担上,形成了类型化、多层次的责任主体(见图 5)。

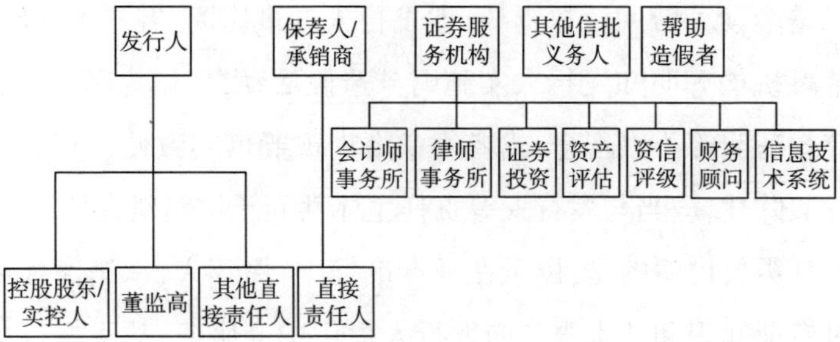

图 5　证券虚假陈述责任主体一览

总体而言,我国证券虚假陈述民事责任分配体系并不区分发行披露阶段和持续披露阶段,证券发行和交易阶段均适用统一的规则,其主要特点有以下几方面。

第一,承担民事赔偿责任的主体范围呈逐渐扩大趋势。

1999 年《证券法》规定的责任主体包括:(1)发行人及其负有责任的董事、监事、经理;(2)承销商及其负有责任的董事、监事、经理;(3)证券服务机构,包括证券投资咨询机构、资信评估机构、会计师事务所、资产评估机构以及律师事务所。

2003 年 12 月,我国引入证券发行上市保荐制度后,承销商和保荐人的职责开始分离。对保荐人责任证券保荐是为了保证所发行证券的品质,证券承销主要是为了取得最佳的发行效果。虽然理论上,保荐人和承销商可以由不同的证券公司担任,但是根据监管部门的规定,保荐人同时也是主承销商。2005 年《证券法》从法律层面上确立了这一制度,并规定保荐人负责尽职推荐发行人证券发行上市,持续督导发行人履行相关义务,在未能勤勉尽责时也应就发行人的虚假陈述行为承担连带赔偿责任。同时,2005 年《证券法》还增设了发行人的控股股东、实际控制人的连带责任,并将财务顾问列入证券服务机构。2019 年《证券法》第 160 条将信息技术系统服务商作为新增的证券服务机构类型,并在第 147 条明确,证券登记结算机构可以提供信息服务。

2022 年《虚假陈述司法解释》增加了两类责任主体:一是公司重大资产重组的交易对方,若其提供的信息不符合真实、准确、完整的要求,导致公司披露的相关信息存在虚假陈述,该交易对方应当与发行人等责任主体共同承担赔偿责任。二是增设了帮助侵权责任,即发行人的供应商、客户,以及为发行人提供服务的金融机构等明知发行人实施财务造假活动,仍然为其提供相关交易合同、发票、存款证明等予以配合,或者故意隐瞒重要事实致使发行人的信息披露文件存在虚假陈述,应当与发行人等责任主体共同承担赔偿责任。

需要说明的是,由于在证券市场中,保荐人、承销商和证券服务机构均是通过专业知识和技术服务向发行人提供中介服务,故下文以中介机构作为前述机构的统称。

第二，始终以发行人为责任体系中心。

发行人是当然的信息披露义务人，承担无过错责任。即只要发行人披露的信息不实、有重大遗漏或不适当，无论其主观状态系故意还是过失，均应向投资者承担损害赔偿责任。在公司重大资产重组中，交易对方属于2019年《证券法》第78条规定的其他信息披露义务人，也应适用无过错责任原则。

发行人内部人，保荐人、承销商及其内部人，以及证券服务机构均适用过错推定原则。之所以采用过错推定原则，是因为证券市场的信息不对称性导致投资者处于信息弱势地位，要求投资者对公司内部人以及中介机构提供服务行为中的过错举证极为困难。而如果所有责任主体均采用无过错责任，又将前述责任主体陷入动辄得咎的困境，增加执业风险，也不利于激励他们勤勉尽责。故过错推定原则成为平衡投资者和其他责任主体利益的最佳方式。在诉讼过程中，原告无须就前述责任主体的过错举证，而是由被告就其不存在过错承担证明责任，未能尽到证明责任的，自行承担不利后果，即与发行人承担连带责任。根据2022年《虚假陈述司法解释》第13条的规定，2019年《证券法》第85条、第163条所称的过错，包括以下两种情形：(1)行为人故意制作、出具存在虚假陈述的信息披露文件，或者明知信息披露文件存在虚假陈述而不予指明、予以发布；(2)行为人严重违反注意义务，对信息披露文件中虚假陈述的形成或者发布存在过失。证券法中的过错与民法上的过错含义不同，在证券虚假陈述责任纠纷中，发行人内部人，保荐人、承销商及其内部人，以及证券服务机构的过错限定为故意和重大过失，仅存在一般过失的，不应承担证券法上的侵权赔偿责任。

帮助造假人并非证券法意义上信息披露的相关责任主体，只有在其出于故意配合发行人造假或是故意隐瞒导致发行人虚假陈述的情况下，才与发行人共同承担赔偿责任，即适用一般侵权中的过错责任原则，对其是否存在故意，则应由原告承担证明责任。

第三，对控股股东、实际控制人的责任追究趋于严格。

从《证券法》的历史沿革看，控股股东、实际控制人的责任承担方式变化很大，从最初无须承担责任，到2005年修订为承担过错责任，再到2019年修订为过错推定责任，责任越来越重。值得注意的是，根据2022年《虚假陈述司法解释》第 20 条、第 23 条的规定，控股股东、实际控制人如有组织、指使发行人实施虚假陈述行为的，应当对投资者的损失承担直接赔偿责任，而且对其赔偿款项不得向发行人追偿。换言之，控股股东、实际控制人滥用控制权，“组织、指使”发行人实施不法行为的，将对此承担终局责任。这也符合在我国股权集中型资本市场中公司治理模式的演进历程。

另外，值得一提的是，2005 年修订的《证券法》删除了关于证券服务机构直接责任人员承担连带责任的规定。其原因在于，证券服务机构和普通工作人员之间系雇佣关系，其工作人员对外系以证券服务机构的名义，为证券服务机构的利益开展工作，故应由证券服务机构承担雇主责任。证券服务机构承担侵权责任后，可以向有故意或者重大过失的工作人员追偿。不过，当前，较多会计师事务所、律师事务所等证券服务机构采用合伙制，其中不乏特殊的普通合伙，而根据《合伙企业法》第 39 条、第 57 条的规定，合伙人均有可能承担无限连带责任。例如，在康美药业特别代表人诉讼案中，法院并未判令正中珠江会计师事务所签字会计师张某某和项目经理苏某某承担责任，但对于会计师事务所合伙人和签字注册会计师杨某某，则依据《合伙企业法》第 57 条判令其承担连带赔偿责任。①

综上所述，随着我国证券市场的发展、监管体制的变革以及私人诉讼机制的强化，证券虚假陈述民事责任的“法网”愈织愈密，责任追究也更加精准化、合理化。多层次责任主体制度设计的目的在于：一方面，充分保障投资者得到实际的赔偿救济，在发行人无力赔偿时，投资者可以要求其他市场主体承担连带赔偿责任，正如史尚宽先生所言，“由法律之规定而产生的连带之债，外观上虽为排除债务人分担额之证明之困难，或因其性质上责任之为共同，然根底仍有确保债权之目的”②。另一方面，让有过错的发行人内部人员、中介机构、帮助造假者等市场主体承担赔偿责任，也是侵权责任体系的应有之义。通过设置与过错相当的责任承担制度，能够起到威慑、预防证券欺诈等不法行为的作用，敦促各责任主

① 参见广东省广州市中级人民法院民事判决书，(2020) 粤 01 民初 2171 号。

② 史尚宽：《债法总论》，中国政法大学出版社 2000 年版，第 641 页。

体归位尽责，有利于资本市场的健康、有序发展。

从既往的司法实践看，投资者同时起诉发行人内部人员、中介机构的案件相对较少，其中的原因或许在于投资者的索赔额通常较低，不用过多担心发行人的偿付能力问题，而且一旦将其他人员列为被告，审判中关于提供被告身份信息、送达信息等方面的要求会增加投资者的诉讼负担。不过，近年来，随着注册制和代表人诉讼制度的实施，以及证券维权公益机构的介入，有更多控股股东、实际控制人、董监高以及中介机构被提起诉讼。对此，当前普遍关注的问题集中在以下几个方面：(1)中介机构之间的责任边界如何区分；(2)中介机构承担连带责任的范围应否予以限制；(3)控股股东、实际控制人应否承担首要责任；(4)发行人董监高的过错如何认定。本章将围绕上述焦点问题依次展开论述。

一、证券中介机构的过错认定

诉讼争点

在证券发行、交易过程中，一项业务往往由众多中介机构同时为之提供服务，事后发现存在虚假陈述情形时，中介机构往往以引用其他机构的专业意见而该意见并非己方专业领域为由，抗辩其没有过错。对于该等抗辩能否成立，主要有以下两种观点。

第一种观点是专业领域区分说。中介机构往往是某一领域的专家，对于本领域的事务应负有高度注意义务，但其责任仅限于自己的工作范围和专业领域。对于其他领域，既不具备相应的专业能力，亦无核查义务，而且信赖其他机构已经出具的专业意见，并在此基础上发表己方意见，符合行业惯例，不能因此认定存在过错。

第二种观点是合理信赖说。对于其他专家意见，中介机构可以信赖，但这种信赖应当是“合理”信赖。判断是否合理的标准在于审查中介机构是否尽到了适当注意义务。具体而言，中介机构如需引用他人发表的专家意见，应对此进行审慎核查,并就核查中发现的疑点进一步调查、复核,若未能排除疑点,则不能直接引用,否则难谓“合理”信赖。在未尽到前述审慎核查义务的情况下,不能认定中介机构尽到勤勉尽责义务。

裁判指引

本书同意第二种观点。

我国自2003年12月以来,在一级市场上实行保荐人牵头负责模式,由此形成了保荐人全面核验、证券服务机构对各自工作范围负责的责任格局。[①] 具体而言,保荐人有义务保证发行人的所有申请文件和信息披露资料不存在虚假记载、误导性陈述或者重大遗漏,因此,其责任范围不仅包括己方出具的发行保荐书和上市保荐书,还负有协调其他中介机构工作并对其出具的专业意见进行全面核查的义务。证券服务机构作为某一领域的专家,仅对己方出具的专业意见负责,但在出具专业意见时亦有可能引用其他机构的专业意见,或以其他机构的专业意见作为论证基础。

根据2022年《虚假陈述司法解释》第17条、第18条的规定,对于其他中介机构的专业意见,无论是保荐人还是证券服务机构,均不能因信赖专业机构的意见而免除核查义务,而应结合己方的专业知识和所获信息审慎核查,如发现有显著失实、前后矛盾或与己方掌握信息不一致,应进一步采取适当方法就疑点进一步调查、复核,在完全排除前述疑点后方能合理信赖专业意见。

相关规定

2022年《虚假陈述司法解释》

第十七条　保荐机构、承销机构等机构及其直接责任人员提交的尽职调查工作底稿、尽职调查报告、内部审核意见等证据能够证明下列情形的,人民法院应当认定其没有过错:

① 根据我国现行监管规则《证券发行上市保荐业务管理办法》第7条的规定,保荐人同时也担任主承销商,故在本部分提及保荐人时不再逐一列明。

（一）已经按照法律、行政法规、监管部门制定的规章和规范性文件、相关行业执业规范的要求，对信息披露文件中的相关内容进行了审慎尽职调查；

（二）对信息披露文件中没有证券服务机构专业意见支持的重要内容，经过审慎尽职调查和独立判断，有合理理由相信该部分内容与真实情况相符；

（三）对信息披露文件中证券服务机构出具专业意见的重要内容，经过审慎核查和必要的调查、复核，有合理理由排除了职业怀疑并形成合理信赖。

在全国中小企业股份转让系统从事挂牌和定向发行推荐业务的证券公司，适用前款规定。

第十八条　会计师事务所、律师事务所、资信评级机构、资产评估机构、财务顾问等证券服务机构制作、出具的文件存在虚假陈述的，人民法院应当按照法律、行政法规、监管部门制定的规章和规范性文件，参考行业执业规范规定的工作范围和程序要求等内容，结合其核查、验证工作底稿等相关证据，认定其是否存在过错。

证券服务机构的责任限于其工作范围和专业领域。证券服务机构依赖保荐机构或者其他证券服务机构的基础工作或者专业意见致使其出具的专业意见存在虚假陈述，能够证明其对所依赖的基础工作或者专业意见经过审慎核查和必要的调查、复核，排除了职业怀疑并形成合理信赖的，人民法院应当认定其没有过错。

典型案例

王某等487人诉五洋建设集团股份有限公司等证券虚假陈述责任纠纷案

浙江省高级人民法院（2021）浙民终389号

案情介绍

五洋建设集团股份有限公司（以下简称五洋建设）在不符合债券发行条件的情况下，通过在财务报表中虚增利润的方式欺诈发行了“15五洋债”“15五洋

02”两只公司债券。行政处罚作出后，债券投资者提起民事诉讼，请求判令五洋建设偿付债券本息，并要求法定代表人陈某某、承销商德邦证券股份有限公司（以下简称德邦证券）及证券服务机构大信会计师事务所、上海市锦天城律师事务所（以下简称锦天城律所）、大公国际资信评估有限公司（以下简称大公国际）承担连带责任。

其中，承销商德邦证券提出抗辩，认为财务核查为会计师事务所特别注意义务，德邦证券对发行人财务状况作出的尽职调查结果系依据会计师事务所出具的专业审计意见作出。其已经按照一般的尽职调查程序对五洋建设进行了尽职调查，履行了对财务核查的普通注意义务，行政处罚所认定的应收账款与应付账款存在“对抵”属于会计师的专业判断事项，超出了承销商的注意义务。锦天城律所辩称，应收账款与应付账款“对抵”，属于财务方面的专业判断事项，超出了律师事务所的注意义务，也不属于律师事务所工作范围和专业领域。大公国际亦辩称，评级机构在采信审计机构的相关材料时，应当在一般知识水平和能力范畴内对其履行普通的注意义务，本案中，针对审计报告中相关的财务数据，大公国际也通过与多组信息比对等方式履行了普通的注意义务，有合理理由相信不存在财务差错。

法院裁判

法院认为，五洋建设以虚假财务数据骗取债券发行资格，构成欺诈发行、虚假陈述的违法违规行为，应对投资者的损失承担赔偿责任。德邦证券系案涉债券承销商，在关注五洋建设应收账款回收风险问题时，未充分履行核查程序，调查企业应收账款形成原因、收回可能性；在发现五洋建设投资性房地产在资产中占比较高，要求项目组说明投资性房地产的具体内容及位置、经营情况、公允价值确定依据、目前的市场价值时，仅以房地产价值咨询报告代替资产评估报告作为东舜百货大厦和华联商厦两处投资性房地产入账依据，对投资性房地产未充分履行调查、复核程序就排除合理怀疑；在项目组成员知悉2015年五洋建设控股子公司沈阳五洲公司已与沈阳出版发行集团有限公司签订协议，将东舜百货大厦以大幅低于公允价值的价格出售，该事项可能对五洋建设发行条件以及偿债能力产生重大影响的情况下,未将此风险作为重大事项写入核查意见。上述行为均表明德邦证券作为承销商审慎核查不足,专业把关不严,未勤勉尽职,对债券得以发行、交易存在重大过错,应对投资者的损失承担连带责任。

大公国际出具的《2015 年度企业信用评级报告》《2015 年公司债券信用评级报告》对沈阳五洲公司项目的并购价格、截至 2014 年年底房产价值以及 2015 年 2 月出售房产等事项进行了披露。上述房产的出售价格大幅低于公允价值,而五洋建设资产中该投资性房产占比较高,属于可能影响发债条件、偿债能力的重大事项,但大公国际对项目核查中提出的"关于沈阳五洲出售事项公司的会计处理"之修改意见,未进一步核实关注并合理评定信用等级,存在过错。法院酌情确定大公国际对五洋建设应负的民事责任在 10% 范围内承担连带责任。

锦天城律所受五洋建设的委托,对发行过程、配售行为、参与认购的投资者资质条件、资金划拨等事项进行见证,并出具专项法律意见书。在大公国际《2015 年公司债券信用评级报告》已提示五洋建设控股子公司出售投资性房产事项的情况下,锦天城律所未对该重大合同及所涉重大资产变化事项关注核查,对不动产权属尽职调查不到位,未能发现占比较高的重大资产减少情况对五洋建设偿债能力带来的法律风险,故锦天城律所亦未勤勉尽职,存在过错。法院酌情确定锦天城律所对五洋建设应负的民事责任在 5% 范围内承担连带责任。

评析

本案系全国首例公司债欺诈发行民事侵权赔偿诉讼。债券投资者将发行人、实控人以及相关中介机构均作为被告诉至法院。对此,承销商、律师事务所、评级机构均提出抗辩认为,财务报表的差错问题不属于其专业领域,已尽到一般注意义务。法院判决从普通注意义务和特别注意义务的区分出发,认为承销商对会计师事务所出具的审计报告已产生合理怀疑的情况下,未能进行有效的调查、复核,在此基础上的信赖不能成为免责事由;评级机构对项目核查中提出的修改意见,也未进一步核实关注,存在过错;律师事务所的过错则在于对重大合同及所涉重大资产变化事项以及对不动产权属尽职调查不到位。法院根据过错程度判决其承担不同程度的连带责任，对厘清中介机构的责任边界和注意义务标准，敦促从业人员勤勉、专业、审慎工作具有重要意义。

拓展研究

面对证券市场中诸多中介机构共同为证券发行、交易服务的局面，各个国家、地区采取了不同的法律职责配置模式。

第一类是保荐人牵头责任模式。保荐制度从上市条件宽松、交易风险高的创业板市场发展而来，最早产生于英国。1995 年 6 月，伦敦交易所建立了另类投资市场（Alternative Investment Market，AIM），并首次将上市保荐制度引入该市场中，目前该制度也仅适用于创业板。保荐人可以由券商、会计师、律师、银行从业者、其他公司拥有丰富经验的金融人员担任，个人也可作为保荐人。保荐人终身负责，应从公司挂牌到存续期间全程监督，如果保荐人缺位超过一个月，又无法找到替代者，则上市公司的股票要从交易所摘牌。[①] 我国香港特别行政区在 1999 年建立创业板（Growth Enterprise Market，GEM）的同时引入英国的保荐人制度，其变革之处在于 2003 年将该制度适用范围扩展到主板市场。[②]

第二类是上市伙伴模式，该模式与保荐人制度类似，但要求略低，主要运用在德国初级证券市场。根据法兰克福证券交易所《初级市场条款通则》（the General Terms and Conditions for the Entry Standard）的要求，除一些大企业可单独提出上市申请外，拟在初级市场交易股份的公司须指定上市伙伴。上市伙伴由具有法定资格的金融机构、投资信贷机构、国外金融机构的德国境内分支、律师事务所或欧盟其他成员国的证券交易机构等担任，负责为发行人提供各种咨询顾问服务、编制申请材料。上市伙伴应当保证申请材料真实完整、更新信息及时公开等。[③]

---

① 参见于哲君：《股票发行制度改革背景下保荐人职责配置的修正与完善》，四川省社会科学研究院 2018 年硕士学位论文，第 22 页。

② 参见谈萧：《香港保荐人制度最新修订述评》，载《证券市场导报》2005 年第 4 期。

③ 参见郭雳：《证券市场中介机构的法律职责配置》，载《南京农业大学学报（社会科学版）》2011 年第 1 期。

第三类是区分责任模式。大部分国家和地区都未设立保荐人制度，证券公司主要是作为承销商（underwriter）的角色协助发行人销售证券。证券市场的中介机构之间形成事实上的委托关系，这种委托是根据代理法的标准，对相关专业的工作进行委托。中介机构之间相互引用意见来作为发行人的登记注册文件进行申报或披露时，有时还需要支付费用。

我国2005年《证券法》从法律层面上确立了证券发行上市保荐制度。该法第11条第1款规定，发行人申请公开发行股票、可转换为股票的公司债券，依法采取承销方式的，或者公开发行法律、行政法规规定实行保荐制度的其他证券的，应当聘请具有保荐资格的机构担任保荐人。虽然理论上保荐人和承销商可以由不同的证券公司担任，但是根据《证券发行上市保荐制度暂行办法》（证监会令第18号，2004年2月1日起施行，现已失效）第5条的规定，保荐机构负责证券发行的主承销工作。现行有效的《证券发行上市保荐业务管理办法》（证监会令第170号，2020年6月12日起施行）第7条第3款规定，证券发行的主承销商可以由该保荐机构担任，也可以由其他具有保荐业务资格的证券公司与该保荐机构共同担任。因此，实践中，在监管部门的要求下，保荐人同时也是主承销商。

在保荐人牵头责任模式下，对中介机构的勤勉尽责标准，我国内地在法律上并未作出明确规定，对其注意义务的要求多见于监管规则中。证监会最早在与司法部联合发布的2007年《律师事务所从事证券法律业务管理办法》（证监会、司法部令第41号，2007年5月1日起施行）第14条规定："律师在出具法律意见时，对与法律相关的业务事项应当履行法律专业人士特别的注意义务，对其他业务事项履行普通人一般的注意义务，其制作、出具的文件不得有虚假记载、误导性陈述或者重大遗漏。"2019年，证监会在《关于在上海证券交易所设立科创板并试点注册制的实施意见》中进一步将前述注意义务的标准拓展到所有证券服务机构。该意见第18条规定，证券服务机构及其从业人员应当对本专业相关的业务事项履行特别注意义务，对其他业务事项履行普通注意义务；同时也提出，保荐人作为主要中介机构，要尽到全面核查验证义务。最高人民法院在《关于为设立科创板并试点注册制改革提供司法保障的若干意见》第5条也持同样观点。对于前述全面核查验证义务、普通注意义务和特别注意义务的界定和区分,也引发了实践中的诸多探讨。

首先,从责任范围上看,保荐人作为总策划,其职责主要包括上市辅导、尽职调查、审慎核查、推荐上市、持续督导、先行赔付等方面。在与其他中介机构的互动关系上,保荐人被赋予了更为重要的地位,负有协调其他中介机构的工作并对其出具的专业意见进行全面核查的义务。因此,保荐机构的责任范围不仅仅包括己方出具的发行保荐书和上市保荐书,还应保证发行人的所有申请文件和信息披露资料不存在虚假记载、误导性陈述或者重大遗漏。而证券服务机构作为某一领域的专家,仅就该领域相关事项出具专业意见,如会计师事务所对发行人的财务报表进行审计并出具审计报告,律师事务所审查发行、上市等活动的合法性并出具法律意见书,而资产评估机构对发行人的资产进行评估并出具资产评估报告等。因此,证券服务机构的责任范围也限于其工作范围和专业领域,即仅对己方出具的专业意见负责。由此,形成保荐人全面负责、证券服务机构就其专业领域负责的整体责任格局。

其次,从注意标准上看,保荐机构和证券服务机构并无实质差别。就保荐人而言,在核实发行人申请文件和信息披露资料的真实性、准确性和完整性时,既要对其他中介机构的专业意见进行核查,又要对其余内容进行充分尽职调查,不过二者所要求的注意义务标准并不相同。保荐制度设立之初,监管部门对其要求较为严格。例如,《证券发行上市保荐制度暂行办法》(现已废止)第 24 条规定,保荐机构对发行人公开发行募集文件中有中介机构及其签名人员出具专业意见的内容,应当进行审慎核查,对发行人提供的资料和披露的内容进行独立判断。保荐机构所作的判断与中介机构的专业意见存在重大差异的,应当对有关事项进行调查、复核,并可聘请其他中介机构提供专业服务。现行《证券发行上市保荐业务管理办法》明确了合理信赖原则,其第 22 条规定:“对发行人申请文件、证券发行募集文件中有证券服务机构及其签字人员出具专业意见的内容,保荐机构可以合理信赖,对相关内容应当保持职业怀疑、运用职业判断进行分析,存在重大异常、前后重大矛盾,或者与保荐机构获得的信息存在重大差异的,保荐机构应当对有关事项进行调查、复核,并可聘请其他证券服务机构提供专业服务。”第23条规定：“对发行人申请文件、证券发行募集文件中无证券服务机构及其签字人员专业意见支持的内容，保荐机构应当获得充分的尽职调查证据，在对各种证据进行综合分析的基础上对发行人提供的资料和披露的内容进行独立判断，并有充分理由确信所作的判断与发行人申请文件、证券发行募集文件的内容不存在实质性差异。”如果说该部门规章是对保荐机构的注意义务作出正向规定，那么，最高人民法院2022年修订的《虚假陈述司法解释》第17条则是在侵权诉讼过程中作反向审查，规定了保荐机构尽到了何等程度的注意义务方能免责，二者的审查标准基本一致。

具体而言，即将发行人申请文件、证券发行募集文件分为专家意见部分和非专家意见部分，对后者的注意义务要高于前者。对于有专家意见支持的内容，不需进行尽职调查，但也要进行审慎核查，如有重大异常、前后矛盾或与保荐机构已经掌握的信息冲突，则应对疑点部分进行调查、复核，必要时可聘请其他证券服务机构提供相应服务，排除疑点后方构成合理信赖。对于没有专家意见支持的内容，应当主动进行尽职调查，采用面谈、实地调查、查询和函证等多种方式对发行人提供的文件和披露信息进行核查和验证，形成相应证据，并结合己方的调查结果和专业知识进行独立判断，能够有合理理由相信该部分内容与客观情况相符，方可谓尽到注意义务。

就证券服务机构而言，应当对本领域的事务尽特别注意义务。一般侵权案件中，法院通常假设以“理性人”(reasonable man)的注意程度来作为是否尽到注意义务的判断标准。这个理性人受过一般的教育，具备一般的知识水平和技能，具有一般的道德水准。理性人的行为标准高于容易犯错的普通人，但他显然不是具有专门知识和技能的专业人士。而证券服务机构在证券侵权案件中承担的是一种专家责任。所谓专家，其特点在于：“其一，工作性质属于高度的专门性(skilled and specialized)，其中心不是体力工作而是精神的、判断的工作(mental rather than manual)；其二，重视高度的职业道德和与顾客的信赖关系；其三，大多要求一定的资格，并由专家集团维持一定的业务水平；其四，具有较高的社会地位。”①注册会计师、执业律师、资产评估师等专业人士均受过系统的职业教育，并通过了相应行业的任职资格考试，具备自己执业领域所必需的知识和技能。因此，判断其对本专业相关的业务事项是否尽到注意义务时，法院应从一名“普通执业人员”的视角来考察。该名普通执业人员具备该专业领域所必需的任职条件，拥有一定的业务知识和经验，并具有中等偏上的职业道德水平，只有达到了普通执业人员的执行水准，才能认定为勤勉尽责，该等注意义务的标准高于理性人标准。

但是，对于超出本领域范围的事务，该证券服务机构并非专家，故如果在出具专业意见时需要引用保荐人或其他证券服务机构的基础工作或者专业意见，或是以此为得出结论的基础论据，则应尽到一般注意义务，即“理性人”的标准。此时，证券服务机构不能盲目信赖，要对此进行审慎核查，如有疑点时应进一步调查、复核，排除疑点后方能使用，这也是免责的必要条件。

综上所述，在证券侵权案件中，对他人出具的专业意见，应当采用合理信赖标准，宽严有度，以厘清中介机构的责任范围、注意义务标准，使责任承担与行为人的注意义务、注意能力和过错程度相匹配，契合近代法律“自己为自己行为负责”的基本原则。

二、证券中介机构的责任范围

诉讼争点

在证券虚假陈述责任纠纷中，证券中介机构不能证明自身无过错的，应当与发行人承担完全的连带赔偿责任，还是区分故意和过失承担不同范围的责任？

目前，关于证券中介机构承担侵权责任的方式，主要有以下三种观点。

---

① 参见李挺伟：《注册会计师专家研究民事责任》，载《中国注册会计师》2000 年第 3 期。

第一种观点是连带责任一元论。从2019年《证券法》第163条的规定看，无须考虑证券中介机构主观状态，只要出具不实报告就应与发行人共同对第三人承担全部连带赔偿责任，但能证明其没有过错的除外。我国《证券法》自1999年实施以来，历经5次修订，但在证券中介机构承担连带赔偿责任这一立场上从未发生过变化。

第二种观点是连带赔偿责任范围区分论。证券中介机构应当承担连带赔偿责任，但并非专指全额连带赔偿。证券中介机构的注意义务和应负责任范围，应限于各自的工作范围和专业领域，其制作、出具的文件有虚假记载、误导性陈述或者重大遗漏的，应当考量其过错程度、造成投资者损失的原因力等因素，分别确定其连带责任的范围。

第三种观点是连带责任与补充责任二分法。通过判断证券中介机构是故意还是过失确定其承担的侵权责任，如果是故意，承担连带赔偿责任；如果是过失，则在过错范围内承担补充赔偿责任。该观点的主要依据是《最高人民法院关于审理涉及会计师事务所在审计业务活动中民事侵权赔偿案件的若干规定》（2007年6月15日实施，以下简称《会计师事务所民事侵权规定》）。该司法解释区分了明知和过失两种情形，会计师存在与被审计单位恶意串通或明知财务会计处理与国家有关规定相抵触而不予指明等情形的，会计师事务所与被审计单位承担连带赔偿责任；如果是因过失出具不实报告，包括未保持必要的职业谨慎、违反执业准则等情形，则根据其过失大小承担补充赔偿责任。

裁判指引

本书同意第二种观点。证券中介机构不能证明自己无过错的，应当与发行人承担连带赔偿责任。在具体案件中，应当根据过错程度、原因力等因素，确定证券中介机构承担连带责任的范围。若中介机构故意出具不实报告，则对外与发行人承担全部连带责任；如果中介机构属于重大过失，则根据过错及原因力大小，对外在一定范围内与发行人承担连带责任。

从法律规定看，1998年、2004年《证券法》均规定，专业机构和人员不能证明自己无过错的，应就其负有责任的部分承担连带责任。2005年之后修订的

《证券法》有所调整，规定证券中介机构不能证明自己无过错的，应当与委托人承担连带赔偿责任。《证券法》坚持连带责任立场的本旨在于充分保障投资者得到实际赔偿，但是，连带赔偿责任并非仅限于全额连带赔偿，部分连带赔偿责任仍是法律所认可的一种责任形式。

最高人民法院系列司法解释及司法意见均体现了证券中介机构责任与过错程度相结合的审理原则。2003 年《虚假陈述司法解释》与 1998 年《证券法》保持一致，规定专业中介服务机构及其直接责任人给投资人造成损失的，就其负有责任的部分承担赔偿责任。2007 年《会计师事务所民事侵权规定》则在第 5 条、第 6 条区分了故意与过失，在过失情形下，法院应根据会计师事务所过失大小确定其赔偿责任，赔偿金额以不实审计金额为限。2020 年《债券座谈会纪要》第 3 条也强调，将责任承担与行为人的注意义务、注意能力和过错程度相结合。2022 年《虚假陈述司法解释》沿袭了区分故意与过失主观状态的裁判思路，在第 13 条明确规定中介机构的过错包括故意和重大过失，并在第 17 条、第 18 条、第 19 条进一步规定了过错的认定标准及免责事由。其中，第 19 条专门规定了会计师事务所的免责抗辩事由，一定程度上吸收了《会计师事务所民事侵权规定》第 7 条的表述，并在第 2 款扩大了审计机构所依赖出具不实证明文件抗辩免责的第三方单位范围，除金融机构外，增加发行人的供应商、客户等相关单位。

区分故意与过失的法理基础在于，在数人侵权的责任承担中，侵权人所承担的责任分为最终责任（ultimate liability）和风险责任（vicarious liability）。对于第三人遭受的损失，“最终责任是指各赔偿义务人之间进行内部分配时，赔偿义务人就其自身行为所应承担的赔偿责任份额，超过最终责任而实质上承担受偿不能风险的责任部分，则称为风险责任，即对第三人的外部责任份额与赔偿义务人之间划定的内部责任份额的差值”①。对于承担的超过最终责任的部分，赔偿义务人可以根据分摊请求权或追偿请求权的规定，向终局责任人寻求分摊或者追偿，但其同时也承担了分摊或者追偿不能的风险。对于证券中介机构来说，其可能参与的只是虚假陈述行为的某一环节，如果内部责任比例较低，仍要对外承担

① 王竹：《论风险责任概念的确立》，载《北方法学》2011 年第 2 期。

全部连带责任，则外部责任与内部责任份额悬殊，承担的风险责任过重。无论过错大小，均要承担100%连带责任，长此以往，将不利于中介行业的持久发展，最终导致相应的服务供给不足。

同理，在判定发行人控股股东、实际控制人、董监高及其他直接责任人员的赔偿责任时，也应考量其主观状态、过错程度、造成投资者损失的原因力等因素，分别确定其应当承担的责任范围。

相关规定

《证券法》

第八十五条　信息披露义务人未按照规定披露信息，或者公告的证券发行文件、定期报告、临时报告及其他信息披露资料存在虚假记载、误导性陈述或者重大遗漏，致使投资者在证券交易中遭受损失的，信息披露义务人应当承担赔偿责任；发行人的控股股东、实际控制人、董事、监事、高级管理人员和其他直接责任人员以及保荐人、承销的证券公司及其直接责任人员，应当与发行人承担连带赔偿责任，但是能够证明自己没有过错的除外。

第一百六十三条　证券服务机构为证券的发行、上市、交易等证券业务活动制作、出具审计报告及其他鉴证报告、资产评估报告、财务顾问报告、资信评级报告或者法律意见书等文件，应当勤勉尽责，对所依据的文件资料内容的真实性、准确性、完整性进行核查和验证。其制作、出具的文件有虚假记载、误导性陈述或者重大遗漏，给他人造成损失的，应当与委托人承担连带赔偿责任，但是能够证明自己没有过错的除外。

2022年《虚假陈述司法解释》

第十三条　证券法第八十五条、第一百六十三条所称的过错，包括以下两种情形：

（一）行为人故意制作、出具存在虚假陈述的信息披露文件，或者明知信息披露文件存在虚假陈述而不予指明、予以发布；

（二）行为人严重违反注意义务，对信息披露文件中虚假陈述的形成或者发布存在过失。

第十七条　保荐机构、承销机构等机构及其直接责任人员提交的尽职调查工作底稿、尽职调查报告、内部审核意见等证据能够证明下列情形的，人民法院应当认定其没有过错：

（一）已经按照法律、行政法规、监管部门制定的规章和规范性文件、相关行业执业规范的要求，对信息披露文件中的相关内容进行了审慎尽职调查；

（二）对信息披露文件中没有证券服务机构专业意见支持的重要内容，经过审慎尽职调查和独立判断，有合理理由相信该部分内容与真实情况相符；

（三）对信息披露文件中证券服务机构出具专业意见的重要内容，经过审慎核查和必要的调查、复核，有合理理由排除了职业怀疑并形成合理信赖。

在全国中小企业股份转让系统从事挂牌和定向发行推荐业务的证券公司，适用前款规定。

第十八条　会计师事务所、律师事务所、资信评级机构、资产评估机构、财务顾问等证券服务机构制作、出具的文件存在虚假陈述的，人民法院应当按照法律、行政法规、监管部门制定的规章和规范性文件，参考行业执业规范规定的工作范围和程序要求等内容，结合其核查、验证工作底稿等相关证据，认定其是否存在过错。

证券服务机构的责任限于其工作范围和专业领域。证券服务机构依赖保荐机构或者其他证券服务机构的基础工作或者专业意见致使其出具的专业意见存在虚假陈述，能够证明其对所依赖的基础工作或者专业意见经过审慎核查和必要的调查、复核，排除了职业怀疑并形成合理信赖的，人民法院应当认定其没有过错。

第十九条　会计师事务所能够证明下列情形之一的，人民法院应当认定其没有过错：

（一）按照执业准则、规则确定的工作程序和核查手段并保持必要的职业谨慎，仍未发现被审计的会计资料存在错误的；

（二）审计业务必须依赖的金融机构、发行人的供应商、客户等相关单位提供不实证明文件，会计师事务所保持了必要的职业谨慎仍未发现的；

（三）已对发行人的舞弊迹象提出警告并在审计业务报告中发表了审慎审

计意见的;

(四)能够证明没有过错的其他情形。

《最高人民法院关于审理涉及会计师事务所在审计业务活动中民事侵权赔偿案件的若干规定》(法释〔2007〕12号)

第五条　注册会计师在审计业务活动中存在下列情形之一,出具不实报告并给利害关系人造成损失的,应当认定会计师事务所与被审计单位承担连带赔偿责任:(一)与被审计单位恶意串通;(二)明知被审计单位对重要事项的财务会计处理与国家有关规定相抵触,而不予指明;(三)明知被审计单位的财务会计处理会直接损害利害关系人的利益,而予以隐瞒或者作不实报告;(四)明知被审计单位的财务会计处理会导致利害关系人产生重大误解,而不予指明;(五)明知被审计单位的会计报表的重要事项有不实的内容,而不予指明;(六)被审计单位示意其作不实报告,而不予拒绝。

对被审计单位有前款第(二)至(五)项所列行为,注册会计师按照执业准则、规则应当知道的,人民法院应认定其明知。

第六条　会计师事务所在审计业务活动中因过失出具不实报告,并给利害关系人造成损失的,人民法院应当根据其过失大小确定其赔偿责任。

注册会计师在审计过程中未保持必要的职业谨慎,存在下列情形之一,并导致报告不实的,人民法院应当认定会计师事务所存在过失:(一)违反注册会计师法第二十条第(二)、(三)项的规定;(二)负责审计的注册会计师以低于行业一般成员应具备的专业水准执业;(三)制定的审计计划存在明显疏漏;(四)未依据执业准则、规则执行必要的审计程序;(五)在发现可能存在错误和舞弊的迹象时,未能追加必要的审计程序予以证实或者排除;(六)未能合理地运用执业准则和规则所要求的重要性原则;(七)未根据审计的要求采用必要的调查方法获取充分的审计证据;(八)明知对总体结论有重大影响的特定审计对象缺少判断能力,未能寻求专家意见而直接形成审计结论;(九)错误判断和评价审计证据;(十)其他违反执业准则、规则确定的工作程序的行为。

第七条　会计师事务所能够证明存在以下情形之一的,不承担民事赔偿责任:

（一）已经遵守执业准则、规则确定的工作程序并保持必要的职业谨慎，但仍未能发现被审计的会计资料错误；

（二）审计业务所必须依赖的金融机构等单位提供虚假或者不实的证明文件，会计师事务所在保持必要的职业谨慎下仍未能发现其虚假或者不实；

（三）已对被审计单位的舞弊迹象提出警告并在审计业务报告中予以指明；

（四）已经遵照验资程序进行审核并出具报告，但被验资单位在注册登记后抽逃资金；

（五）为登记时未出资或者未足额出资的出资人出具不实报告，但出资人在登记后已补足出资。

第十条　人民法院根据本规定第六条确定会计师事务所承担与其过失程度相应的赔偿责任时，应按照下列情形处理：

（一）应先由被审计单位赔偿利害关系人的损失。被审计单位的出资人虚假出资、不实出资或者抽逃出资，事后未补足，且依法强制执行被审计单位财产后仍不足以赔偿损失的，出资人应在虚假出资、不实出资或者抽逃出资数额范围内向利害关系人承担补充赔偿责任。

（二）对被审计单位、出资人的财产依法强制执行后仍不足以赔偿损失的，由会计师事务所在其不实审计金额范围内承担相应的赔偿责任。

（三）会计师事务所对一个或者多个利害关系人承担的赔偿责任应以不实审计金额为限。

《债券座谈会纪要》

3. 坚持“卖者尽责、买者自负”原则。债券依法发行后，因发行人经营与收益的变化导致的投资风险，依法应当由投资人自行负责。但是，“买者自负”的前提是“卖者尽责”。对于债券欺诈发行、虚假陈述等侵权民事案件的审理，要立足法律和相关监管规则，依法确定发行人董事、监事、高级管理人员及其控股股东、实际控制人，以及增信机构，债券承销机构，信用评级机构、资产评估机构、会计师事务所、律师事务所等中介机构（以下简称债券服务机构），受托管理人或者具有同等职责的机构（以下简称受托管理人）等相关各方的权利、义务和责任，将责任承担与行为人的注意义务、注意能力和过错程度相结合，将民事责任追究的损失填补与震慑违法两个功能相结合,切实保护债券持有人、债券投资者的合法权益,维护公开、公平、公正的资本市场秩序。

典型案例

李某诉中安科股份有限公司、中安消技术有限公司、广东华商律师事务所、瑞华会计师事务所、招商证券股份有限公司证券虚假陈述责任纠纷案

一审:上海金融法院(2019)沪74民初1049号

二审:上海市高级人民法院(2020)沪民终666号

案情介绍

2014年6月11日,中安科股份有限公司(以下简称中安科公司)发布《上海飞乐股份有限公司重大资产出售、发行股份购买资产并募集配套资金暨关联交易报告书(草案)》,披露了中安科公司通过向深圳市中恒汇志投资有限公司(以下简称中恒汇志公司)非公开发行股份的方式,购买中恒汇志公司持有的中安消技术有限公司(以下简称中安消技术公司)的100%股权。同日,中安科公司公告了瑞华会计师事务所(特殊普通合伙,以下简称瑞华事务所)出具的审计报告、《中安消技术有限公司盈利预测审核报告》,招商证券股份有限公司(以下简称招商证券公司)出具的《关于上海飞乐股份有限公司重大资产出售、发行股份购买资产并募集配套资金暨关联交易之独立财务顾问报告》,广东华商律师事务所(以下简称华商律师事务所)出具的《关于上海飞乐股份有限公司重大资产出售、发行股份购买资产并募集配套资金暨关联交易之法律意见书》。后中国证监会对中安科公司作出处罚,处罚决定书中认定重大资产重组文件中存在虚假记载,中安科公司及其相关责任人员构成2014年《证券法》第193条第1款所述"所披露的信息有虚假记载、误导性陈述或者重大遗漏的"情形。同时,证监会认定中安消技术公司属于2011年《上市公司重大资产重组管理办法》第4条规定的"有关各方",以及2014年《证券法》第193条第1款规定的"其他信息

披露义务人”。投资者认为中安科公司等主体构成证券虚假陈述，请求法院判令中安科公司、中安消技术公司、招商证券公司、瑞华事务所、华商律师事务所连带赔偿投资者损失。

法院裁判

关于证券中介机构的责任范围问题，上海市高级人民法院认为，关于招商证券公司的赔偿责任范围，其一，从虚假陈述的内容来看，案涉证监会行政处罚涉及“班班通”项目、“智慧石拐”项目和“BT”项目等。就“班班通”项目，招商证券公司未能依据独立财务顾问的执业准则尽到勤勉尽责义务。就“智慧石拐”项目和“BT”项目，主要涉及收入确认等财务会计、审计问题，并非招商证券公司作为独立财务顾问的专业范围，招商证券公司对上述事项仅承担一般注意义务，审核过程中不存在明显过错。其二，尚无证据证明招商证券公司与中安科公司、中安消技术公司存在恶意串通等明知或应当明知的情形，故与中安科公司、中安消技术公司相比，招商证券公司的过错程度相对较轻。其三，案涉“班班通”项目占中安消技术公司2014年年度预测营业收入的26%，构成相关评估和交易定价的重要基础，从而对中安科股票价格和投资者交易决策造成一定影响。据此，酌定招商证券公司在25%的范围内对中安科公司的证券虚假陈述民事责任承担连带赔偿责任。

关于瑞华事务所的赔偿责任范围，其一，从瑞华事务所虚假陈述行为的内容来看，主要涉及“智慧石拐”项目的收入确认问题。关于案涉盈利预测审核，鉴于盈利预测本身具有不确定性，审计机构仅承担有限保证责任。从现有证据来看，瑞华事务所作为外部审计机构，其基于中安消技术公司提供的框架协议等材料进行盈利预测审核，并不存在明显过错。其二，从主观过错程度来看，亦无证据证明瑞华事务所与中安科公司、中安消技术公司存在虚假陈述的共同故意或明知相关材料虚假。因此，与中安科公司、中安消技术公司相比，瑞华事务所的主观过错程度相对较轻。其三，从对投资者的决策影响看，认定为虚假记载的营业收入5551万元占2013年财务报告中母公司营业收入的19.4%，合并报表口径为3.7%。“智慧石拐”项目收入确认对于盈利预测及评估和交易定价也产生一定影响。据此,酌定瑞华事务所在15%的范围内对中安科公司的证券虚假陈述民事责任承担连带赔偿责任。

评析

本案系上海市首例判决未经行政处罚的证券中介机构承担部分连带民事赔偿责任的案件。法院明确,证券中介机构的注意义务和应负责任范围应限于各自的工作范围和专业领域,《证券法》所规定的证券中介机构的连带赔偿责任并非仅限于全额连带赔偿,部分连带赔偿责任仍是法律所认可的一种责任形式,并据此考量证券中介机构的过错程度、造成投资者损失的原因力等因素,分别确定证券公司、会计师事务所在一定范围内对投资者损失承担的连带赔偿责任。

拓展研究

证券市场是典型的陌生人社会,发行人需向不特定的、素不相识的人融资,投资者作投资决策只能高度依赖市场上所披露的信息,故利益冲突和信息不对称始终存在。因此,现代证券市场监管大多以强制性信息披露为中心,旨在解决交易主体间对有关标的证券内在价值判断的信息不对称问题。在该种管理模式下,“发行人对外所披露信息的真实、准确、有效、完整就成为强制性信息披露发挥其根本效能的决定性因素”①。而在此过程中,中介机构被认为是“市场看门人”,他们通常独立于交易双方(发行人与投资者),拥有专业知识和技术,并“以自己的职业声誉为担保向投资者保证发行证券品质”②。

在发行人谋求首次公开发行股票并上市时,其对自己的经营状况有充分的信息优势,投资者则处于信息盲区。发行人有着吸引投资者参与市场的迫切需要,但仅靠其自己陈述显然无法打动投资者,此时中介机构即承担了帮助发行人将其经营信息传递给投资者的角色,以解决证券市场的逆向选择问题。投资者

① 郑彧:《证券法要义》,北京大学出版社2021年版,第276~277页。

② [美]约翰·C.科菲:《看门人机制:市场中介与公司治理》,黄辉、王长河等译,北京大学出版社2011年版,第3页。

之所以会重视中介机构的专业意见，是因为从本质上讲，中介机构作为市场的重复交易者，通过自己的专业技能和勤勉尽责积累起良好的声誉资本，故能够为交易双方提供信息技术服务。“这种声誉中介（reputational intermediary）的运行机制是，中介机构将自己的声誉资本借给或抵押给公司发行人，向投资者提供金融产品的核实和鉴定服务，为金融产品供应者提供产品质量担保。”①

在发行人的证券交易过程中，公司股东与管理层、外部投资者和内部控制者之间同样存在信息不对称问题。股东往往不亲自参与公司管理，而是交给职业经理人运营，二者形成了委托代理关系。而有委托代理关系的存在，就必然产生代理成本，也会存在损害股东利益的可能性。因此，在公司上市后，管理层同样需要借助中介机构持续披露信息，此时，中介机构还具有连接所有者与经营者、降低代理成本的功能。

从监管部门的处罚情况看，自 2012 年 1 月至 2021 年 12 月 10 日，证监会共计对中介机构作出 95 起行政处罚，②其中有 46 起涉及会计师事务所，占比 48%。受罚机构半数为会计师事务所，显然，会计师事务所因其“特有的执业形式——对公司财务数据发表意见，其结论直接影响投资决策和股价波动——导致其相对于其他专业人士来说更容易暴露在法律风险中”③，成为重点监管对象。实践中，会计师事务所对企业财务报表进行审计后给出的意见包括“无保留意见”“保留意见”“无法表示意见”“否定意见”4 种，而后 3 种意见均或多或少意味着企业财务报表存在瑕疵或失真，往往在短时间内引发市场的高度警觉，影响投资者的决策，其重要性可见一斑。

以会计师事务所为例分析民事赔偿案件，截至 2022 年 12 月，已审结的以会计师事务所作为证券虚假陈述被告的案件共有 13 起，④其中有 6 起案件均判决

---

① ［美］约翰·C. 科菲：《看门人机制：市场中介与公司治理》，黄辉、王长河等译，北京大学出版社 2011 年版，第 3 页。

② 数据源于中国证监会证券期货法规数据库系统，neris. csrc. gov. cn/falvfagui/，2019 年 7 月 20 日访问。

③ 刘燕：《关注会计师看门过程中的法律噪音》，载《清华法学》2020 年第 6 期。

④ 每起上市公司虚假陈述案件均包括数以千计的民事诉讼案件，此处涉案 13 起是指 13 批群体诉讼，并非案件的绝对数量。

会计师事务所承担100%连带赔偿责任,[①]3起案件中会计师事务所被判在一定比例范围内承担连带赔偿责任,[②]另有4起案件原告诉请被驳回。其中,“中安科案”所判决的证券中介机构在一定比例范围内承担连带责任,值得进一步探讨。

在国外司法实践中,“法国、意大利、德国、日本、奥地利、比利时、加拿大、塞浦路斯、丹麦、爱尔兰、以色列、约旦、墨西哥、挪威、巴基斯坦、斯里兰卡、南非、瑞典等多数国家均规定证券中介机构应与发行人承担连带赔偿责任”[③]。

值得关注的是,美国在中介机构承担责任形式上曾发生过重大变革。美国国会于1995年通过了《私人证券诉讼改革法》,其中一项重要改变是将《1934年证券交易法》中原有的无限连带责任改为有条件的公允份额比例责任。只有有关责任方故意违反证券法时才对损害承担无限连带责任,否则应就其造成损失的过错责任比例承担相应责任。同时,如果原告是资产净值少于20万美元的个人,且判决损失金额超过其资产净值的10%,而比例责任尚未补足损失,则责任方应对余下损失承担连带责任。[④] 该法推出的结果是,在20世纪90年代后期,集团诉讼的原告实际上停止了起诉审计师等第二级被告。[⑤] 2001年安然事件的爆发也令该项改革受到强烈批评。不过,在美国的影响下,近年来,“澳大利亚、加拿大、新西兰、新加坡、英国已逐渐对其立法加以修改,对中介机构的过失责任转而采用比例责任”[⑥]。

---

① 该6起案件分别为:华伦会计师事务所涉蓝田股份证券虚假陈述案、立信会计师事务所涉金亚科技证券虚假陈述案、立信会计师事务所涉大智慧证券虚假陈述案、瑞华会计师事务所涉华泽钴镍证券虚假陈述案、大信会计师事务所涉五洋债证券虚假陈述案、正中珠江会计师事务所涉康美药业五洋债证券虚假陈述案。

② 参见瑞华会计师事务所涉中安科证券虚假陈述案,上海市高级人民法院(2020)沪民终666号民事判决书。

③ International Federation of Accountants(IFAC), *Auditor Liability in the Global Marketplace: A Case for Limitation*, (July 1995).转引自李明辉:《上市公司财务报告法律责任之研究》,厦门大学2003年博士学位论文,第182页。

④ See Securities Exchange Act of 1934 21D(f).

⑤ 参见[美]约翰·C.科菲:《看门人机制:市场中介与公司治理》,黄辉、王长河等译,北京大学出版社2011年版,第74页。

⑥ 李明辉:《注册会计师的过失责任:连带责任抑或比例责任》,载《河北法学》2005年第4期。

我国2022年《虚假陈述司法解释》明确指出中介机构的过错包括故意和重大过失两种情形，但对中介机构是否应当基于过错以及原因力大小承担比例连带责任仍然留下了可供探索的空间。

从一般侵权法的因果关系上考察，中介机构不存在恶意串通等故意情形时，投资者的投资损失是由发行人的虚假陈述行为造成的，中介机构对于形成或发布不实信息披露文件的过失并非引起投资者损失的近因。而证券法规定中介机构承担连带责任，是基于资本市场的信息披露运行机制而对中介机构课以较一般侵权责任法更重的法定责任。这种证券法上的特别规定更有利于保护投资者，同时也对信息披露的相关主体起到极大的震慑作用。然而，需要进一步思考的是，在证券虚假陈述责任纠纷案件的审理中，始终面临投资者、发行人、中介机构及董监高等各方利益的平衡问题。

当前在普通民事侵权领域，国内外理论和实践中呈现“限缩连带责任的趋向，且为了增强多数人侵权责任分担机制的灵活性和适应度，出现了除连带责任和按份责任以外的多种混合责任形态”①。在证券特别侵权领域，责任和过错亦应当遵循比例原则。如果不对发行人和中介机构之间的责任范围有所区分，中介机构无论是出于故意还是过失，均就投资者的全部损失承担连带责任，有失公平，也极有可能导致中介行业的寒蝉效应，使专业人士不敢踏足该等行业，最终“劣币驱逐良币”，行业整体水平下降。中介机构仅就其负有责任的部分承担连带责任，即对连带责任的范围进行限缩，既能起到敦促中介机构更加谨慎执业的作用，也有利于证券市场的生态平衡。

同时，也要考虑风险责任的阈值如何设定。之所以出现限缩连带责任的呼声，是因为对于侵权人来说，若应承担的终局责任极小，但先行承担全部连带责任，则所负担的风险责任过重。如前所述，风险责任即外部责任与内部责任份额的差值，该项差值到达何种程度方会导致连带责任的限制也不无探讨余地。

---

① 李中原：《多数人侵权责任制度的历史与现状》，载《苏州大学学报(哲学社会科学版)》2014年第2期。

三、控股股东、实际控制人的责任承担

诉讼争点

2019 年《证券法》第 85 条规定，发行人的控股股东、实际控制人不能证明自己在证券虚假陈述中无过错的，应当与发行人承担连带赔偿责任。在诉讼过程中，能否将控股股东、实际控制人作为第一责任人，由其承担首要责任？目前，对于上述问题，主要存在以下两种观点。

第一种观点认为，应以控股股东、实际控制人为第一责任人。

发行人是拟制的法人主体，虚假陈述行为往往是控股股东、实际控制人利用发行人作出，获取的非法利益也往往归于控股股东和实际控制人，故应秉持“追首恶”理念，惩治真正的违法行为人，由控股股东、实际控制人承担首要责任和终局责任。

第二种观点认为，除控股股东、实际控制人存在组织、指使行为外，应以发行人为第一责任人，控股股东、实际控制人就此承担连带责任。

我国证券法以发行人为信息披露的核心主体和责任中心，发行人是虚假陈述的第一责任人，故应由发行人对投资者的损失承担民事赔偿责任，控股股东、实际控制人如不能证明无过错的，应就投资者的损失承担连带赔偿责任，否则就过于轻易地“刺破法人面纱”，消解了法人的独立性。例外情形是，如果控股股东、实际控制人组织、指使发行人违反证券法律规定实施虚假陈述，则可能为此承担直接赔偿责任。

裁判指引

本书同意第二种观点。

根据 2022 年《虚假陈述司法解释》第 20 条的规定，发行人的控股股东、实际控制人组织、指使发行人实施虚假陈述，致使投资者在证券交易中遭受损失的，

若投资者要求控股股东、实际控制人承担首要责任，可以判决其对投资者的损失承担直接赔偿责任。但控股股东、实际控制人不存在组织、指使情形的，依据其实际参与的行为承担相应的连带赔偿责任。

证券法的目标既包括保护投资者的合法权益，又包括规范证券发行和交易行为。鉴于此，证券虚假陈述责任的制度目的亦要兼顾填补投资者损害和惩戒、预防违法两方面。为保障投资者得到现实的赔偿救济，证券虚假陈述责任制度设置了多层次的连带责任体系，而在诸多可能承担连带责任的主体中，只有将责任主要配置给虚假陈述行为的驱动者和最大受益者，才有可能从根本上遏制虚假陈述。因此，尽管证券法以发行人作为主要的信息披露义务人和责任体系的中心，但在控股股东、实际控制人组织、指使发行人实施虚假陈述行为的情况下，发行人只是控股股东、实际控制人实施不法行为的工具，控股股东、实际控制人滥用控制权，阻却发行人形成自己的独立意思，使控股股东、实际控制人的意思表示取代了发行人的意思表示，而未能平等体现所有股东的意志，此时，若投资者要求控股股东、实际控制人对外直接承担责任，应予以支持，以使违法行为与责任承担相匹配。

同时，控股股东、实际控制人可能担任董事、经理等多重身份，若无证据证明其滥用控制权或支配力，则应基于其具体身份，依据其在虚假陈述行为中所实施的行为、实际起到的作用，按照董监高或其他直接责任人员认定其所应承担的赔偿责任。

相关规定

《证券法》

第八十五条　信息披露义务人未按照规定披露信息，或者公告的证券发行文件、定期报告、临时报告及其他信息披露资料存在虚假记载、误导性陈述或者重大遗漏，致使投资者在证券交易中遭受损失的，信息披露义务人应当承担赔偿责任；发行人的控股股东、实际控制人、董事、监事、高级管理人员和其他直接责任人员以及保荐人、承销的证券公司及其直接责任人员，应当与发行人承担连带赔偿责任，但是能够证明自己没有过错的除外。

《公司法》

第二十条　公司股东应当遵守法律、行政法规和公司章程,依法行使股东权利,不得滥用股东权利损害公司或者其他股东的利益;不得滥用公司法人独立地位和股东有限责任损害公司债权人的利益。

公司股东滥用股东权利给公司或者其他股东造成损失的,应当依法承担赔偿责任。

公司股东滥用公司法人独立地位和股东有限责任,逃避债务,严重损害公司债权人利益的,应当对公司债务承担连带责任。

第二十一条　公司的控股股东、实际控制人、董事、监事、高级管理人员不得利用其关联关系损害公司利益。

违反前款规定,给公司造成损失的,应当承担赔偿责任。

第二百一十六条　本法下列用语的含义:

(一)高级管理人员,是指公司的经理、副经理、财务负责人,上市公司董事会秘书和公司章程规定的其他人员。

(二)控股股东,是指其出资额占有限责任公司资本总额百分之五十以上或者其持有的股份占股份有限公司股本总额百分之五十以上的股东;出资额或者持有股份的比例虽然不足百分之五十,但依其出资额或者持有的股份所享有的表决权已足以对股东会、股东大会的决议产生重大影响的股东。

(三)实际控制人,是指虽不是公司的股东,但通过投资关系、协议或者其他安排,能够实际支配公司行为的人。

(四)关联关系,是指公司控股股东、实际控制人、董事、监事、高级管理人员与其直接或者间接控制的企业之间的关系,以及可能导致公司利益转移的其他关系。但是,国家控股的企业之间不仅因为同受国家控股而具有关联关系。

2022年《虚假陈述司法解释》

第二十条　发行人的控股股东、实际控制人组织、指使发行人实施虚假陈述,致使原告在证券交易中遭受损失的,原告起诉请求直接判令该控股股东、实际控制人依照本规定赔偿损失的,人民法院应当予以支持。

控股股东、实际控制人组织、指使发行人实施虚假陈述,发行人在承担赔偿责任后要求该控股股东、实际控制人赔偿实际支付的赔偿款、合理的律师费、诉讼费用等损失的，人民法院应当予以支持。

典型案例

刘某等诉匹凸匹金融信息服务（上海）股份有限公司及实际控制人鲜某等证券虚假陈述纠纷案

上海市第一中级人民法院(2016)沪01民初166号

案情介绍

刘某等14名原告系匹凸匹金融信息服务(上海)股份有限公司(原名“多伦股份”,股票代码:600696,以下简称匹凸匹公司)的投资者。2016年3月,上海证监局发布行政处罚决定,认定匹凸匹公司存在违法违规的事实,包括未及时披露多项对外重大担保、重大诉讼事项,以及2013年年报中未披露对外重大担保事项,属于虚假陈述行为。原告认为,匹凸匹公司未及时披露其子公司荆门汉通置业有限公司对外担保事项的虚假陈述行为造成了其损失,故将匹凸匹公司及其实际控制人鲜某和时任公司董事、财务总监的恽某某作为共同被告诉至法院,诉请判令鲜某赔偿经济损失共计233万余元,其余被告承担连带赔偿责任。

法院裁判

上海证监局已作出行政处罚决定书,认定被告匹凸匹公司存在虚假陈述行为,并对其进行了行政处罚,可据此认定被告匹凸匹公司存在虚假陈述的过错。对于原告主张的虚假陈述行为的实施日、揭露日及基准日,被告匹凸匹公司表示认可,法院均予以确认。关于承担赔偿责任的主体,被告鲜某时任匹凸匹公司董事长、法定代表人,应当明知公司重大担保事项应按《证券法》相关规定对外披露,但其未尽管理职责,直至2015年4月15日才将上述事项对外进行披露,系涉案虚假陈述行为的直接责任人,应对原告损失承担首要的赔偿责任。被告匹凸匹公司作为被处罚的上市公司,应承担连带赔偿责任。此外,被告恽某某作为被告匹凸匹公司时任董事、财务总监,系行政处罚决定书中认定的虚假陈述行为其他直接责任人员,亦应当承担相应连带赔偿责任。据此,上海市第一中级人民法院一审支持原告全部诉讼请求,判决被告鲜某应当对原告方的投资差额损失、佣金及印花税损失、利息损失进行赔偿,共计233万余元;被告匹凸匹公司及恽某某对被告鲜某的上述赔偿责任承担连带责任。

评析

本案系全国首例由投服中心支持投资者向上市公司及其实际控制人提起的证券赔偿诉讼,入选2017年度人民法院十大民事行政案件。

本案中,作为证券金融类公益机构,投服中心依据法律规定提起支持诉讼,助力中小投资者维权,且秉持"追首恶"原则,要求上市公司实际控制人承担第一顺位的赔偿责任。法院在查明案情与厘清法律关系的基础上,认为鲜某系上市公司实际控制人,且时任公司董事长、法定代表人,明知公司重大担保事项应依法对外披露,但未予以及时披露,应作为涉案虚假陈述行为的直接责任人,对原告损失承担首要的赔偿责任,最终判决支持了原告的诉讼请求,开证券领域支持诉讼之先河,引起社会各界广泛关注。

何某诉赵某、杨某、东方金钰股份有限公司证券虚假陈述纠纷案[①]

案情介绍

2016年12月至2018年5月,东方金钰股份有限公司(以下简称东方金钰)为完成营业收入、利润总额等业绩指标,虚构其所控制的瑞丽市姐告宏宁珠宝有限公司与普某某、保某、李某某、凤某、自某某、张某某6名自然人名义客户之

① 本案未查询到案号,相关内容参见《深圳中院宣判一起证券虚假陈述责任纠纷案》,载《人民法院报》2022年2月17日,第3版。

间的翡翠原石销售交易，导致2018年半年度报告虚增利润，占2018年半年度报告利润总额的211.48%，同时导致2016年年度报告、2017年年度报告、2018年半年度报告虚增营业收入、营业成本、利润总额及应收账款，时任董事长赵某知悉、授意、指挥了上述信息披露违法行为。2020年9月7日，证监会予以行政处罚。后何某提起诉讼，要求赵某作为第一责任人承担赔偿责任，其他被告承担连带赔偿责任。

法院裁判

赵某作为东方金钰股份占比超过50%的实际控制人、董事长、总裁，在2016年12月至2018年5月，授意、指挥、指使副总裁杨某等人，通过虚构营业收入、利润总额和应收账款等方式实施诱多型虚假陈述违法违规行为，诱使投资者何某高位买入东方金钰股票，并造成其损失，应当作为第一责任主体赔偿投资者损失，最终判决支持原告诉讼请求。

评析

本案系全国首例依照2022年《虚假陈述司法解释》判令实际控制人作为第一责任主体的案件，入选中国证监会2022年度投资者保护典型案例。

本案审理中，法院认为，上市公司作为第一责任主体承担赔偿责任体现的是优先保护中小投资者合法权益的立法理念，但上市公司作为第一责任主体承担赔偿责任可能对现有中小股东造成二次伤害，从而出现证券违法行为“大股东犯错，小股东买单”的归责结果。实践中，不少影响恶劣的上市公司财务造假案件是由控股股东、实际控制人组织、指使上市公司实施的。只有上市公司背后实际的违法者得到有效的惩戒，才能真正起到有效打击财务造假、净化市场环境的效果。该案集中体现了“追首恶”理念，为提高违法违规成本、震慑“关键少数”、保护中小投资者合法权益提供了范例。

拓展研究

按照控制权配置形态，上市公司治理体制可以分为高度分散型与股权集中型。其中,所有权与控制权高度分离的分散型公司体制只在美国、英国等少数国家和地区存在,绝大多数国家和地区的公司都属于股权集中型,甚至有些国家和地区以家族控制型为主导。[①] 公司事务控制权是股东、董事等公司各方利益纷争的焦点。在分散型公司中,单一股东无法掌控公司,股东与管理层信息不对称,往往出现管理层实际控制公司的情形,故公司治理的核心在于所有者与经营者之间的代理成本问题。而在股权集中型公司中,在资本多数决的表决制度下,除全体股东与管理层之间固有的张力外,还普遍存在控股股东、实控人与中小股东之间的矛盾和冲突,有学者称之为"权利的吞并或权利的淹没",主要表现为表决权行使的结果"总是对多数股东意志的全部肯定和对少数股东意志的全部否定"。[②] 因此,如何约束控股股东滥用权利,防止控股股东损害中小股东利益成为该种治理体制下的痛点和难点。

在我国,正如多数亚洲国家一样,上市公司股权普遍高度集中,通过高比例持股或是以投资、协议等方式控制公司的现象较为常见。相应地,实际控制人也成为与控股股东同一层次的概念,而非像英美国家一样,称为"影子董事"。经统计,"2007 年到 2019 年在沪深两地证券交易所成功上市的上市公司中,具有实控人的发行人平均占比为 97.71%"[③]。虽然在现代公司"三会"相互制衡的理想治理模型下,控股股东、实际控制人仅享有股权或收益权,并不参与实际经营,但在现实中,这种控制权往往表现为掌控公司印章、把控财务、任命"傀儡"董事、掌握核心资源等多个方面。所以说,公司控制权并非法定权利,而是"属于事实上的权力"[④]。该种治理模式有其正面效应,控股股东、实际控制人出于对自身利益的需求把控公司核心资源显著降低了代理成本,能够有效监督管理层履行忠实勤勉义务,缓解所有者与管理层之间的矛盾。但如前所述,由于制度上缺乏对控股股东、实际控制人的有效约束,控股股东、实际控制人掏空公司、谋

① 参见[美]阿道夫·A. 伯利、[美]加德纳·C. 米恩斯:《现代公司与私有财产》,甘华鸣、罗锐韧、蔡如海译,商务印书馆 2005 年版,第 82、89、131 页。

② 参见赵旭东:《公司治理中的控股股东及其法律规制》,载《法学研究》2020 年第 4 期。

③ 郑彧:《论实际控制人的法律责任:公法的路径依赖与私法的理念再生》,载《财经法学》2021 年第 3 期。

④ 郭富青:《论公司实际控制权:性质·渊源·法律导向》,载《甘肃政法学院学报》2011 年第 1 期。

取私利的情况在我国资本市场中也已屡见不鲜。例如，匹凸匹公司实际控制人鲜某因背信损害上市公司利益、操纵证券市场被判处刑事责任，[①]*ST 康德实际控制人钟某涉嫌违规披露、未披露重要信息罪，欺诈发行股票、债券罪及背信损害上市公司利益被提起公诉[②]等。

1993 年《公司法》最初立法时强调公司法人的独立性，1998 年《证券法》亦构建了发行人为责任中心的"法人责任"模式，均未提及控股股东、实际控制人问题，直至 2005 年同步修订《公司法》《证券法》才针对这一问题进行立法。其中，2005 年《公司法》对控股股东、实际控制人的定义作出界定：所谓实际控制人，是指虽不是公司的股东，但通过投资关系、协议或者其他安排，能够实际支配公司行为的人；并在第 16 条、第 20 条、第 21 条分别从公司为股东、实际控制人担保，股东不得滥用权利，禁止利用关联关系损害公司利益等 3 个方面予以规制。《证券法》则在信息披露方面对于控股股东、实际控制人的规制呈现趋于严格的态势。2005 年《证券法》第 69 条确立了控股股东、实际控制人的过错责任原则，发行人、上市公司存在虚假陈述行为，致使投资者在证券交易中遭受损失的，其控股股东、实际控制人有过错时方承担连带赔偿责任。2019 年《证券法》第 85 条将控股股东、实际控制人的责任承担修订为过错推定原则。值得注意的是，证监会在 2006 年发布的《上市公司收购管理办法》第 84 条具体列明了拥有上市公司控制权的情形，包括：(1)持股 50% 以上的控股股东；(2)可以实际支配上市公司股份表决权超过 30%；(3)通过实际支配上市公司股份表决权能够决定公司董事会半数以上成员选任；(4)依其可实际支配的上市公司股份表决权足以对公司股东大会的决议产生重大影响；(5)中国证监会认定的其他情形。

从司法实践看，最高人民法院早在 2003 年《虚假陈述司法解释》中即规定可将发起人、控股股东等实际控制人作为被告，[③]并在该解释第 22 条规定了实

① 参见上海市高级人民法院刑事裁定书，(2019)沪刑终 110 号。该案终审判决鲜某犯背信损害上市公司利益罪、操纵证券市场罪，两罪并罚。

② 参见《康得新复合材料集团股份有限公司关于公司、公司实际控制人等涉嫌犯罪被公安部门移送检察院审查起诉的公告》，2020 年 9 月 14 日。

③ 该司法解释中将发行人、控股股东均作为实际控制人，其后 2005 年修订的《公司法》关于实际控制人的界定与此不一。

际控制人对投资者的赔偿责任，但该条规定主要涉及操纵市场问题。此后，各地法院在执法意见中也在不同程度上体现了“追首恶”的思路。最高人民法院在2019年发布的《关于为设立科创板并试点注册制改革提供司法保障的若干意见》中认为，发行人的控股股东、实际控制人指使发行人从事欺诈发行、虚假陈述的，依法判令控股股东、实际控制人直接向投资者承担民事赔偿责任。上海金融法院在同年发布的《关于服务保障设立科创板并试点注册制改革的实施意见》中表示，建立对直接责任人的先行执行工作机制，对与上市公司负有连带赔偿责任的控股股东、实际控制人，先行执行其财产。深圳市中级人民法院2020年发布的《关于服务保障创业板改革并试点注册制的实施意见》中提出要探索“首恶负责制”，控股股东、实际控制人控制、指使发行人虚假陈述的，直接向投资者承担民事赔偿责任，上市公司承担限额补充赔偿责任。2022年《虚假陈述司法解释》进一步明确了虚假陈述责任纠纷中控股股东、实际控制人的责任。相较于2019年《证券法》中控股股东、实际控制人的连带赔偿责任，2022年《虚假陈述司法解释》与前述2019年《关于为设立科创板并试点注册制改革提供司法保障的若干意见》保持一致，规定若属于组织、指使发行人实施虚假陈述行为，投资者可以请求直接判令控股股东、实际控制人赔偿投资损失。

就证券法角度而言，当上市公司存在控股股东、实际控制人滥用控制权以谋取私利的行为时，就难免侵害社会公众投资者的利益。因此，近年来，在证券虚假陈述责任纠纷中，无论是立法还是司法，都在寻求给控股股东、实际控制人定责，尽量减少因证券欺诈民事诉讼对上市公司及中小投资者造成的损害。然而，对于控股股东、实际控制人应当如何担责、责任范围如何，却存在以下3种不同的法理逻辑。

1. 借鉴董事信义义务理论，为控股股东、实际控制人设定对公司和中小股东的信义义务。“控制股东虽然始于自己的股份权利，按照一股享有一个表决权的表决机制，但却随着他持有或运用表决权数量的增加，这种权利最终发生了质变，由平等的股权关系，异化为控制股东对公司的支配权力。”[①]法律上并不否认

① 郭富青：《论控制股东控制权的性质及其合理配置》，载《南京大学学报（哲学·人文科学·社会科学版）》2011年第2期。

控股股东、实际控制人的控制权，但这种支配力和影响力的存在，使控股股东、实际控制人与公司、中小股东之间存在一种事实上的信义关系。控股股东、实际控制人在运用控制权对公司决议和经营施加影响时，负有谨慎的注意义务，不能损害公司和中小股东的合法利益。《上市公司治理准则》（证监会公告〔2018〕29号）即采纳该种观点，其第63条明确规定，控股股东、实际控制人对上市公司及其他股东负有诚信义务，不得利用其控制权损害上市公司及其他股东的合法权益，不得利用对上市公司的控制地位谋取非法利益。"控制股东诚信义务的确立，填补了传统公司法中资本多数决原则、表决权自由行使原则和有限责任原则存在的制度漏洞。"[①]因此，在控股股东、实际控制人违反信义义务的情况下，其应当对中小投资者的损失承担赔偿责任。

2. 运用法人人格否认理论，由控股股东、实际控制人直接对外承担责任。实际控制人虽不具有股东身份，但如同"影子股东"一般控制公司、影响公司。当实际控制人滥用控制权而忽视公司的独立人格时，对其适用人格否认，要求其对债权人承担责任。此外，将实际控制人引入公司法人格否认制度下进行规制，也有利于解决董事、经理等管理层侵害公司利益，间接地损害债权人利益时，债权人获得有效救济的问题。[②]

3. 应从证券违法行为追责的角度考虑，将控股股东、实际控制人的责任界定为法定的直接侵权责任。美国《1933年证券法》第15(a)条规定："任何人利用或通过股份所有权、代理或其他方式，或者根据某项协议或者备忘录而通过股份所有权、代表或者其他方式与他人控制任何第11条或第12条所规定的负有责任的人，应与该被控制人一起在被控制人所承担责任的范围内向该被控制人所应承担责任的任何人承担共同和连带责任，除非控制人并不知道或没有合理理由相信存在指控被控制人所应承担的责任可据以成立的事实。"美国《1934年证券交易法》第20(a)条规定："直接、间接控制本法或本法任何规则、条例项下责任人的每一个人，除非其善意行事并且未直接、间接诱致构成违法或者构成诉因

① 宋从文：《公司控制权正当行使的实证分析》，载《法律适用》2009年第4期。

② 参见朱慈蕴：《将实际控制人纳入公司法人格否认适用中的法律思考》，载《中国法律》2011年第4期。

的行为，否则也应当与该受控制的责任人一起向受控制责任人的责任对方承担相同程度的连带责任。”如果实际控制人直接参与或者引发了证券法上的违法行为，将被视为等同于公司行为，“作为法定的违法行为人之一承担直接责任，而非与上市公司各自独立的连带责任”①。

在证券虚假陈述责任纠纷中，受损害的投资者虽通过二级市场交易成为上市公司股东，但其身份具有较强的外部性和公众性，故该纠纷并不纯然属于公司内部控股股东、实际控制人与中小股东之间的利益纠纷。股东（大）会是公司意思的形成机关，个别股东的意思经过法定程序、集体决议方能上升为公司的独立意思。如果控股股东、实际控制人滥用其控制权，未能平等对待所有股东的股东权益，为谋取私利将个人意志凌驾于其他股东、公司利益之上，直接授意、指挥从事信息披露违法行为，或者隐瞒应当披露信息、不告知应当披露信息的，应当认定控股股东、实际控制人指使从事信息披露违法行为，此时，公司的意思就等同于控股股东、实际控制人的意思，应当由控股股东、实际控制人对外承担侵权赔偿责任。即便是在证券法的发行人中心责任体系下，投资者先行起诉发行人主张损害赔偿，发行人也可向控股股东、实际控制人追偿，由其承担终局责任。不过，如果控股股东、实际控制人不存在组织、指使行为，仅是在公司担任董事、经理过程中参与虚假陈述，则不能认定其承担直接侵权责任，而是根据其实际起到的作用追究相应的连带责任。

四、董事、监事、高管的责任承担

诉讼争点

在证券虚假陈述责任纠纷案件中，对发行人董事、监事、高级管理人员民事责任的认定实行过错推定原则，是世界各国的通行做法。例如，美国《1933 年证

① 郑彧：《上市公司实际控制人法律责任的反思与构建》，载《法学研究》2021 年第 2 期。

券法》第11(b)条将证明责任交由董事承担，只有有效证明存在该条项下的抗辩事由，才无须承担赔偿责任。英国《金融服务法》第151条以及《1995年证券公开发行规则》第15条采纳了过错推定原则，并规定了具体抗辩事由。德国《交易所法》第45条第1款亦作出类似规定。日本《证券交易法》第21条至第24条规定，如果发行人的高级职员（包括董事、监察人或担任类似职务的人）能够证明其不知晓，或经过相当注意也不能知晓有价证券申报书、说明书或有价证券报告书中存在虚假陈述，则可以不承担责任。[①]

我国《证券法》第85条亦明确了采过错推定的立场。在过错推定原则下，董监高应当对发行人对投资者所负的损害赔偿责任负有连带责任，但能够证明自己没有重大过错的除外。审判实践中，对于如何认定董监高的过错，主要存在以下两种观点。

第一种观点认为，除提出异议意见外，在信息披露文件上签字即推定存在过错。

董事、监事、高管通常在信息披露文件中保证文件内容的真实、准确、完整，不存在虚假记载、误导性陈述或重大遗漏，并承诺为此承担个别和连带的法律责任，系以其信用对外作出保证。因此，除非个别董监高明确提出异议意见，否则，在信息披露文件存在虚假陈述的情况下，董监高因其前期承诺而推定存在过错，从而均应对外连带承担民事赔偿责任。

第二种观点认为，应综合考虑职位、职责等相关因素分别审查判断董事、监事、高管是否存在过错及过错程度。

司法裁判应当综合考虑董事、监事、高管的身份、知情程度、主观态度、职责相关性、专业知识背景等因素，分别认定各董事、监事、高管对损害发生的参与度及影响程度，对董监高是否具有过错以及过错大小进行独立审查，只有存在故意或重大过失的，才可能连带承担民事赔偿责任。

---

① 参见程啸：《证券市场虚假陈述侵权损害赔偿责任》，人民法院出版社2004年版，第280页。

裁判指引

本书同意第二种观点。

在过错推定归责原则下,原告对董监高的过错并不负有举证责任,而是应由董监高对其自身不存在过错进行抗辩。如前所述,过错包括故意和重大过失两种情形。对于故意制作、出具存在虚假陈述的信息披露文件,或者明知信息披露文件存在虚假陈述而不予指明、予以发布的董事、监事、高管,无可辩驳地应与发行人承担连带责任。审判实践的争议焦点多集中在董事、监事、高管是否因严重违反注意义务而具有过失方面。对此,董监高可进行的抗辩主要有以下三类:

一是不知情抗辩。对于发行人披露的信息,如果董监高并未参与,如未参加相关会议,未在披露文件上签字或是该项披露信息并不属于其工作职责范围,则不应承担民事责任。尤其是对于高管而言,往往是分管某个或某几个部门,故其职责范围也以分管部门为限。

二是“吹哨警示”抗辩。根据 2022 年《虚假陈述司法解释》第 15 条、第 16 条的规定,如果董事、监事、高管发现发行人信息披露存在虚假陈述情形,采取了适当措施予以制止或予以披露、报告的,则可以认定其无过错。主要包括以下情形:(1)在证券发行文件、定期报告等信息披露文件中书面发表异议意见或无法表示意见并说明具体理由,但既发表前述意见又投票赞成的不能作为免责事由;(2)独立董事发现虚假陈述后及时向发行人提出异议并监督整改或者向证券交易场所、监管部门书面报告;(3)独立董事因发行人拒绝、阻碍其履行职责,无法对相关信息披露文件是否存在虚假陈述作出判断,并及时向证券交易场所、监管部门书面报告。

三是勤勉尽责抗辩。董事、监事、高管如能证明自己尽到了勤勉义务,即便产生虚假陈述行为,对此也不具有主观过失。对此,司法审查的要点在于不同情形下,董事、监事、高管的注意义务标准应当如何确定。董监高的责任认定需精细化考量其具体职位和职权,区分内部董事和外部董事、执行董事和非执行董事、内部监事和外部监事,以及高管的具体职责等,实现权、职、责的统一和平衡,而非以单一标准适用所有人员。

相关规定

《证券法》

第八十五条　信息披露义务人未按照规定披露信息，或者公告的证券发行文件、定期报告、临时报告及其他信息披露资料存在虚假记载、误导性陈述或者重大遗漏，致使投资者在证券交易中遭受损失的，信息披露义务人应当承担赔偿责任；发行人的控股股东、实际控制人、董事、监事、高级管理人员和其他直接责任人员以及保荐人、承销的证券公司及其直接责任人员，应当与发行人承担连带赔偿责任，但是能够证明自己没有过错的除外。

《公司法》

第一百四十七条　董事、监事、高级管理人员应当遵守法律、行政法规和公司章程，对公司负有忠实义务和勤勉义务。

董事、监事、高级管理人员不得利用职权收受贿赂或者其他非法收入，不得侵占公司的财产。

2022年《虚假陈述司法解释》

第十三条　证券法第八十五条、第一百六十三条所称的过错，包括以下两种情形：

（一）行为人故意制作、出具存在虚假陈述的信息披露文件，或者明知信息披露文件存在虚假陈述而不予指明、予以发布；

（二）行为人严重违反注意义务，对信息披露文件中虚假陈述的形成或者发布存在过失。

第十四条　发行人的董事、监事、高级管理人员和其他直接责任人员主张对虚假陈述没有过错的，人民法院应当根据其工作岗位和职责、在信息披露资料的形成和发布等活动中所起的作用、取得和了解相关信息的渠道、为核验相关信息所采取的措施等实际情况进行审查认定。

前款所列人员不能提供勤勉尽责的相应证据，仅以其不从事日常经营管理、无相关职业背景和专业知识、相信发行人或者管理层提供的资料、相信证券服务机构出具的专业意见等理由主张其没有过错的，人民法院不予支持。

第十五条 发行人的董事、监事、高级管理人员依照证券法第八十二条第四款的规定，以书面方式发表附具体理由的意见并依法披露的，人民法院可以认定其主观上没有过错，但在审议、审核信息披露文件时投赞成票的除外。

第十六条 独立董事能够证明下列情形之一的，人民法院应当认定其没有过错：

（一）在签署相关信息披露文件之前，对不属于自身专业领域的相关具体问题，借助会计、法律等专门职业的帮助仍然未能发现问题的；

（二）在揭露日或更正日之前，发现虚假陈述后及时向发行人提出异议并监督整改或者向证券交易场所、监管部门书面报告的；

（三）在独立意见中对虚假陈述事项发表保留意见、反对意见或者无法表示意见并说明具体理由的，但在审议、审核相关文件时投赞成票的除外；

（四）因发行人拒绝、阻碍其履行职责，导致无法对相关信息披露文件是否存在虚假陈述作出判断，并及时向证券交易场所、监管部门书面报告的；

（五）能够证明勤勉尽责的其他情形。

……

典型案例

李某诉上海中毅达股份有限公司、林某、任某、吴某、陈某、秦某证券虚假陈述责任纠纷案

上海金融法院（2018）沪74民初767号

案情介绍

被告上海中毅达股份有限公司（以下简称中毅达公司）于2015年10月27日召开董事会，审议公司2015年第三季度报告及摘要，获全票通过，参会董事包括被告任某、陈某，被告吴某未参会。同日，中毅达公司召开监事会，被告秦某在监事会决议上签字。

2015年10月28日，中毅达公司发布《中毅达董事长辞职公告》，称中毅达

公司董事会于2015年10月26日收到公司董事长吴某的书面辞职报告，吴某辞去董事会董事、董事长和法定代表人及公司董事会战略委员会主任职务，根据公司章程，辞职自辞职报告送达董事会之日起生效。

2015年10月28日，中毅达公司发布《2015年第三季度报告》，其中重要提示部分载明：公司负责人吴某、主管会计工作负责人林某及会计机构负责人（会计主管人员）秦某保证季度报告中财务报表的真实准确完整。该报告中合并资产负债表、合并利润表等均由吴某作为法定代表人签字。后证监会认定，该公司在2015年第三季度报告中虚增营业收入和利润，予以行政处罚。

2016年1月14日，中毅达公司法定代表人由吴某变更为案外人刘某。

2020年4月10日，上海市第三中级人民法院作出（2020）沪03刑初4号刑事判决，认定中毅达公司为虚增业绩，由任某决定将厦门中毅达环境艺术工程有限公司井冈山国际山地自行车赛道景观配套项目中已由其他企业完工的约80%工程收入违规计入中毅达公司三季报，具体由公司副总经理、财务总监林某等人实施，任某、林某的行为均已构成违规披露重要信息罪。

原告李某在涉案虚假陈述实施日至虚假陈述揭露日期间购买了中毅达公司股票，并产生损失，故诉至法院，要求中毅达公司依法予以赔偿，中毅达公司的董事、监事亦应承担连带责任。

被告中毅达公司辩称，李某投资中毅达股票产生的损失与虚假陈述之间没有因果关系或者因果关系作用力不大，据此请求驳回原告诉请。

被告林某、任某、吴某、陈某、秦某辩称，5人均正常履职，中毅达公司虚假陈述行为是由于其子公司报送的报表中营业收入记载错误，对此董事等人员无法核实真实情况；2015年第三季度报告发布时吴某已离职，不再担任中毅达公司董事长及董事，不应就中毅达公司债务承担连带责任。据此请求驳回原告诉请。

法院裁判

被告中毅达公司在2015年第三季度报告中虚增营业收入和利润的行为，构成证券市场虚假陈述，应当赔偿由此导致的投资者损失。

根据生效刑事判决书，中毅达公司在2015年三季报中虚增营业收入和利润的行为，系由被告任某决策，由被告林某等人具体实施。据此，被告任某、林某直接策划或实施了案涉财务造假行为，属于2003年《虚假陈述司法解释》第28条所述“参与虚假陈述”情形，其过错明显，应当对投资者损失承担连带赔偿责任。

被告陈某、秦某虽未参与虚假陈述，但作为中毅达公司时任董事和监事，负有保证上市公司所披露的信息真实、准确、完整的法定义务。根据2003年《虚假陈述司法解释》第21条的规定，董事、监事对虚假陈述承担民事赔偿责任的归责原则为过错推定原则，若董事、监事不能证明其对虚假陈述无过错，则应承担连带赔偿责任。被告陈某作为中毅达公司董事，被告秦某作为公司监事，对于公司负有勤勉尽责义务，两被告若主张对案涉虚假陈述无过错，应举证证明已经勤勉尽责地履行了对信息披露真实性的审核和监督义务。就勤勉尽责的具体标准而言，因中毅达公司第三季度报告未经会计师事务所审计，被告陈某、秦某履职对其进行审议时，应尽到合理调查义务从而对其真实性产生合理、真实信赖。中毅达公司2015年三季报显示，公司第三季度营业总收入为72,991,435元，占1～9月营业收入144,634,070.98元的一半有余，较公司2014年1～9月营业收入69,401,112.92元增长亦非常明显，对此，作为应持续关注公司经营情况的董事、监事，被告陈某、秦某应当对财务报表中的业务异常增长情况保持合理注意，并通过询问、调查等方式进一步核实信息披露文件中的异常之处，从而发现并阻止信息披露违法行为的发生。本案审理过程中，被告陈某、秦某均未举证证明其在审议2015年三季报时曾就异常数据提出异议并进一步核实，在此情况下，两被告辩称已尽到勤勉尽责义务，不存在过错，缺乏依据。据此，被告陈某、秦某属于2003年《虚假陈述司法解释》第28条所述“应当知道虚假陈述而未明确表示反对”情形，亦应当对投资者损失承担连带赔偿责任。

关于被告吴某是否应承担连带赔偿责任，首先，虽然吴某于2015年10月26日辞去中毅达公司董事、董事长职务，未参与2015年10月27日董事会，但在涉及财务数据造假的2015年第三季度，吴某一直担任中毅达公司的董事长，且中毅达公司2015年三季报发布时，吴某仍为公司的法定代表人，在此情况下，其在中毅达公司涉虚假陈述的资产负债表、利润表、现金流量表等材料上签字时，仍应负有勤勉及谨慎注意义务。其次，在中毅达公司 2015 年三季度报中，吴某作为公司负责人承诺保证季度报告中财务报表的真实、准确、完整。基于前述吴某的特殊身份，原告有理由对其承诺产生信赖，故吴某应对投资者损失承担连带赔偿责任。

评析

本案在当时法律及司法解释未明确董事勤勉义务具体标准的情况下，根据不同情形下董事负有注意义务程度的不同，确定了董事勤勉义务认定的类型化标准，并重点考量董事任职情况、信息来源以及董事参与信息披露文件的程度及其具体行为等因素，合理认定董事的证券侵权民事责任。

彭某诉中安科股份有限公司、邱某、朱某、蒋某、殷某、常某、黄某等证券虚假陈述责任纠纷案

一审：上海金融法院（2019）沪 74 民初 2509 号

二审：上海市高级人民法院（2021）沪民终 870 号

案情介绍

2014 年 6 月 11 日，被告中安科股份有限公司（以下简称中安科公司）发布《关联交易报告书（草案）》，披露了中安科公司通过向中恒汇志公司非公开发行股份的方式购买中恒汇志公司持有的中安消技术公司的 100% 股权。2015 年 1 月，本次重大资产重组实施完成。证监会认定中安科公司在其 2014 年 6 月 11 日发布关联交易报告书中所披露的置入资产评估值及 2013 年年度营业收入存在严重虚增，构成证券市场虚假陈述，同时受到处罚的还有邱某等其余被告。

重组期间，申银万国公司分别于 2013 年 6 月 4 日、6 月 20 日、6 月 24 日出具 3 份重组财务顾问专业意见备忘录，载明“中安消 100% 股权的预估交易价格约为 60 亿 ~ 70 亿元，该等交易价格过高……我们认为：置入资产的评估和交易价格应按照 12% 的折现率和符合会计准则合理确认的利润水平进行公允评估，

并确保置入资产按照2012年净利润除以交易价格计算的净资产收益率达到10%,从而令上市公司在本次重组后盈利能力指标得到提升"。2013年11月15日、2014年3月12日,就涉案重大资产重组置入资产评估项目召开了两次专家评审会议,专家组审核意见中提到,"对中安消智能安防合同,建议进一步履行好审查核实确认程序"。

中安科公司第八届第十四次董事会于2014年6月10日审议通过重大重组议案,董事邱某、朱某、蒋某、殷某、常某表决同意,关联董事黄某等回避表决。6名董事中,黄某、邱某、朱某分别担任董事长、总经理、财务总监,殷某、蒋某、常某担任独立董事。

法院裁判

根据董事是否在公司内部从事专职董事工作,可以区分为外部董事和内部董事。独立董事属于外部董事,与内部董事的职责并不相同,二者所应承担的责任也应有所区分。

本案6名董事中,殷某、常某、蒋某为独立董事,未在中安科公司任职,并不参与公司的经营活动,仅是对公司的经营决策提供建议和监督,相对于内部董事而言,其对公司经营状况的了解程度更小。况且本案中需要其表决意见的是他人提供的第三方信息,即重大资产重组所涉的标的公司中安消技术公司的经营状况。而中安科公司、中安消技术公司已聘请专业中介服务机构对本次重大资产重组置入资产进行了审计和评估,但均未发现置入资产存在营业收入及评估值虚增的情形。对于殷某、常某、蒋某这3名独立董事而言,其并非专业人士,要求其持续关注标的公司"班班通"项目的履行进程,并对与标的公司经营状况相关的资料进行审核,显然已超出独立董事的职责范围。故殷某、常某、蒋某在本案中应予免责。

黄某、邱某、朱某系中安科公司的内部董事,其对于公司所负有的勤勉尽责义务标准理应高于独立董事。该3名董事当时分别担任中安科公司董事长、财务总监、总经理,有义务对交易对方及标的公司提供的相关资料尽到谨慎审核义务。黄某作为中安科公司的董事长,系公司的主要决策者,对于涉及公司经营等方面事务负有直接责任。虽然其在审议涉案重大资产重组事项中回避表决，但由于其在重大资产重组所涉置出资产交易对方仪电电子公司任职，并不能成为免除其作为董事长所负有的谨慎注意义务的理由，故黄某提出其应免责的主张不能成立。

对于该3名董事的赔偿责任范围，应结合其过错程度进行考量。首先，中安科公司披露的信息源于其交易对方中恒汇志公司及标的公司中安消技术公司，黄某、邱某、朱某对该信息所负有的谨慎注意义务应与对中安科公司自身信息有所不同。黄某、邱某、朱某虽不具备审计和评估方面的专业知识，但其作为分别在公司担任董事长、总经理、财务总监的内部董事，理应对重组过程中需要披露的信息负有一定的注意义务。对于需要经过招投标程序才能实际付诸履行的“班班通”项目未予以持续关注，导致最终的股权价值严重虚增，该3名董事负有相应的责任。

其次，本案所涉重组交易中除了有独立财务顾问、审计机构、评估机构等中介服务机构外，还有申银万国公司对本次重大资产重组涉及的置入资产范围、预估交易价格以及交易结构等提供专业咨询意见。同时，就置入资产评估项目曾召开两次专家评审会议。但黄某、邱某、朱某作为内部董事，过分依赖专业中介服务机构，没有实施诸如实地调查或要求中介服务机构进一步查证相关在手合同实际履行情况等主动核查行为。鉴于此，黄某、邱某、朱某对于中安科公司违反信息披露义务，构成虚假陈述具有一定的过错，应酌情对原告损失在2%的范围内承担连带责任。

评析

本案区分了内部董事和外部董事的过错认定标准，对于上市公司董监高如何承担责任具有典型意义。就内部董事而言，由于他们直接组织、参与公司的决策，对公司财务、运营事项起到举足轻重的作用，对于不能自证没有过错的事项理应承担相应的民事赔偿责任。就公司外部董事而言，如果并非财务、法律等相关领域内的专业人士，要求其对专业领域问题及公司披露事项承担审核义务，则未免过于苛刻；如果是专业人士，则应对其专业范围内的事项尽到相应的勤勉尽责义务，未尽责者也应承担适当程度的民事赔偿责任。

王某诉鞍山重型矿山机器股份有限公司、杨某证券虚假陈述责任纠纷案

辽宁省沈阳市中级人民法院（2017）辽01民初418号

案情介绍

上市公司鞍山重型矿山机器股份有限公司（以下简称鞍重股份公司）于2016年4月22日召开董事会会议，讨论通过《重大资产置换及发行股份公司购买资产并募集配套资金暨关联交易报告书》等相关15项议案，杨某、温某作为关联董事回避表决。鞍重股份公司于2016年4月23日公告报告书，其中披露了重组对象浙江九好办公服务集团有限公司（以下简称九好集团）最近3年主要财务数据。2017年3月11日，鞍重股份公司公告称收到证监会处罚告知书，载明九好集团的财务造假行为导致九好集团、鞍重股份公司所披露的信息存在虚假记载、重大遗漏。鞍重股份公司于2016年4月23日发布的报告书中披露的九好集团资产负债表、利润表主要数据与调查查实的数据不符，存在虚假记载。2017年4月28日，鞍重股份公告称公司及公司相关当事人收到证监会〔2017〕35号行政处罚决定书。该行政处罚决定书认定鞍重股份公司违法事实与处罚告知书一致，并认定九好集团的财务造假行为导致九好集团、鞍重股份公司所披露的信息存在虚假记载、重大遗漏，鞍重股份公司系披露含有九好集团虚假记载财务数据的报告书的责任主体，杨某系鞍重股份公司信息披露违法违规直接负责的主管人员，并对鞍重股份、杨某分别给予处罚。原告王某请求判令法院鞍重股份公司赔偿损失合计20，838.19元，杨某对上述损失承担连带赔偿责任。

法院裁判

关于杨某是否应当承担连带赔偿责任，法院认为，侵权责任的过错，是指侵权行为人对于侵权行为具有主观故意或者过失。行政违法与民事侵权应依据不

同法律、法规予以认定，两者具有不同的法律构成要件。如果董事、监事、高管能够证明其没有主观过错，则不应对上市公司的虚假陈述赔偿责任承担连带赔偿责任。

首先，在鞍重股份公司讨论通过报告书的董事会会议上，杨某作为关联董事回避表决，并未行使表决权，未对报告书发表意见。杨某只是作为鞍重股份公司的董事长，被证监会行政处罚。其次，根据证监会行政处罚决定书认定的事实，在鞍重股份公司披露案涉虚假财务信息的过程中，杨某并不具有主观的故意。最后，本案不同于上市公司对自身的经营及财务信息的虚假陈述而引发的虚假陈述民事赔偿案件，而是上市公司在披露他人信息时，作出了虚假的记载。对于案涉重大资产重组事项，杨某作为鞍重股份公司董事长，根据《上市公司重大资产重组管理办法》的规定，积极督促和安排上市公司聘请独立财务顾问、律师事务所、会计师事务所和资产评估机构等证券服务机构就重大资产重组出具意见，并认真审阅交易文件和各证券服务机构出具的专业意见，且未发现明显异常。九好集团故意财务造假的行为，各证券服务机构经调查也未能发现，杨某作为非专业人士，基于对中介机构的信任，并经过严格、规范的审查流程，仍未能识别和发现，不应认定其具有过失。综上，杨某已举证证明其对本案虚假陈述行为不存在过错，故不应对鞍重股份公司的债务承担连带赔偿责任。

评析

本案系一起发行人董事因不知情而免于承担证券侵权民事赔偿责任的典型案件。行政违法与民事侵权应依据不同法律、法规予以认定，两者具有不同的法律构成要件，因此，发行人董事因公司虚假陈述行为被行政处罚并不必然导致其承担民事责任。由于该董事并未对重组报告进行表决，且在案证据也未显示中介机构出具的专业意见有明显异常，故应认定该董事对涉案虚假陈述行为不存在过错。法院最终判决，该名董事无须对投资者损失承担连带赔偿责任。

拓展研究

现代公司所有权与管理权分离，董事、监事、高管既享有经营管理的权利，也负有信义义务(fiduciary duty)。“信义义务”一词源于英国衡平法中信托受托人对受益人的义务,其核心是信任、不得为自己谋利,包括忠实义务和勤勉义务。前者是指董事将公司和股东利益置于自己的利益之上及不能利用职权为自己谋利。后者是指董事应当像一个理性的谨慎人在同等情况下的行为一样,以自己的勤勉、谨慎、经验和技能履行职责。美国法将董事勤勉义务概括为 3 个方面:(1)怀有善意;(2)尽到一个正常的审慎之人在相同处境之下应有的注意义务;(3)采用他有理由相信最符合公司利益的方式。① 德国《股份法》(Aktiengesetz)第 93 条第 1 款也规定,董事在管理公司事务时,对公司负有一个正常的、有良知的经理那样的注意义务。② 在证券虚假陈述责任纠纷案件中,董事、监事、高管违反忠实义务往往表现为具有故意的主观状态,违反勤勉义务则多属于过失。董事、监事、高管如能证明自己尽到了勤勉义务,即便存在虚假陈述行为,也不具有主观过失。对此,司法审查的要点在于不同情形下,董事、监事、高管的注意义务标准应当如何确定。

首先,对于已有专家意见支持的信息,董事、监事、高管可以合理信赖,即经过审慎核查,未发现显著疑点,或是虽有疑点,但经过调查、复核,排除了怀疑,则有合理理由予以信赖,可据此发表意见。③ 例如,在陈某与江苏中达新材料集团股份有限公司、童某等证券虚假陈述责任纠纷中,法院认为,在各中介机构出具的报告没有明显异常、相互之间没有矛盾的情况下,童某等 7 名董事履行了应尽的工作职责,没有过错。④

不过,董事、监事、高管不能简单地以不具有相关领域的专业知识为由进行抗辩。董事、监事、高管系受股东委托对公司经营进行管理的人员,应当具有与公司经营相关的背景、技能与专业知识,在履行职责时,股东、发行人和社会对其勤勉性、专业性有合理期待。当然,这种期待是以合理谨慎的商人标准判断和要

---

① 参见[美]罗伯特·W.汉密尔顿:《美国公司法》(第 5 版),齐东祥编译,法律出版社 2007 年版,第 334 页。

② 参见[德]托马斯·莱赛尔、[德]吕迪格·法伊尔:《德国资合公司法》(上),高旭军等译,上海人民出版社 2019 年版,第 209 页。

③ 就“合理抗辩”事由的详细阐述,参见本章第一节相关论述。

④ 参见广东省高级人民法院民事判决书,(2019)粤民终 2080 号。

求的，而非专门领域专业人士的标准。即使董监高确实不具备相应领域的专业知识，也有义务督促公司聘请专业的中介机构在各自的专业和职责范围内谨慎行事，同时有义务对其工作成果的可信度进行审慎核查，必要时向具备有关资质的专业人士进行咨询，否则难谓勤勉尽责。

其次，董监高的责任认定需精细化考量其具体职位和职权，实现权、职、责的统一和平衡，而非以单一标准适用所有人员。

1. 就董事而言，执行董事和非执行董事的注意义务标准不同。执行董事也称积极董事，是指在董事会内部接受委任担当具体岗位职务，并就该职务负有专业责任的董事。非执行董事是不在公司经理层担任职务的董事。据调查，“在2006年到2012年的A股上市公司样本中，95%以上的公司都存在非执行董事”[①]。可见，非执行董事在我国上市公司中普遍存在。由于执行董事负责具体经营，非执行董事在公司不担任职务，一般不参与公司的日常性业务，在有重大事件或召开董事会时，才参与事务管理和决策。因此，执行董事应当掌握公司的日常经营状况、财务状况等基本信息，有义务也有能力审查公司披露的信息是否真实准确，故相较于非执行董事，负有更高的注意义务。

内部董事和外部董事也应当有所区分。在我国，外部董事主要是指独立董事。2001年，证监会为规范上市公司治理，建立了上市公司的独立董事制度，要求境内上市公司应当聘任适当人员担任独立董事，其中至少包括1名会计专业人士，在2002年6月30日前，董事会成员中应当至少包括2名独立董事，在2003年6月30日前，应当至少包括1/3独立董事。[②] 之后独立董事制度逐渐扩展到股份制商业银行、信托公司、保险公司，并被纳入2005年《公司法》作为上市公司组织机构的特别规定。[③]

独立董事是指不在发行人处担任除董事外的其他职务，并与其所受聘的发

---

① 陆正飞、胡诗阳：《股东——经理代理冲突与非执行董事的治理作用——来自中国A股市场的经验证据》，载《管理世界》2015年第1期。

② 参见《中国证券监督管理委员会关于发布〈关于在上市公司建立独立董事制度的指导意见〉的通知》（证监发〔2001〕102号），已废止。

③ 2005年《公司法》第123条规定，上市公司设立独立董事，具体办法由国务院规定。

行及其主要股东不存在可能妨碍其进行独立客观判断的关系的董事。根据现行《上市公司独立董事规则》(证监会公告〔2022〕14 号)第 4 条的规定,上市公司董事会成员中应当至少包括 1/3 独立董事。上市公司董事会下设薪酬与考核、审计、提名等专门委员会的,独立董事应当在审计委员会、提名委员会、薪酬与考核委员会成员中占多数,并担任召集人。

独立董事的作用主要在于确保战略决策的妥当性、合理性和强化公司的经营监督。而内部董事是发行人业务的实际经营管理者,承担具体运营的职责。即内部董事对发行人生产经营承担更大职责,而作为外部董事的独立董事则对发行人规范运作承担更大职责,更加侧重于监督。因此,在对内、外部董事的注意义务标准上也应有所区分。对于内部董事而言,由于他们直接组织、参与发行人的决策,对发行人财务、运营事项起到举足轻重的作用,应尽到更多的注意义务。对于独立董事而言,由于其独立性及外部性,他们并不参与发行人的日常运营,通常仅能凭借发行人提供的资料作出判断,故应根据个案具体情形,结合独立董事的专业背景、发行人披露信息、实际履职情况综合判断其有无尽到勤勉义务。例如,在拉文诉弗拉纳根案(Laven v. Flanagan)中,对于 3 位新任的外部董事,法院认为他们的调查义务弱于内部董事,对西联公司(Western Union)的了解也弱于内部董事,他们详细阅读了招股书,听取了西联公司管理层代表的汇报,有合理的理由信任审计师的审计以及投资银行(美林证券等)的独立调查,最终认定其无须承担责任。①

值得注意的是,如果独立董事因发行人的原因无法正常履职,未能获取足够的信息,无法对信息披露文件是否存在虚假陈述作出判断,应当向有关部门作出书面报告方能免责,即前文述及的"吹哨警示"。

2. 就监事而言,其注意义务更接近于非执行董事。监事是大陆法系国家公司法上的特有设置,在公司治理结构上,董事会是股东(大)会的执行机关,监事会则是业务监督机关,对股东(大)会负责。我国《公司法》赋予了监事会广泛的监督权,包括检查公司财务、监督董事及高管行为、列席董事会并提出质询或建

① See Laven v. Flanagan, 695 F. Supp. 800, 811 – 812 (D. N. J. 1988).

议，以及发现公司经营情况异常，可以进行调查等。不过，由于监事的主要职责是监督，不参与公司日常经营管理，并非虚假陈述行为的直接行为人，且在实施监督过程中可能受制于董事、高管的配合度等客观条件，故对其注意义务的要求应与非执行董事基本相当。

职工监事是由企业职工代表大会选举产生，仅具有监督权，而不具有管理权。外部监事、职工监事的注意标准与独立董事同理，不再赘述。

3. 就高级管理人员而言，其工作岗位、职责范围往往有着较为明确的分工，且多负责发行人某一领域事务的管理，故其责任范围以工作职责范围为限。

虽然高级管理人员是由董事会任命，并主要从事执行层面的事务，但不能将其等同于普通劳动者。普通劳动者与用人单位之间存在一定的人身依附关系，接受用人单位的指挥、控制而开展工作。高级管理人员则在一定程度上代表发行人行事，拥有较大的自主权和管理权。因此，在注意义务标准上，由于高级管理人员实际从事具体的经营管理事宜，所以对其要求更接近于执行董事。

附　　录

最高人民法院关于审理证券市场虚假陈述侵权民事赔偿案件的若干规定

为正确审理证券市场虚假陈述侵权民事赔偿案件，规范证券发行和交易行为，保护投资者合法权益，维护公开、公平、公正的证券市场秩序，根据《中华人民共和国民法典》《中华人民共和国证券法》《中华人民共和国公司法》《中华人民共和国民事诉讼法》等法律规定，结合审判实践，制定本规定。

一、一般规定

第一条　信息披露义务人在证券交易场所发行、交易证券过程中实施虚假陈述引发的侵权民事赔偿案件，适用本规定。

按照国务院规定设立的区域性股权市场中发生的虚假陈述侵权民事赔偿案件，可以参照适用本规定。

第二条　原告提起证券虚假陈述侵权民事赔偿诉讼，符合民事诉讼法第一百二十二条规定，并提交以下证据或者证明材料的，人民法院应当受理：

（一）证明原告身份的相关文件；

（二）信息披露义务人实施虚假陈述的相关证据；

（三）原告因虚假陈述进行交易的凭证及投资损失等相关证据。

人民法院不得仅以虚假陈述未经监管部门行政处罚或者人民法院生效刑事判决的认定为由裁定不予受理。

第三条　证券虚假陈述侵权民事赔偿案件，由发行人住所地的省、自治区、直辖市人民政府所在的市、计划单列市和经济特区中级人民法院或者专门人民法院管辖。《最高人民法院关于证券纠纷代表人诉讼若干问题的规定》等对管辖另有规定的，从其规定。

省、自治区、直辖市高级人民法院可以根据本辖区的实际情况，确定管辖第一审证券虚假陈述侵权民事赔偿案件的其他中级人民法院，报最高人民法院备案。

二、虚假陈述的认定

第四条 信息披露义务人违反法律、行政法规、监管部门制定的规章和规范性文件关于信息披露的规定，在披露的信息中存在虚假记载、误导性陈述或者重大遗漏的，人民法院应当认定为虚假陈述。

虚假记载，是指信息披露义务人披露的信息中对相关财务数据进行重大不实记载，或者对其他重要信息作出与真实情况不符的描述。

误导性陈述，是指信息披露义务人披露的信息隐瞒了与之相关的部分重要事实，或者未及时披露相关更正、确认信息，致使已经披露的信息因不完整、不准确而具有误导性。

重大遗漏，是指信息披露义务人违反关于信息披露的规定，对重大事件或者重要事项等应当披露的信息未予披露。

第五条 证券法第八十五条规定的"未按照规定披露信息"，是指信息披露义务人未按照规定的期限、方式等要求及时、公平披露信息。

信息披露义务人"未按照规定披露信息"构成虚假陈述的，依照本规定承担民事责任；构成内幕交易的，依照证券法第五十三条的规定承担民事责任；构成公司法第一百五十二条规定的损害股东利益行为的，依照该法承担民事责任。

第六条 原告以信息披露文件中的盈利预测、发展规划等预测性信息与实际经营情况存在重大差异为由主张发行人实施虚假陈述的，人民法院不予支持，但有下列情形之一的除外：

（一）信息披露文件未对影响该预测实现的重要因素进行充分风险提示的；

（二）预测性信息所依据的基本假设、选用的会计政策等编制基础明显不合理的；

（三）预测性信息所依据的前提发生重大变化时，未及时履行更正义务的。

前款所称的重大差异，可以参照监管部门和证券交易场所的有关规定认定。

第七条　虚假陈述实施日，是指信息披露义务人作出虚假陈述或者发生虚假陈述之日。

信息披露义务人在证券交易场所的网站或者符合监管部门规定条件的媒体上公告发布具有虚假陈述内容的信息披露文件，以披露日为实施日；通过召开业绩说明会、接受新闻媒体采访等方式实施虚假陈述的，以该虚假陈述的内容在具有全国性影响的媒体上首次公布之日为实施日。信息披露文件或者相关报导内容在交易日收市后发布的，以其后的第一个交易日为实施日。

因未及时披露相关更正、确认信息构成误导性陈述，或者未及时披露重大事件或者重要事项等构成重大遗漏的，以应当披露相关信息期限届满后的第一个交易日为实施日。

第八条　虚假陈述揭露日，是指虚假陈述在具有全国性影响的报刊、电台、电视台或监管部门网站、交易场所网站、主要门户网站、行业知名的自媒体等媒体上，首次被公开揭露并为证券市场知悉之日。

人民法院应当根据公开交易市场对相关信息的反应等证据，判断投资者是否知悉了虚假陈述。

除当事人有相反证据足以反驳外，下列日期应当认定为揭露日：

（一）监管部门以涉嫌信息披露违法为由对信息披露义务人立案调查的信息公开之日；

（二）证券交易场所等自律管理组织因虚假陈述对信息披露义务人等责任主体采取自律管理措施的信息公布之日。

信息披露义务人实施的虚假陈述呈连续状态的，以首次被公开揭露并为证券市场知悉之日为揭露日。信息披露义务人实施多个相互独立的虚假陈述的，人民法院应当分别认定其揭露日。

第九条　虚假陈述更正日，是指信息披露义务人在证券交易场所网站或者符合监管部门规定条件的媒体上，自行更正虚假陈述之日。

三、重大性及交易因果关系

第十条 有下列情形之一的，人民法院应当认定虚假陈述的内容具有重大性：

（一）虚假陈述的内容属于证券法第八十条第二款、第八十一条第二款规定的重大事件；

（二）虚假陈述的内容属于监管部门制定的规章和规范性文件中要求披露的重大事件或者重要事项；

（三）虚假陈述的实施、揭露或者更正导致相关证券的交易价格或者交易量产生明显的变化。

前款第一项、第二项所列情形，被告提交证据足以证明虚假陈述并未导致相关证券交易价格或者交易量明显变化的，人民法院应当认定虚假陈述的内容不具有重大性。

被告能够证明虚假陈述不具有重大性，并以此抗辩不应当承担民事责任的，人民法院应当予以支持。

第十一条 原告能够证明下列情形的，人民法院应当认定原告的投资决定与虚假陈述之间的交易因果关系成立：

（一）信息披露义务人实施了虚假陈述；

（二）原告交易的是与虚假陈述直接关联的证券；

（三）原告在虚假陈述实施日之后、揭露日或更正日之前实施了相应的交易行为，即在诱多型虚假陈述中买入了相关证券，或者在诱空型虚假陈述中卖出了相关证券。

第十二条 被告能够证明下列情形之一的，人民法院应当认定交易因果关系不成立：

（一）原告的交易行为发生在虚假陈述实施前，或者是在揭露或更正之后；

（二）原告在交易时知道或者应当知道存在虚假陈述，或者虚假陈述已经被证券市场广泛知悉；

（三）原告的交易行为是受到虚假陈述实施后发生的上市公司的收购、重大资产重组等其他重大事件的影响；

(四)原告的交易行为构成内幕交易、操纵证券市场等证券违法行为的;

(五)原告的交易行为与虚假陈述不具有交易因果关系的其他情形。

四、过错认定

第十三条 证券法第八十五条、第一百六十三条所称的过错,包括以下两种情形:

(一)行为人故意制作、出具存在虚假陈述的信息披露文件,或者明知信息披露文件存在虚假陈述而不予指明、予以发布;

(二)行为人严重违反注意义务,对信息披露文件中虚假陈述的形成或者发布存在过失。

第十四条 发行人的董事、监事、高级管理人员和其他直接责任人员主张对虚假陈述没有过错的,人民法院应当根据其工作岗位和职责、在信息披露资料的形成和发布等活动中所起的作用、取得和了解相关信息的渠道、为核验相关信息所采取的措施等实际情况进行审查认定。

前款所列人员不能提供勤勉尽责的相应证据,仅以其不从事日常经营管理、无相关职业背景和专业知识、相信发行人或者管理层提供的资料、相信证券服务机构出具的专业意见等理由主张其没有过错的,人民法院不予支持。

第十五条 发行人的董事、监事、高级管理人员依照证券法第八十二条第四款的规定,以书面方式发表附具体理由的意见并依法披露的,人民法院可以认定其主观上没有过错,但在审议、审核信息披露文件时投赞成票的除外。

第十六条 独立董事能够证明下列情形之一的,人民法院应当认定其没有过错:

(一)在签署相关信息披露文件之前,对不属于自身专业领域的相关具体问题,借助会计、法律等专门职业的帮助仍然未能发现问题的;

(二)在揭露日或更正日之前,发现虚假陈述后及时向发行人提出异议并监督整改或者向证券交易场所、监管部门书面报告的;

(三)在独立意见中对虚假陈述事项发表保留意见、反对意见或者无法表示意见并说明具体理由的,但在审议、审核相关文件时投赞成票的除外;

(四)因发行人拒绝、阻碍其履行职责,导致无法对相关信息披露文件是否存在虚假陈述作出判断，并及时向证券交易场所、监管部门书面报告的；

（五）能够证明勤勉尽责的其他情形。

独立董事提交证据证明其在履职期间能够按照法律、监管部门制定的规章和规范性文件以及公司章程的要求履行职责的，或者在虚假陈述被揭露后及时督促发行人整改且效果较为明显的，人民法院可以结合案件事实综合判断其过错情况。

外部监事和职工监事，参照适用前两款规定。

第十七条　保荐机构、承销机构等机构及其直接责任人员提交的尽职调查工作底稿、尽职调查报告、内部审核意见等证据能够证明下列情形的，人民法院应当认定其没有过错：

（一）已经按照法律、行政法规、监管部门制定的规章和规范性文件、相关行业执业规范的要求，对信息披露文件中的相关内容进行了审慎尽职调查；

（二）对信息披露文件中没有证券服务机构专业意见支持的重要内容，经过审慎尽职调查和独立判断，有合理理由相信该部分内容与真实情况相符；

（三）对信息披露文件中证券服务机构出具专业意见的重要内容，经过审慎核查和必要的调查、复核，有合理理由排除了职业怀疑并形成合理信赖。

在全国中小企业股份转让系统从事挂牌和定向发行推荐业务的证券公司，适用前款规定。

第十八条　会计师事务所、律师事务所、资信评级机构、资产评估机构、财务顾问等证券服务机构制作、出具的文件存在虚假陈述的，人民法院应当按照法律、行政法规、监管部门制定的规章和规范性文件，参考行业执业规范规定的工作范围和程序要求等内容，结合其核查、验证工作底稿等相关证据，认定其是否存在过错。

证券服务机构的责任限于其工作范围和专业领域。证券服务机构依赖保荐机构或者其他证券服务机构的基础工作或者专业意见致使其出具的专业意见存在虚假陈述，能够证明其对所依赖的基础工作或者专业意见经过审慎核查和必要的调查、复核，排除了职业怀疑并形成合理信赖的，人民法院应当认定其没有过错。

第十九条 会计师事务所能够证明下列情形之一的,人民法院应当认定其没有过错:

(一)按照执业准则、规则确定的工作程序和核查手段并保持必要的职业谨慎,仍未发现被审计的会计资料存在错误的;

(二)审计业务必须依赖的金融机构、发行人的供应商、客户等相关单位提供不实证明文件,会计师事务所保持了必要的职业谨慎仍未发现的;

(三)已对发行人的舞弊迹象提出警告并在审计业务报告中发表了审慎审计意见的;

(四)能够证明没有过错的其他情形。

五、责任主体

第二十条 发行人的控股股东、实际控制人组织、指使发行人实施虚假陈述,致使原告在证券交易中遭受损失的,原告起诉请求直接判令该控股股东、实际控制人依照本规定赔偿损失的,人民法院应当予以支持。

控股股东、实际控制人组织、指使发行人实施虚假陈述,发行人在承担赔偿责任后要求该控股股东、实际控制人赔偿实际支付的赔偿款、合理的律师费、诉讼费用等损失的,人民法院应当予以支持。

第二十一条 公司重大资产重组的交易对方所提供的信息不符合真实、准确、完整的要求,导致公司披露的相关信息存在虚假陈述,原告起诉请求判令该交易对方与发行人等责任主体赔偿由此导致的损失的,人民法院应当予以支持。

第二十二条 有证据证明发行人的供应商、客户,以及为发行人提供服务的金融机构等明知发行人实施财务造假活动,仍然为其提供相关交易合同、发票、存款证明等予以配合,或者故意隐瞒重要事实致使发行人的信息披露文件存在虚假陈述,原告起诉请求判令其与发行人等责任主体赔偿由此导致的损失的,人民法院应当予以支持。

第二十三条 承担连带责任的当事人之间的责任分担与追偿,按照民法典第一百七十八条的规定处理,但本规定第二十条第二款规定的情形除外。

保荐机构、承销机构等责任主体以存在约定为由,请求发行人或者其控股股东、实际控制人补偿其因虚假陈述所承担的赔偿责任的,人民法院不予支持。

六、损失认定

第二十四条 发行人在证券发行市场虚假陈述，导致原告损失的，原告有权请求按照本规定第二十五条的规定赔偿损失。

第二十五条 信息披露义务人在证券交易市场承担民事赔偿责任的范围，以原告因虚假陈述而实际发生的损失为限。原告实际损失包括投资差额损失、投资差额损失部分的佣金和印花税。

第二十六条 投资差额损失计算的基准日，是指在虚假陈述揭露或更正后，为将原告应获赔偿限定在虚假陈述所造成的损失范围内，确定损失计算的合理期间而规定的截止日期。

在采用集中竞价的交易市场中，自揭露日或更正日起，被虚假陈述影响的证券集中交易累计成交量达到可流通部分100%之日为基准日。

自揭露日或更正日起，集中交易累计换手率在10个交易日内达到可流通部分100%的，以第10个交易日为基准日；在30个交易日内未达到可流通部分100%的，以第30个交易日为基准日。

虚假陈述揭露日或更正日起至基准日期间每个交易日收盘价的平均价格，为损失计算的基准价格。

无法依前款规定确定基准价格的，人民法院可以根据有专门知识的人的专业意见，参考对相关行业进行投资时的通常估值方法，确定基准价格。

第二十七条 在采用集中竞价的交易市场中，原告因虚假陈述买入相关股票所造成的投资差额损失，按照下列方法计算：

（一）原告在实施日之后、揭露日或更正日之前买入，在揭露日或更正日之后、基准日之前卖出的股票，按买入股票的平均价格与卖出股票的平均价格之间的差额，乘以已卖出的股票数量；

（二）原告在实施日之后、揭露日或更正日之前买入，基准日之前未卖出的股票，按买入股票的平均价格与基准价格之间的差额，乘以未卖出的股票数量。

第二十八条 在采用集中竞价的交易市场中，原告因虚假陈述卖出相关股票所造成的投资差额损失，按照下列方法计算：

（一）原告在实施日之后、揭露日或更正日之前卖出，在揭露日或更正日之后、基准日之前买回的股票，按买回股票的平均价格与卖出股票的平均价格之间的差额，乘以买回的股票数量；

（二）原告在实施日之后、揭露日或更正日之前卖出，基准日之前未买回的股票，按基准价格与卖出股票的平均价格之间的差额，乘以未买回的股票数量。

第二十九条　计算投资差额损失时，已经除权的证券，证券价格和证券数量应当复权计算。

第三十条　证券公司、基金管理公司、保险公司、信托公司、商业银行等市场参与主体依法设立的证券投资产品，在确定因虚假陈述导致的损失时，每个产品应当单独计算。

投资者及依法设立的证券投资产品开立多个证券账户进行投资的，应当将各证券账户合并，所有交易按照成交时间排序，以确定其实际交易及损失情况。

第三十一条　人民法院应当查明虚假陈述与原告损失之间的因果关系，以及导致原告损失的其他原因等案件基本事实，确定赔偿责任范围。

被告能够举证证明原告的损失部分或者全部是由他人操纵市场、证券市场的风险、证券市场对特定事件的过度反应、上市公司内外部经营环境等其他因素所导致的，对其关于相应减轻或者免除责任的抗辩，人民法院应当予以支持。

七、诉讼时效

第三十二条　当事人主张以揭露日或更正日起算诉讼时效的，人民法院应当予以支持。揭露日与更正日不一致的，以在先的为准。

对于虚假陈述责任人中的一人发生诉讼时效中断效力的事由，应当认定对其他连带责任人也发生诉讼时效中断的效力。

第三十三条　在诉讼时效期间内，部分投资者向人民法院提起人数不确定的普通代表人诉讼的，人民法院应当认定该起诉行为对所有具有同类诉讼请求的权利人发生时效中断的效果。

在普通代表人诉讼中，未向人民法院登记权利的投资者，其诉讼时效自权利登记期间届满后重新开始计算。向人民法院登记权利后申请撤回权利登记的投资者，其诉讼时效自撤回权利登记之次日重新开始计算。

投资者保护机构依照证券法第九十五条第三款的规定作为代表人参加诉讼

后，投资者声明退出诉讼的，其诉讼时效自声明退出之次日起重新开始计算。

八、附则

第三十四条 本规定所称证券交易场所，是指证券交易所、国务院批准的其他全国性证券交易场所。

本规定所称监管部门，是指国务院证券监督管理机构、国务院授权的部门及有关主管部门。

本规定所称发行人，包括证券的发行人、上市公司或者挂牌公司。

本规定所称实施日之后、揭露日或更正日之后、基准日之前，包括该日；所称揭露日或更正日之前，不包括该日。

第三十五条 本规定自2022年1月22日起施行。《最高人民法院关于受理证券市场因虚假陈述引发的民事侵权纠纷案件有关问题的通知》《最高人民法院关于审理证券市场因虚假陈述引发的民事赔偿案件的若干规定》同时废止。《最高人民法院关于审理涉及会计师事务所在审计业务活动中民事侵权赔偿案件的若干规定》与本规定不一致的，以本规定为准。

本规定施行后尚未终审的案件，适用本规定。本规定施行前已经终审，当事人申请再审或者按照审判监督程序决定再审的案件，不适用本规定。

后　　记

为总结提升审判实践经验,促进证券虚假陈述责任纠纷案件法律适用标准统一,上海金融法院证券业案件法官专业委员会自2020年起组织在证券案件审判领域有着丰富经验的骨干力量,成立专项研究小组进行本书撰写工作。写作过程中,研究人员坚持聚焦证券虚假陈述的重大实务争点,系统梳理疑难法律适用问题,广泛借鉴国内外理论成果和实践经验。鉴于本书具有一定的工具属性,对于有重大争议的问题,无不经反复研讨、多方征询、慎重落笔,务求为审判工作提供稳妥可靠、简洁明确的指引和参考。在此期间,适逢最高人民法院虚假陈述司法解释全面修订,本书相关内容根据修订条文作了重大修改。在写作人员共同努力和各方支持下,本书历时两年,数易其稿,最终成文。在此,对辛苦付出的编写人员、对本书的写作提供支持和建议的各位专家学者以及为本书出版付出艰辛工作的编辑同志表示衷心感谢。同时,本书所引述的案例凝结了相关法官、律师、专家和专业机构的智慧与努力,他们为研究工作提供了丰富素材和坚实基础,在此一并表示诚挚谢意。当然,对于本书中存在的错误和疏漏,概由作者负责。

本书的写作分工如下:

第一章由单素华、黄佩蕾撰写;第二章由单素华、黄佩蕾撰写;第三章由童蕾撰写;第四章由朱颖琦撰写;第五章由朱颖琦撰写;第六章由朱颖琦、张文婷撰写;第七章由张文婷撰写;第八章由许晓骁撰写;第九章由孙倩撰写。

黄佩蕾负责本书核校以及出版联络等工作。全书由林晓镍、单素华、许晓骁统稿审定。

自2003年《虚假陈述司法解释》发布以来，证券虚假陈述始终是证券司法中实践经验最为丰富、理论发展最为成熟、制度创新最为活跃的领域。时至今日，随着多层次资本市场不断发展和证券发行上市注册制全面推行，有关中介机构的法律责任、行政违法与民事责任的关系、非集中竞价交易场所的规则适用等仍是市场关心的热点法律问题，有待进一步研究探索。本书的出版仅代表一个阶段性成果。上海金融法院愿与各界有志之士携手，为进一步完善证券市场法治体系，营造更加公正、透明、可预期的资本市场法治环境而不懈努力。

编者

2023年3月